W0293016

FETT NÄPF CHEN FÜH RER

CON BOOK.

Nicht eine Vorliebe für Sushi ließ **Andreas Fels** Japanologie studieren, sondern eine Neugier auf Sprache und Kultur. Seine Frau **Kerstin** ließ sich gerne von dieser Begeisterung anstecken und war auf gemeinsamen Reisen nach Japan heilfroh, jemanden dabeizuhaben, der Japanisch spricht. Beide schreiben seit 1997 regelmäßig als Autoren für das Internetmagazin japanlink.de, haben Artikel für verschiedene Zeitschriften beigesteuert und bereits einige Buchprojekte gestemmt.

JAPAN

FETTNÄPFCHENFÜHRER

DIE AXT IM CHRYSANTHEMENWALD

KERSTIN UND ANDREAS FELS

MIX
Papier aus verantwortungsvollen Quellen
FSC
www.fsc.org
FSC® C083411

14., komplett überarbeitete und aktualisierte Auflage
© Conbook Medien GmbH, Neuss, 2019, 2009
Alle Rechte vorbehalten

www.conbook-verlag.de

Einbandgestaltung: Weiß-Freiburg GmbH – Graphik & Buchgestaltung unter Verwendung eines Motivs von Kerstin und Andreas Fels
Satz: Röser MEDIA, Karlsruhe
Druck und Verarbeitung: CPI books GmbH, Leck

Printed in Germany

ISBN 978-3-95889-178-4

Die in diesem Buch dargestellten Zusammenhänge, Erlebnisse und Thesen entstammen den Erfahrungen und/oder der Fantasie der Autoren und/oder geben ihre Sicht der Ereignisse wieder. Etwaige Ähnlichkeiten mit lebenden Personen, Unternehmen oder Institutionen sowie deren Handlungen und Ansichten sind rein zufällig. Die genannten Fakten wurden mit größtmöglicher Sorgfalt recherchiert, eine Garantie für Richtigkeit und Vollständigkeit können aber weder der Verlag noch die Autoren übernehmen. Lesermeinungen gerne an feedback@conbook.de

INHALT

VORWORT

Ein ganzes Buch zum Thema Blamagen in Japan? Ist das nicht ein bisschen übertrieben? Kann man denn überhaupt so häufig ins Fettnäpfchen treten? Ja, man kann. Zumindest wir haben uns in Japan blamiert. Und zwar kräftig. Und das nicht nur einmal. Nun geben in der Regel gerade die peinlichen Erlebnisse im Nachhinein die besten Anekdoten ab – aber wenn Sie sich denn doch die eine oder andere Blamage ersparen möchten, sollten Sie dieses Buch lesen.

Wir haben Herrn Hoffmann auf die Reise geschickt, der Ihnen als Spezialist der gelungenen Blamage zur Seite stehen wird. Herr Hoffmann ist ein deutscher Durchschnittsbürger. Und er wird verschiedene Japaner auf seiner Reise treffen. Aber Vorsicht: Genauso wenig wie Herr Hoffmann den *typischen Deutschen* repräsentieren kann, stehen seine Bekanntschaften für den *typischen Japaner*. Den es natürlich genauso wenig geben kann wie den typischen Deutschen. Kurz gesagt: Nur weil zum Beispiel Herr Uchida (Sie werden ihn noch kennenlernen) offenbar ein Faible für taubenblaue Krawatten hat, muss dies keineswegs für alle Japaner gelten.

Noch kurz zur Schreibweise: Ganz allgemein sind japanische Begriffe klein und kursiv geschrieben. Ausgenommen von dieser Regel sind Eigennamen (z. B. Tôkyô) oder Begriffe, von denen wir einfach mal ausgehen, dass sie in Deutschland bekannt sind (z. B. Geisha, Karaoke, Sushi). Außerdem haben wir uns für die korrekte japanische Schreibweise statt der eingedeutschten Form entschieden, also Tôkyô statt Tokio.

In welcher Reihenfolge Sie Herrn Hoffmanns Abenteuer verfolgen, bleibt natürlich ganz Ihnen überlassen.

Viel Spaß dabei!

1 HERR HOFFMANN HAT DIE WELT GESEHEN

WELTMÄNNISCHE ANSICHTEN ÜBER DEN JAPANER AN SICH

»Japan ist wie Flensburg«, versucht Egon Hoffmann die Zweifel seiner Frau mit einer wegwerfenden Handbewegung zu zerstreuen. Doch so ganz überzeugt ist Hannah noch nicht von der anstehenden Tagungsreise ihres Mannes in das Land der Kimonos, Kulleraugencomics und Kirschblüten.

»Aber ist denn da jetzt nicht alles verstrahlt?«, fragt sie sorgenvoll.

»Hannah, Tôkyô ist 250 Kilometer entfernt von Fukushima«, tadelt Herr Hoffmann die geografischen Unkenntnisse seiner Frau. Und er muss es ja wissen – schließlich hat er die Entfernung erst gestern bei Wikipedia nachgelesen.

Japan soll also wie Flensburg sein? Nicht dass Sie denken, Herr Hoffmann sei ein Ignorant, gar ein ungebildeter Vollidiot. Im Gegenteil – er hat studiert und arbeitet als Chemiker in einem Weltkonzern. Er liest recht viel und hat einige umfangreiche Artikel für Fachmagazine geschrieben, deren Auflage im mittleren vierstelligen Bereich liegt – eine ordentliche Zahl, wenn man sich die möglichen Leser in einem geschlossenen Raum vorstellt, zum Beispiel der Aula des Gymnasiums seines Sohnes Oliver. Genau der hatte, auf dem gepackten Hartschalenkoffer seines Vaters sitzend, die Diskussion über die bevorstehende Geschäftsreise seines Vaters überhaupt erst losgetreten.

»Musst du dann auch Hunde essen?«, hatte der 12-Jährige der schwungvollen Erzählung seines Vaters über Geisha, Samurai und Karate ein jähes Ende bereitet.

Der schüttelte den Kopf: »Unfug. In Japan essen die sowas nicht. Die essen fast nur rohen Fisch.« Er schaute zu seiner 16-jährigen Tochter Tina: »Ja, und fleißig sind sie. Die fleißigsten Menschen der Welt! Wohnen in Wohnungen nicht größer als dein Zimmer, können ›R‹ und ›L‹ nicht auseinanderhalten, spielen Pingpong und sind alle ein bisschen verrückt«, beeilte er sich, seiner sprachlosen Familie *den Japaner an sich* mit großer Geste zu erklären.

Der Japaner an sich ist so. Das weiß man, wenn man hin und wieder eine Japan-Doku im Fernsehen sieht und mit anderen Weltenbummlern plaudert. Globetrottern wie Herrn Hoffmann also, einem Mann, der die Welt gesehen hat. Das glaubt er zumindest, denn eigentlich beschränkt sich die von ihm gesehene Welt auf spanische Inseln, Tirol, Rimini, London und kleine Teile der US-Ostküste.

Wir begleiten nun den ahnungslosen Norddeutschen auf seinem unbekümmerten Trip durch das Minenfeld der japanischen Etikette. Dabei wird er nicht nur peinliche und für alle Beteiligten ausgesprochen unangenehme Augenblicke erleben, sondern auch in brenzlige zwischenmenschliche Situationen geraten. Kein Wunder, denn eigentlich ist es völlig unmöglich nach Japan zu reisen, ohne sich dabei unsäglich zu blamieren. Aber Herr Hoffmann hat ein sicheres Gespür dafür, sich geradezu kriminell unangemessen zu verhalten.

Wir werden erleben, wie Herr Hoffmann trotz seiner gefühlten Weltmännischkeit an die Grenzen des Exotenbonus stößt, den er als *gaikokujin,* als Ausländer, genießt. Er wird Blamagen erleben, auslösen und aus ihnen das japanische Miteinander kennenlernen.

Und er wird seiner Familie natürlich stolz erzählen, wie gewandt er selbst die haarigsten Begebenheiten meisterte. Nur gut, dass wir es besser wissen und als Zeugen seinen ersten Japanbesuch verfolgen können. Kurz: Es ist all das festgehalten, was in nur wenigen Tagen Kulturaustausch alles in die Hose gehen kann.

Und eines kann jetzt schon einmal vorweggenommen werden: Japan ist nicht wie Flensburg. Nicht einmal annähernd.

2 HERR HOFFMANN VERWECHSELT NAMEN

HINZ UND KUNZ AUF JAPANISCH

Herr Hoffmann schwitzt. Sein Gesicht läuft rot an, seine Augen tränen. Aus seiner Nase dringen Geräusche, die an das erschreckte Schnauben eines Seeotters im Angesicht eines Schwertwals erinnern. Schrecklich! Dabei hat er sich doch nur ein Tütchen mit Nüssen in den Mund geschüttet. Speichel schießt in seine Mundhöhle, seine Zunge schwillt an, der Gaumen brennt. Scharf, scharf, scharf! Hastig kaut er die schreckliche Fracht grob durch und schluckt sie dann mit großer Willensanstrengung herunter. Schnell noch mit dem Tomatensaft nachspülen. Aaaah. Schön, wenn der Schmerz nachlässt.

Der junge Japaner neben ihm – er trägt einen Anzug, der auch nach vier Stunden Flug noch aussieht wie frisch gebügelt – sieht ihn erschrocken an. Wahrscheinlich befürchtet er, gleich Erste Hilfe leisten zu müssen. Oder dass der Westler neben ihm einfach stirbt und ihm damit den Weg zum Klo während des zehneinhalbstündigen Fluges versperrt. Herr Hoffmann lächelt ihm gequält zu, um anzudeuten, dass er sich keine Sorgen machen soll. Dieser Gesichtsausdruck scheint den Japaner noch mehr zu erschrecken. Egal. Was hat er sich da eigentlich in den Mund geschüttet? Der eben noch reiselustige Flensburger dreht mit zitternden Fingern das nun leere Päckchen Erdnüsse, das ihm die Stewardess eben mit seinem Tomatensaft gebracht hatte. Wasabi-Peanuts. Aha. Ist das nicht diese scharfe grüne Paste, die immer bei Sushi mit dabei ist?

Das erklärt natürlich einiges. Spontan entscheidet Herr Hoffmann sich für das westliche Menü: Hühnchen mit Reis. Er wird sich doch nicht schon auf dem Flug umbringen lassen ...

Nach 9.335 langen Kilometern befindet sich die Maschine endlich im Landeanflug auf den Narita Airport.

Endlich da!

Auf dem gesamten Flug hat er kaum eine halbe Stunde am Stück geschlafen, da der Anzug-Typ neben ihm (er sieht übrigens noch immer wie frisch gebügelt aus) die ganze Nacht damit verbracht hat, über den kleinen Monitor japanische Filme (mit englischen Untertiteln zwar, aber Herr Hoffmann war nicht in der Stimmung) zu schauen. Leider hat er dabei die Angewohnheit, in spannenden, brenzligen oder einfach nur unerwarteten Situationen so heftig mit beiden Armen zu rudern, dass Herr Hoffmann gerne noch ein Tütchen Wasabi-Erdnüsse gehabt hätte, um es seinem Sitznachbarn in die Augen zu reiben.

Aber nun ist er zu kraftlos für weitere Rachefantasien. Müde und Jetlag-geplagt schleppt er sich kurz darauf durch den riesigen, blitzblank gewischten Flughafen. Wenn er doch bloß schon wieder zurück in Deutschland wäre. Von den Durchsagen versteht er kein Wort, auf den Werbetafeln blinken unverständliche Schriftzeichen und überall sind nur Asiaten. Die anderen Europäer aus dem Flugzeug scheinen direkt wieder zurückgeflogen zu sein.

Sollte ihn nicht jemand abholen? Der Nakagawa Chemiekonzern wollte doch jemanden schicken, der ihn unterstützt und ihm als Ansprechpartner dient ... Hektisch kramt Herr Hoffmann in seinem Sakko (das übrigens schon nach 30 Minuten Flug so aussah, als sei die Erfindung des Bügeleisens spurlos an ihm vorübergegangen) nach dem Zettel, auf dem er sich den Namen notiert hatte. Ah, da ist er ja: ›Nakagawa kagakuhôjin – WATANABE Takako‹. Das Erste ist der Firmenname, also muss das danach der Name seines Begleiters sein ...

»*Mister Hoffmann?*« Eine kleine Frau kommt lächelnd auf ihn zu. In ihren Händen hält sie ein Schild, auf dem ›Hofmann‹ steht.

Ah, also doch kein Begleiter, sondern eine Begleiterin. Herr Hoffmann knüllt schnell den Zettel wieder in seine Tasche, geht auf die Dame zu und gibt ihr lächelnd die Hand: »*Hello, Mrs. Takako! Nice to meet you.*«

Was ist diesmal schiefgelaufen?

Da hat Herr Hoffmann gerade mal seit einer Viertelstunde japanischen Boden unter den Füßen und schon ist er ins erste Fettnäpfchen hineingeschlittert. Nein, es lag nicht an den verschwitzten Händen, seinem mit klarem, deutschen Akzent durchsetzten Englisch oder dem westlichen Handschlag ... Was er leider nicht wusste: In japanischer Schreibweise steht der Familienname vor dem Vornamen. Hoffmann Egon also statt Egon Hoffmann, daher handelt es sich auch nicht um Frau Takako, sondern um Frau Watanabe.

Diese lächelt aber nur gelassen: »*Good morning, Hoffmann-san, nice to meet you. But it's Mrs. Watanabe.*«

Seine Betreuerin ist vermutlich deshalb ausgewählt worden, weil sie schon einige Kontakte mit Westlern hatte (sie spricht auch gutes Englisch). Daher ist sie nicht davon ausgegangen, dass Herr Hoffmann sie mit einer traditionell japanischen Verbeugung begrüßen würde.

Herr Hoffmann hat keine Zeit, sich über seinen Fauxpas zu ärgern, denn er grübelt. Hoffmann-san? Was soll das nun wieder heißen?

Frau Watanabe hat einfach die übliche höfliche Standard-Anrede benutzt. Die Silbe ›san‹ wird dabei einfach an den Nachnamen angehängt – und zwar egal, ob es sich um eine Frau oder einen Mann handelt. An einen Vornamen angehängt, drückt *-san* sowohl Respekt als auch Nähe aus. In der japanischen Sprache gibt es eine ganze Reihe verschiedener Anreden, die nur darauf lauern, dass der unbedarfte Reisende sie vertauscht und sich damit aufs gesellschaftliche Glatteis begibt. Die meisten werden jedoch zum Glück kaum von Ihnen erwartet.

In den nächsten Kapiteln werden historische Persönlichkeiten in japanischer Schreibweise geschrieben, also erst mit dem in Großbuchstaben geschriebenen Familiennamen, danach folgt der Vorname. Immer, wenn wir jedoch Herrn Hoffmanns Gedankengängen folgen, bleiben wir – wie er selbst auch – bei der westlichen Schreibweise und der einfachen Anrede ›Herr‹ oder ›Frau‹. Im Übrigen möchten wir Sie nicht weiter mit Herrn Hoffmanns zum Teil etwas eingerostetem Schulenglisch belästigen. Ab jetzt werden die Passagen, die er in Japan auf Englisch redet, zur Erhaltung Ihres Seelenheils auf Deutsch wiedergegeben. Glauben Sie uns – es ist besser so.

Was können Sie besser machen?

Wenn Sie beim einfachen *-san* bleiben, können Sie schon mal nicht ganz falsch liegen. Aber Vorsicht: Mit dieser Silbe drücken Sie Respekt aus. Es wäre also unhöflich, sich selbst oder Familienangehörige mit *-san* vorzustellen. Auch die Mitglieder der eigenen Firma, die ja in Japan fast so etwas wie die eigene Familie sind, werden ohne Anrede angesprochen oder vorgestellt. Hier kann man stattdessen die Position desjenigen in den Namen mit aufnehmen. Dasselbe würde in Deutschland zu eher seltsam klingenden Anreden wie ›Buchhalter Krause‹ oder ›Abteilungsleiter Müller‹ führen – aber Sie können dieses Verhalten ja abperlen lassen wie Regentropfen von einem Lotusblatt, sobald Sie wieder in das Flugzeug nach Hause steigen.

Falls es sich bei Ihrem Gegenüber allerdings um einen Lehrer, Professor, Anwalt oder Arzt handelt, kann *-san* schon zu wenig sein. Hängen Sie vorsichtshalber ein *-sensei* an den Namen an (auch dies gilt für Männer und Frauen gleichermaßen), dann sind Sie auf der sicheren Seite. Falls Sie den Namen nicht wissen, können Sie auch nur ›*sensei*‹ sagen. Auch bei älteren Männern, die in der Hierarchie des Konfuzianismus sehr hoch stehen, liegen Sie mit *sensei* nie falsch. Vielleicht werden Sie feststellen, dass in Japan recht häufig nach dem Alter gefragt wird, möglicherweise, um die Hierarchien auf diesem Weg möglichst schnell zu klären. Bei Frauen gilt dies allerdings, wie ja auch bei uns, als nicht besonders höflich. In Japan kann man daher auch trickreich nach dem Tierkreiszeichen fragen und sich so unauffällig das Alter ausrechnen.

Übrigens: Hüten Sie sich davor, Ihre Geschäftspartner mit der Anrede *-chan* statt *-san* anzusprechen, auch wenn es recht ähnlich klingt. Das könnte Ärger geben. Diese Silbe wird nämlich nur für kleine Mädchen und allgemein alles was niedlich ist verwendet.

3 HERR HOFFMANN ISST MIT STÄBCHEN

WIE EIN VERBOT ZUR ERFINDUNG VON SUSHI FÜHRTE

Die Sonne brennt heiß vom Himmel und die Schlange wird einfach nicht kürzer. Ganz Tôkyô scheint zur Mittagszeit auf den Beinen zu sein. Und Tôkyô ist riesig. Davon hat Herr Hoffmann sich gerade eben selbst überzeugen können, als er mit Frau Watanabe im 46. Stock des Rathauses stand und auf das sich scheinbar unendlich erstreckende Häusermeer herabschaute. Einfach unglaublich.

»Sehen Sie, wir sind gleich dran«, reißt ihn Frau Watanabe aus seinen Gedanken – und wirklich. Sie sind nun fast am vorderen Ende der Schlange der kleinen Sushi-Bar angelangt. Laut Frau Watanabe einer der besten Läden in Shinjuku.

Kurz darauf sitzen die beiden an einem kleinen Tischchen vor dem Mittagsmenü, das Frau Watanabe geordert hat. Nach einem Seitenblick auf seine Begleiterin reinigt sich nun auch Herr Hoffmann die Hände mit dem *oshibori*, das ihn an die heißen, feuchten Tücher erinnert, die er im Flugzeug beim Aufwachen bekommen hat.

»Essen Sie oft hier?«, fragt Herr Hoffmann, als er beobachtet, wie Frau Watanabe mit geübtem Griff die *hashi*, die Essstäbchen, aus dem Papier zieht und mit einer schnellen Bewegung auseinanderbricht.

Sie lacht: »Ich weiß schon, ihr Deutschen denkt immer, wir Japaner würden jeden Tag Sushi essen. Aber das stimmt gar nicht, viel häufiger esse ich mittags Nudeln oder eine Suppe.«

Herr Hoffmann nimmt schnell einen Schluck grünen Tee, der kostenlos zum Essen gereicht wird, um zu überspielen, dass er das tatsächlich gedacht hatte. Nun sieht er sich das Essen genauer an. Auf einem Holzbrettchen sind verschiedene Röllchen zu sehen, dazu Fischstücke auf kleinen Reisbällchen. Und eine Art rosafarbener Schwamm. Daneben, in einer kleinen Schale, eine Misosuppe. Um den Wasabi – den scharfen japanischen Meerrettich – macht er lieber einen Bogen. Das Erlebnis im Flugzeug reicht ihm.

Am besten fängt er mit der Suppe an – dass die hier aber auch die Vorspeisen zusammen mit dem Hauptgang bringen müssen ... Nur, wo ist der Löffel? Ein schneller Blick auf Frau Watanabe liefert die Lösung. Sie trinkt die Suppe direkt aus der Schale und fischt mit ihren Stäbchen die Tofu- und Algenstücke heraus. Das ist Herrn Hoffmann jetzt zu kompliziert. Er ist schließlich froh, wenn er überhaupt etwas mit seinen Stäbchen gegriffen bekommt, da muss es nicht gleich der glitschige Tofu aus der Suppe sein. Das ist doch eher für Fortgeschrittene. Misstrauisch beäugt er noch mal die Platte und entscheidet sich dann für ein Röllchen mit einer gelben Füllung. Das scheint kein Fisch zu sein, erst mal probieren. Frau Watanabe zeigt ihm noch mal, wie er die *hashi* richtig halten muss: Ein Stäbchen liegt als Basis unbeweglich zwischen Mittel- und Ringfinger. Nur das obere Stäbchen wird mit Daumen und Zeigefinger gegen das untere bewegt.

Herr Hoffmann greift ein wenig ungeschickt, aber dennoch erfolgreich das anvisierte *maki*-Röllchen, tunkt es kurz in das kleine Schüsselchen mit Sojasoße und nimmt es dann schnell in den Mund, bevor noch etwas schiefgeht. Geschafft. Zufrieden und auch ein bisschen stolz kaut er sein erstes Sushi. Nicht schlecht, schmeckt leicht säuerlich, erfrischend.

Frau Watanabe erklärt ihm, dass er zwischen den Sushis seine Geschmacksnerven mit dem eingelegten Ingwer – aha, das also ist der rosa Schwamm – neutralisieren kann. Die dünn geschnittenen Ingwerscheiben einzeln mit den Stäbchen hoch zu nehmen ist Herrn Hoffmann aber dann doch zu heikel.

So, welchen Fisch nun? Rohen Fisch hat er noch nie gegessen. Er denkt nun doch ein wenig wehmütig an das schnitzelähnliche *katsu-karee* zurück, das er gestern Abend im Hotel gegessen hatte. Vorsichtig nimmt er eines der Reisbällchen mit einem Stück dunkelrotem Fisch darauf, balanciert es zur Schale mit der Sojasoße und – platsch. Schon liegt das Fischfilet neben einem traurigen Häuflein Reis in der Soße.

Frau Watanabe legt ihre Stäbchen beiseite. »Sehen Sie, Hofuman-*san*, Sushi kann man ebenso gut mit der Hand essen!« Wie zum Beweis nimmt sie ein kleines Schiffchen mit rotem Fischrogen mit drei Fingern und steckt es in den Mund. Erleichtert spießt Herr Hoffmann seine Stäbchen in sein *tamago-nigiri* und nimmt nun ebenfalls die Finger.

Was ist diesmal schiefgelaufen?

Genau wie zum Beispiel Kartoffeln ausschließlich mit der Gabel und nicht mit dem Messer zerteilt werden dürfen, gibt es auch bei Stäbchen eine Menge Dinge, die schieflaufen können. Herr Hoffmann hat es geschafft, durch sein Benehmen die Erinnerung an ein buddhistisches Totenritual wach zu rufen. Durch große Ess-Stäbchen oder Räucherkerzen, die in eine Schüssel Reis gesteckt werden, wird bei einer Totenfeier den Verstorbenen Essen dargebracht. Daher gilt es als respektlos, bei Tisch die Stäbchen ebenfalls ins Essen zu spießen. Ein anderes Ritual sieht vor, dass die Angehörigen des Verstorbenen die Knochen der eingeäscherten Leiche mit Stäbchen weiterreichen. Aus diesem Grund ist es ebenfalls tabu, beim Essen einzelne Häppchen mit den Stäbchen zum Probieren an die *hashi* Ihres Tischnachbarn weiterzugeben.

Nur, warum essen Japaner eigentlich überhaupt mit Stäbchen? Einfach nur, damit wir Europäer beim ersten, kläglichen Ess-Versuch damit wie komplette Vollidioten aussehen? Nein – schuld sind die Chinesen. Denn die waren ihrer Zeit weit voraus. Schon etwa 1500 v. Chr. verwendeten die Chinesen Essstäbchen. Die Japaner dagegen aßen zu dieser Zeit noch mit den Fingern – jahrhundertelang sollte sich daran auch nichts ändern. Erst gegen 500 n. Chr. schwappte dieser Teil der chinesischen Kultur nach Japan. Ganz schön spät? Nun ja, wir Europäer haben noch sehr viel länger mit den Fingern gegessen.

Obwohl die Gabel im 10. Jahrhundert n. Chr. in Byzanz erstmals auftauchte und schließlich auch ihren Weg nach Italien fand, hatte diese neue Erfindung es zunächst schwer. Als Symbol des Teufels verdonnert, dauerte es bis Mitte des 14. Jahrhunderts, bis die Gabel sich zunächst in Italien durchsetzte. Aber noch Ludwig XIV, der Sonnenkönig, aß im 17./18. Jahrhundert mit den Fingern und auch Martin Luther schimpfte: »Gott behüte mich vor Gäbelchen!« Erst gegen Ende des 17. Jahrhunderts erhielt die Gabel neben dem Löffel und dem Messer auch im Rest der westlichen Welt ihren festen Platz. Endlich musste das Fleisch beim Zerteilen mit dem Messer nicht mehr mit den Fingern gehalten werden.

Zu dieser Zeit wird in Japan gar kein Fleisch gegessen. Seit 676 hat Kaiser Temmu unter dem Einfluss des sich ausbreitenden vegetarischen Buddhismus offiziell den Verzehr von Fleisch verboten. Da in Japan das Meer an keiner Stelle weiter als 150 Kilometer entfernt ist, ist Fisch die logische Alternative.

Nur, wie macht man ihn länger haltbar? Die buddhistischen Mönche experimentieren so lange mit dem leicht verderblichen Fisch, bis sie herausfinden, dass sich dieser nach Gärung länger hält. Reis beschleunigt die Gärung und macht den Fisch noch schmackhafter. Mitte des 17. Jahrhunderts wird mehr und mehr Reis angebaut und ein Teil der Ernte zu Reisessig verarbeitet. Der Arzt MATSUMOTO Yoshiichi kommt auf die clevere Idee, den tagelangen Gärungsprozess zu verkürzen, indem er den Reis ganz einfach mit Essig mischt. Jetzt geht alles viel schneller.

Doch seinen endgültigen Durchbruch erlebt Sushi Anfang des 19. Jahrhunderts in der Millionenstadt Edo, die später einmal Tôkyô heißen wird. In den überfüllten Straßen drängen sich die Angehörigen der verschiedenen Stände. Samurai stolzieren mit ihren edlen Seidengewändern umher, doch auch der niedrigste Stand – die Kaufleute – hat es in Edo zu großem Reichtum gebracht. Sie dürfen zwar nur einfache Baumwollgewänder tragen, stehen den Samurai aber durch aufwendig gefärbte Muster kaum nach. Kein Wunder, dass im immer beliebter werdenden *kabuki*-Theater denn auch häufig der tüchtige Kaufmann über den gerissenen Samurai siegt. Und natürlich sind die Kaufleute immer in Eile – Zeit war schon damals Geld. Da kommt es gerade recht, dass HANAWA Yôhei (1799–1858) eine neue Form des Sushi erfunden hat, das *nigiri*-Sushi. Im Gegensatz zu dem bislang verbreiteten Sushi, das noch umständlich in Formen gepresst wurde, formt Hanawa seinen Reis per Hand – und belegt diesen mit rohem Fisch. In wenigen Minuten ist das Fast Food fertig. Dieses flotte Sushi wird schnell beliebt, wie man an den verschmutzten Vorhängen an Hanawas Stand erkennen kann. An diesen Vorhängen wischen sich die Kunden die Hände sauber – je verschmutzter also der Stoff, desto besser das Essen.

Heute muss ein traditioneller Sushi-Koch in Japan eine mindestens fünfjährige Lehre absolvieren – bei Köchen, die den giftigen Kugelfisch zubereiten, dauert die Lehrzeit sogar zehn Jahre. Traditionell ist die Herstellung von Sushi Männersache. Frauenhände sind angeblich zu warm, um den klebrigen Reis richtig zu formen.

Was können Sie besser machen?

Neben den beiden bereits oben erwähnten Regeln gibt es noch zahlreiche weitere, die beim Essen mit Stäbchen zu beachten sind. Auch wenn Sie während Ihres Aufenthaltes vermutlich keinen japanischen Freiherrn Knigge beeindrucken müssen, hinterlassen Sie einen guten Eindruck, wenn Sie folgende Schnitzer vermeiden: Halten Sie die Stäbchen nicht in der Faust (so wie Sie es mit Besteck ja auch nicht tun), sondern in der üblichen Haltung (s.o.) locker zwischen den Fingern. Ebenfalls barbarisch kommt es rüber, wenn Sie Essen mit den Stäbchen einfach aufspießen – auch wenn Ihnen dies gerade am Anfang Ihrer *hashi*-Laufbahn als schnelle und daher verlockende Alternative erscheinen mag. Die Stäbchen abzulecken, damit auf Menschen oder Dinge zu zeigen sowie sie als Zahnstocher zu missbrauchen, ist ebenfalls so tabu, wie es hier das Ablecken des Messers ist. Ebenso wenig sollten Sie mit dem Stäbchen Schüsseln zu sich heranziehen oder gar Sojasoße von den Esswerkzeugen tropfen lassen.

Vorsicht ist auch beim Ablegen der Stäbchen geboten. Nicht nur, dass Sie diese nicht, wie bereits oben erwähnt, in die Schüssel stecken sollten, auch das Ablegen der *hashi* quer über der Schüssel kommt nicht gut an. Wenn Sie die Essstäbchen gerade nicht benutzen, sollten Sie sie auf der Stäbchenbank *(hashioki)* ablegen. Falls es keine gibt, können Sie die Stäbchen auch auf einen Teller legen.

Beim Zerkleinern von zu großen Bissen können Sie diese mit den Stäbchen wie mit einer Art Zange zerteilen. Benutzen Sie sie aber nicht wie eine Säge. Falls Sie eine Rede halten wollen oder müssen: Verzichten Sie darauf, mit den Essstäbchen gegen ein Glas oder Ähnliches zu schlagen, um Aufmerksamkeit zu erlangen.

Alles zu kompliziert? Lieber bei Messer und Gabel bleiben? Auch keine Lösung. Zumindest in Sushi-Restaurants gilt dieser Wunsch als Beleidigung für den Küchenchef, denn er unterstellt, dass er die Häppchen nicht richtig zubereitet hat. Also kämpfen Sie sich lieber durch – und üben Sie vielleicht zu Hause in einem unbeobachteten Moment ganz in Ruhe. Kleinen Kindern bringt man das Essen mit Stäbchen übrigens bei, indem ein Gummiband um das hintere Ende gebunden wird. So rutschen sie nicht auseinander und können als eine Art Zange benutzt werden. Diesen Trick aber bitte ebenfalls nur in den eigenen vier Wänden zum Üben verwenden.

WELCHE SUSHI-SORTEN GIBT ES?

Norimaki

Die Anfänger-Sushi. Leicht zu essen und auch mit unverdächtigen Zutaten gefüllt erhältlich, zum Beispiel als *kappamaki* mit Gurke. Bei dieser Sushi-Art wird mithilfe einer Bambusmatte eine Rolle aus Reis und verschiedenen Zutaten hergestellt. *Hosomaki* sind mit nur einer Zutat gefüllt, *futomaki* mit bis zu drei. Die ganze Rolle ist außen von einem Blatt *nori* (getrocknetem und geröstetem Seetang) umwickelt. Die Rolle wird dann in Scheiben geschnitten.

Nigiri

Hier wird ein kleiner Klumpen Reis mit einer Zutat (z.B. Fisch, Muscheln oder Ei) belegt. Je nach Zutat kann noch ein dekoratives *nori*-Bändchen um das Paket gewickelt sein. Vorsicht beim Eindippen in die Sojasoße: Am besten sollte nur der Belag eingetaucht werden – sonst löst sich noch der ganze Reis auf und schwimmt von da an unmotiviert und nicht gerade ansehnlich in Ihrem Soßen-Schälchen herum. Stäbchen-Anfänger wie Herr Hoffmann kann diese Aufgabe vor Probleme stellen, aber keine Sorge: Sie können die *nigiri* auch problemlos mit den Fingern essen, ohne Sorge zu haben, dafür vom Küchenchef geköpft zu werden.

Gunkanmaki

Manche Zutaten, wie Fischrogen oder Austern, würden einfach wie ein nasser Sack von den *nigiri* rutschen. Daher bekommen sie zusätzlich eine Stütze durch ein gerolltes *nori*-Blatt, das den Belag an Ort und Stelle hält. Vom Aussehen her werden *gunkanmaki* gern mit kleinen Schiffchen verglichen.

Temaki

Auch hier werden die *maki*-Grundzutaten (Reis, *nori*, Belag) verarbeitet, nur dass das *nori*-Blatt in Form einer kleinen Eistüte gerollt wird. In der Tüte befindet sich der Reis, der Belag schaut oben heraus. Versuchen Sie lieber erst gar nicht, die circa zehn Zentimeter langen *temaki* mit Stäbchen zu essen. Auch Japaner nehmen dazu die Finger.

Chirashi

Diese Form des ›gestreuten Sushi‹ ist hier bei uns nicht so verbreitet – und sieht für das westliche Auge auch nicht nach Sushi aus. Hierbei werden alle Zutaten direkt mit dem Reis vermischt und in einer Schale zum Essen angerichtet.

Neben diesen fünf Grundformen gibt es natürlich Hunderte verschiedener Beläge, die eine riesige Vielfalt an verschiedenen Sushi zulassen, Sie können sich also eine Weile lang durchtesten, bevor Sie sich wiederholen.

4 HERR HOFFMANN STELLT SICH VOR

VISITENKARTEN-TERROR

Herr Hoffmann hat ein gutes Gefühl! Diesmal wird nichts schiefgehen. Er ist blendend vorbereitet. Ein Blick auf die Armbanduhr zeigt zehn vor neun. Er wird genau um Punkt neun auf dem Kongress ankommen. Keine Sekunde zu spät natürlich, aber auch keine zu früh. Dann wird er vor seinem Vortrag etwa eine halbe Stunde Zeit haben, die japanischen Kollegen kennenzulernen, die diese Vortragsreihe organisieren und die ihn nach Japan eingeladen haben. Siegesgewiss klopft Herr Hoffmann auf seine Aktentasche, in der seine Unterlagen sicher verstaut sind. Diesmal wird sich niemand über sein nicht immer völlig akzentfreies Englisch lustig machen wie damals in Kalifornien. Diese Japaner sind doch sehr viel höflichere Leute als die vorlauten Amerikaner. Und das Beste: die meisten sprechen schlechter Englisch als Herr Hoffmann.

Eine Gruppe von vier Schulmädchen kommt ihm entgegen. Alle tragen weiße Matrosenblusen und dunkelblaue Röckchen, sehr adrett. Manchmal wünschte er sich, seine Tochter Tina würde öfter mal so ordentlich ... Hoppla, jetzt sehen ihn alle vier an und kichern. Hoffentlich hat er sie nicht zu lange angestarrt. Demonstrativ wirft Herr Hoffmann einen geschäftigen Blick auf seine Armbanduhr – und rammt dabei beinahe zwei uniformierte Herren mit orange-leuchtender Schärpe und blütenweißen Handschuhen. Sie stehen vor einem Stück Straße, gerade mal zwei Quadratmeter groß, das ohne einen ersichtlichen Grund abgesperrt ist und winken die vorbeiströmenden Menschen sicher um das Hindernis herum. Dieser für den Deutschen völlig sinnlos wirkenden Beschäftigung gehen sie mit einer Ernsthaftigkeit nach, als handele es sich dabei um eine komplizierte Bypass-Operation. Herr Hoffmann meistert diese letzte Hürde souverän und betritt das Kongresszentrum genau 24 Sekunden vor neun. Perfekt.

Eine Gruppe in Anzüge gehüllter Herren erwartet ihn. Mindestens zwei davon gehören laut Plan zu den Veranstaltern und sein Übersetzer für den Vortrag sollte auch dabei sein. Aber wer ist wer? Ein kleiner Mann mit dicken Brillengläsern zieht geräuschvoll die Nase hoch. Herr Hoffmann hofft inständig, dass nicht ausgerechnet dieser Typ sein Übersetzer sein wird. Alle tragen graue Anzüge, weiße Hemden und mehr oder weniger graue Krawatten. Oh je, wie soll er die nur alle auseinanderhalten?

Aber jetzt kommt erst mal das Wichtigste. Herr Hoffmann ist – wie gesagt – vorbereitet. Er weiß, wie wichtig das Ritual der Visitenkartenübergabe für den geschäftlichen Erfolg in Japan ist und er weiß auch, dass er als Besucher nun in der Pflicht ist, seine Karte als Erster zu überreichen. Lächelnd zückt Herr Hoffmann ein kleines, silbernes Visitenkarten-Etui aus seiner Aktentasche. Ja, Lächeln geht immer. Besonders in Japan. In einem Reiseführer hat Herr Hoffmann gelesen, dass Japanern Gemütsregungen wie Überraschung oder Ärger den Japanern in der Öffentlichkeit ein wenig peinlich, weshalb sie diese hinter einem Lächeln verstecken. Auch eine trauernde Witwe lächelt in der Öffentlichkeit, denn Trauer ist Privatsache und nicht für fremde Augen bestimmt. Kann gut sein. Zumindest hat er in Japan mehr lächelnde als traurige, wütende Menschen oder beschämte Menschen gesehen. Bis jetzt.

Das Etui hatte Herr Hoffmann sich gegen Hannahs Protest ›*35 Euro? Tut's nicht auch ein einfaches Gummiband?*‹ noch in Deutschland gekauft. Eine gute Investition, wie sich jetzt zeigt, denn auch die anderen beginnen nun, spezielle Etuis hervorzuziehen. Ein kleiner Mann mit gestreifter Krawatte hat sogar einen ganzen Ordner für seine Visitenkarten dabei. Stolz, dass er diesmal richtig vorbereitet ist, verteilt Herr Hoffmann seine extra für die Reise doppelseitig bedruckten Visitenkarten: eine Seite mit deutscher Beschriftung, eine mit japanischer Beschriftung. Zum Test hatte er Frau Watanabe am Vorabend die japanische Seite vorlesen lassen. Sein Name lautet dort anscheinend *Hofuman*. Nun ja. Ähnlich genug.

Da Herr Hoffmann sich nicht sicher ist, wer im Raum der Ranghöchste ist, fängt er einfach bei dem Typ mit der gestreiften Krawatte an. Der hat schließlich den dicksten Ordner, das wird schon was heißen.

Reihum verteilt er also seine Karten und bekommt dafür von jedem der Anwesenden ebenfalls eine Karte gereicht. Manche sind auf der Rückseite englisch beschriftet, andere dagegen nur japanisch. Zügig bildet Herr Hoffmann aus den Karten einen dicken Stapel und verstaut diesen sorgfältig in seinem Etui. Niemals in die Hosentasche stecken! Das hatte ihm Kollege Klöppke, der schon mal in Japan war, noch in Flensburg eingeschärft.

Was ist diesmal schiefgelaufen?

Herr Klöppke hatte Recht. Die angebotenen *meishi* (Visitenkarten) achtlos in die Tasche oder ins Portemonnaie zu stecken, gehört in Japan nicht zum guten Ton.

Aber das ist nicht die einzige Regel, die bei den Ritualen der Visitenkartenübergabe beachtet werden sollte. Denn es handelt sich keineswegs nur um eine kleine Pappkarte, die Kontaktdaten einer Person trägt. Nein, die Visitenkarte repräsentiert die Person. Ebenso wie manchem Deutschen das Auto als Teil der Persönlichkeit gilt, dem Teil, der samstags liebevoll in der Waschanlage gesaugt und mit einem weichen Lappen gewienert wird, dem sogar die Felgen mit einer Zahnbürste gereinigt werden ... Na ja, so oder so ähnlich identifizieren sich Japaner eben mit ihren Visitenkarten. Kein Wunder, dass sie überall und ständig ausgetauscht werden. Sogar für nicht berufstätige Hausfrauen ist es eine Selbstverständlichkeit, Visitenkarten zum Austausch bereitzuhalten. Nach einer Geschäftsreise muss man daher damit rechnen, mit einem dicken Berg Visitenkarten heimzukehren. Und ebenso sollte man selber genügend dabeihaben.

Herr Morita, das ist der mit der gestreiften Krawatte und dem speziellen Ordner nur für Visitenkarten, ist keine Seltenheit. Sorgfältig hat er Herrn Hoffmanns Karte entgegengenommen, sie lange und aufmerksam studiert und erst dann in seinen gut gefüllten Ordner einsortiert.

Und genau das war der Fehler. Herr Hoffmann hat die Karten einfach zu schnell weggesteckt. Wenn sich jemand so wenig für die Karten interessiert – wie viel Interesse kann er da schon für seine Geschäftspartner haben?

Was können Sie besser machen?

Die Visitenkartenübergabe als Sub-Ritual ist als zweiter Schritt eingebettet in einen insgesamt dreigeteilten Prozess. Natürlich wird man nicht unbedingt erwarten, dass Sie als *gaijin* auf Anhieb alles richtig machen. Aber dennoch: Es dauert ohnehin lange genug, bis man Sie im Geschäftsleben vollständig akzeptiert und es wird schon erwartet, dass Sie sich Mühe geben. Versuchen Sie also, einen so guten ersten Eindruck wie möglich zu machen.

Schritt 1 – Vorstellung

Stellen Sie sich Ihrem Geschäftspartner mit ebenso schönen wie phantasielosen Worten vor, etwa: »Guten Tag, ich bin Herr/Frau XYZ von der Firma XYZ.« Das Ganze dann auf Englisch, oder noch besser – wenn Sie können – auf Japanisch. Fragen Sie danach, ob Sie Ihre Visitenkarte überreichen dürfen. Keine Sorge, die Antwort wird kaum »Nein« lauten.

Schritt 2 – Visitenkartenaustausch

Jetzt geht es los. Machen Sie es wie Herr Hoffmann und besorgen Sie sich ein Etui. Es muss nicht aus Metall sein und auch keine 35 Euro kosten, eines aus Plastik oder Leder tut es auch. Aber eine Organisation über ein Gummiband oder in der Geldbörse aufbewahrte Karten, die eventuell bereits abgeknickte Ecken oder dunkle Ränder aufweisen, sind tabu.

Auch die beidseitig bedruckte Karte war eine gute Idee von Herrn Hoffmann. Es kommt gut an, wenn die Rückseite der Karten in *katakana* beschriftet ist. Achten Sie darauf, dass Ihr Titel und die Position in der Unternehmenshierarchie klar erkennbar sind. Der Rangniedrigere oder in unserem Fall der Besucher macht nun den Anfang und übergibt seine Karte zuerst. Falls mehrere Menschen im Raum sind, fängt man bei demjenigen an, der in der Hierarchie am höchsten steht, und arbeitet sich dann schrittweise hinab. Falls Sie keine Ahnung haben, wer Geschäftsführer und wer Praktikant ist, schadet es nichts, wie Herr Hoffmann einfach der Reihe nach vorzugehen. Oder Sie arbeiten sich von alt nach jung vor. Älteren Männern begegnet man in Japan mit sehr viel Respekt, da können Sie also nicht ganz falsch liegen.

Bei der Übergabe halten Sie die Karten mit beiden Händen jeweils zwischen Daumen und Zeigefinger an den oberen Ecken und drehen sie so, dass Ihr Gegenüber die Karte lesen kann. Die japanische Seite sollte also nach oben und der Text von Ihnen weg zeigen. Daraufhin bekommen Sie nun ebenfalls eine Visitenkarte auf die gleiche Weise angeboten, die Sie an den beiden unteren Ecken mit beiden Händen annehmen.

KATAKANA

Nein, hierbei handelt es sich weder um eine Kampfsportart noch um ein Fischgericht, sondern um ein phonetisches Silbenalphabet. Diese Zeichen werden für Fremdsprachen genutzt, im Gegensatz zu *hiragana*, die für japanische Ausdrücke verwendet werden. Durch die *katakana* sind Japaner in der Lage, Ihren Namen zumindest auszusprechen, so wie Sie für die Aussprache eines japanischen Namens eine romanisierte Form brauchen. Mit dem Namen in *kanji* allein, also in sinojapanischen Schriftzeichen mit vielen Lesungsmöglichkeiten, wären Sie ziemlich aufgeschmissen.

Schritt 3 – Verbeugen und Interesse zeigen

Als Dank für die empfangene Visitenkarte verbeugen Sie sich nun leicht. Der Rücken bleibt dabei gerade, den Drehpunkt bildet die Hüfte.

Nun nehmen Sie die Karte und betrachten diese interessiert – selbst wenn es sich um eine japanische Karte handelt und Sie kein Wort lesen können. Halten Sie die Karte mit beiden Händen und versuchen Sie möglichst respektvoll auszusehen. Am besten äußern Sie sogar ein paar anerkennende Worte zum Wohn- oder Firmensitz Ihres Gegenübers.

Wenn es sich um ein Meeting handelt, können Sie die Karten der Sitzordnung nach auf dem Tisch verteilen, um einen Überblick zu behalten. Aufgrund der Vielzahl der Karten, die Sie in Japan bekommen werden, kann es Sinn machen, sich einige Notizen dazu zu machen. Aber beschriften Sie niemals eine Karte in Anwesenheit Ihrer Geschäftspartner!

Nach der ausgiebigen Betrachtung der Karte Ihres Gegenübers, verstauen Sie diese sorgfältig in Ihrem Etui. Geschafft!

Spezial-Tipp

Ohne Visitenkarte sind Sie in Japan ein Niemand. Aber es geht auch ganz anders. Die Mitsubishi-Feingoldkarte ist der Ferrari unter den Visitenkarten und lädt zum Auftrumpfen ein. Dabei wird die persönliche Visitenkarte auf Recyclingpapier gedruckt und mit einem Gramm Feingold überzogen. Macht Eindruck, kann aber auch nach hinten losgehen. Ferrarifahrer wirken schließlich auch nicht zwingend sympathisch.

5 HERR HOFFMANN SCHENKT SICH NACH

TRINKEN STEHT ÜBER DEM MILITÄR

Einen leichten Brechreiz bekämpfend sieht Herr Hoffmann zu, wie Herr Morita dem kleinen, gekochten Fisch zuerst den Kopf abbeißt und ihn dann ganz in seinem Mund verschwinden lässt. Samt Gräten, Flossen, Haut ... Herr Hoffmann schaudert. Da nimmt er sich doch lieber eines dieser Fleischbällchen ... Fleischbällchen? Lange kaut er auf dem zähen Kloß herum, der nun eigentlich doch eher nach Fisch als nach Fleisch schmeckt. Und was sind das für längliche, gummiartige Stücke? »Oktopus«, nickt ihm Herr Hashimoto strahlend zu und erhebt seinen Sake-Becher. »*Kanpai!*«

Erleichtert prostet Herr Hoffmann ihm zu und spült die letzten Tentakelreste aus seinem Mund.

Als Herr Hashimoto nach der heutigen Vortragsreihe vorgeschlagen hatte, noch gemeinsam etwas trinken zu gehen, war Herr Hoffmann davon ausgegangen, dass sie vielleicht noch für eine Stunde zusammensitzen würden, aber nun ist es schon halb eins. Zuerst waren sie in einer recht teuren Shot-Bar, danach sind sie dann in dieser Kneipe mit der roten Papierlaterne am Eingang, einem *izakaya*, gelandet, das gerade mal so groß ist wie ein Wohnzimmer.

Herr Hashimoto spricht denn auch die Frau hinter der Theke vertrauensvoll mit Mama-*san* an. Erst wurden sie alle der Reihe nach Mama-*san* vorgestellt, wobei Mama-*san* anscheinend eine lustige Bemerkung zu Herrn Hoffmanns Körpergröße machte, der die anderen Anwesenden tatsächlich um mindestens einen halben Kopf überragt. Jedenfalls hatten sie alle gelacht und Herrn Hoffmann auf die Schulter geklopft. Kurz darauf hat sich Herr Hashimoto längere Zeit mit dem Ernst einer militärischen Strategiebesprechung mit Mama-*san* beraten und dabei für alle bestellt. Das deprimierende Ergebnis sind die Teller, die nun vor ihnen stehen. Die Gruppenbestellung ist übrigens keine unhöfliche Art von Herrn Hashimoto, sich in den Vordergrund zu drängen oder die Rechnung möglichst niedrig zu halten. Im Gegenteil – indem er für alle bestellt, wird niemand in die peinliche Position gebracht, seine Lieblingsspeise aussuchen zu müssen. Denn was, wenn die den anderen nicht schmeckt? Herr Hashimoto hatte also nur die Harmonie im Sinn, als er für alle dasselbe Getränk (Sake) und eine übliche Auswahl an Häppchen ordert, die unter den Anwesenden geteilt werden.

Zum Glück kann Herr Hoffmann auf diese Weise die *shishamo*, die Fischchen, großzügig zu Herrn Uchida, seinem Übersetzer, weiterschieben.

Einträchtig sitzt die Vierergruppe auf den einfachen Holzhockern am Tresen. Herr Uchida, der allerdings schon einen ziemlich betrunkenen Eindruck macht, erklärt Herrn Hoffmann gerade die Bedeutung der weißen Katze mit der erhobenen Pfote, die auf einem kleinen Tischchen am Eingang steht. Ja richtig, diese Katze hatte er schon häufiger in verschiedenen Geschäften und Restaurants gesehen. Laut Herrn Uchida winkt diese *maneki neko* mit der Pfote Glück und Wohlstand herbei. Die weiße Farbe der Katze soll anscheinend Reinheit symbolisieren, aber ganz sicher ist sich Herr Hoffmann da nicht, denn Herrn Uchidas Englisch scheint unter dem Sake-Konsum erheblich zu leiden. Neben der Katze an der Wand hängen lauter längliche Zettel mit japanischen *kanji*. Was das wohl sein mag? Gute Wünsche? Gebete? Gedichte? Wenn Hannah das sehen könnte ... Leider ist der Zweck in Wirklichkeit viel profaner. Auf den Zetteln sind bloß die Snacks und Getränke samt Preisen aufgelistet.

Inzwischen hat Herr Uchida den Kopf auf den Tresen gelegt und scheint zu schlafen. Herr Hoffmann leert seinen Sake in einem Zug und greift zu der Halbliterflasche aus Porzellan, um sich nachzuschenken.

MANEKI NEKO – WINKEKATZE

Zumindest einem hat die winkende Katze tatsächlich einmal Glück gebracht. Einst sah ein Samurai vor einem Tempel eine Katze mit erhobener Pfote. Als er näher kam, um sich das Tier genauer anzusehen, schlug ein Blitz genau dort ein, wo er gerade noch gestanden hatte. Vor lauter Dankbarkeit wurde er der Patron des Tempels, dem die Katze damit also Wohlstand gebracht hatte. Eine klassische Win-win-Situation.

Was ist diesmal schiefgelaufen?

Jetzt ist es doch passiert! Dabei hatte Herr Hoffmann anfangs alles richtig gemacht. Der Aufforderung, nach der Arbeit noch mit Kollegen gemeinsam etwas trinken zu gehen, ist er zum Glück sofort nachgekommen. Alles andere wäre auch ein grober Fehler gewesen. Nicht umsonst wird in Japan für Vergnügen mit Kollegen mehr Geld ausgegeben als für die nationale Verteidigung. Für den Business-Alltag sind diese feierabendlichen Aktivitäten beinahe so wichtig wie die Arbeit selbst. Einer Studie zufolge kehren 97 Prozent aller besser verdienenden Angestellten nach der Arbeit nicht direkt heim zu ihren Familien, sondern verbringen noch Zeit mit den Leuten, die sie ohnehin schon den ganzen Tag um sich hatten – ihren Kollegen.

Nur, warum? Sind die Kollegen in Japan so viel witziger als hierzulande? Oder sind die japanischen Ehefrauen so anstrengend, dass es sich eher lohnt, den letzten Zug nach Hause zu verpassen (kaum jemand wohnt in Tôkyô in der Nähe seines Arbeitsplatzes) und stattdessen die Nacht betrunken in einem Kapselhotel zu verbringen? Weder noch ... Es ist einfach die einzige Möglichkeit, die Kollegen einmal richtig kennenzulernen – und auch selber aus sich herauszugehen. Während am Arbeitsplatz selbst kein schlechtes Wort über Kollegen oder die Arbeit selbst fällt, kann man sich beim gemeinsamen Zechen ruhig gehen lassen. Lautes Rufen, Singen oder dem Vorgesetzten einmal so richtig die Meinung sagen – all dies sind völlig akzeptierte Verhaltensweisen unter Alkoholeinfluss. Endlich weiß man, was die Kollegen wirklich denken. Das sorgt nicht nur für die eine oder andere Überraschung, sondern schafft vor allem Vertrauen.

Grenzt sich also ein von seinen Geschäftspartnern eingeladener Ausländer mit einer lahmen Ausrede wie ›zu müde‹ oder noch schlimmer ›ich trinke nicht‹ (ALLE Ausländer, und ganz besonders die Deutschen, trinken schließlich) ab, kann das eigentlich nur eines bedeuten: Der Kerl hat was zu verbergen oder – noch schlimmer – will nicht zum Team gehören! Gut also, dass Herr Hoffmann nicht lange überlegt und gleich zugestimmt hat.

Aber was ist dann schiefgelaufen? Leider hat es unser Flensburger mit dem Sake ein wenig zu eilig gehabt und sich einfach selber nachgeschenkt ...

Was können Sie besser machen?

Sie wissen es natürlich besser als Herr Hoffmann und lassen Ihren Sake-Becher unangetastet – außer um daraus zu trinken, natürlich. Sie werden sehen, die anderen Anwesenden werden Ihnen zuvorkommend immer wieder nachschenken. Zumindest wenn es sich um Japaner und nicht um Ihre Reisegruppe aus dem Südschwarzwald handelt.

Daraufhin heben Sie ihr Glas mit beiden Händen und prosten dem Einschenkenden vor dem Trinken zu. Widerstehen Sie dem Drang, sich über die Temperatur des Sake zu echauffieren – Reiswein kann durchaus, je nach Jahreszeit und dazu gereichtem Essen, badewassertaugliche 45–50 °C warm *(atsukan)* oder kalt *(hiyazake)* getrunken werden. Ansonsten handelt es sich bei diesem neben dem grünen Tee traditionellsten japanischen Getränk entgegen seiner deutschen Bezeichnung nicht um einen Wein, sondern um das Produkt aus vergorenem Reis und Wasser. Wie Wein ist auch Sake lieblich *(amakuchi)* bis trocken *(karakuchi)* und in den dazwischen liegenden Abstufungen erhältlich.

Falls Sie Sake verschenken oder sich als Kenner aufspielen möchten: Ein objektives Bewertungsmerkmal bieten Siegel auf den Flaschen. Ein goldener Rand kennzeichnet einen 100-prozentigen Reisgehalt, ein silberner den Zusatz von Alkohol. Falls Sie wirklich tief einsteigen und sich zum wahren Sake-Kenner mausern möchten, haben Sie einiges vor. Es gibt rund 10.000 verschiedene Sake-Sorten in Japan.

Aber genug Theorie – wenden wir uns wieder dem Trinken zu. Natürlich dürfen und sollen Sie nachschenken. Nur eben nicht sich selbst. Schenken Sie stattdessen Ihren Kollegen oder Geschäftspartnern nach, wenn diese ihr Glas ausgetrunken haben. Nehmen Sie dazu die Flasche mit beiden Händen und halten dabei das Etikett nach oben. Und natürlich lächeln Sie dabei. Besonders von Frauen wird in Japan häufig erwartet, dass sie den anderen nachschenken. Möglicherweise ist dies noch ein Relikt aus alten Zeiten, in denen die Geisha den Gast mit der Vorführung von Tänzen oder Musikstücken und geistreicher Konversation unterhielt – und dabei natürlich auch zuvorkommend nachschenkte. Sie selbst aß und trank den ganzen Abend nichts. Geisha-Häuser gibt es zwar noch immer, für ein normales Treffen nach der Arbeit sind sie aber zu teuer. Ein Abend kostet dort immerhin mehrere hundert Dollar pro Person. Da kann es schon eher passieren, dass die Gruppe zu fortgeschrittener Stunde in einem sogenannten »Gentlemen's Club« landet. Falls

Frauen mit von der Partie waren, haben diese sich zu diesem Zeitpunkt vermutlich ohnehin schon verabschiedet.

Apropos Frauen: Auch wenn Herr Hoffmann seiner Frau Hannah gerne die japanische Kneipe gezeigt hätte, wäre es doch unangebracht gewesen, wenn er sie mitgebracht hätte. Selbst wenn Sie gemeinsam mit Ihrer Ehefrau geschäftlich eingeladen werden, gehen Sie auf Nummer sicher, wenn sich Ihre Frau unter dem Vorwand, sie habe etwas anderes vor, entschuldigt.

Aber warum war eigentlich Herr Uchida, der Übersetzer, so betrunken? Er hatte keine andere Wahl. Wann immer Herr Hashimoto, sein Chef, ihm eingeschenkt hatte, musste er aus Höflichkeit das Glas in einem Zug leeren. Da hat es Herr Morita klüger gemacht. Er hat sein Glas einfach halb voll gelassen – das Zeichen, dass man genug getrunken hat und nichts mehr nachgeschenkt bekommen möchte.

6 HERR HOFFMANN GIBT TRINKGELD

VIER ERDBEBEN PRO TAG

»So ein Tag, so wunderschön wie heute ...« Leise vor sich hin pfeifend lässt sich Herr Hoffmann behaglich in die Badewanne gleiten. Sie ist viel kürzer als er es aus Deutschland gewohnt ist, dafür um einiges tiefer. Als Herr Hoffmann drin sitzt, schaut nur noch sein Kopf aus dem warmen Wasser hervor. Die Beine kann er dafür nicht einmal annähernd ausstrecken – na gut, dann wird halt im Sitzen gebadet. Viel ärgerlicher ist dagegen, dass er in seinem Hotelbadezimmer weit und breit keinen Badezusatz gefunden hat. (Warum das so ist, erfahren Sie im nachfolgenden Kapitel ›Herr Hoffmann geht baden‹.) Stattdessen musste er mühsam die Flüssigseife aus dem Seifenspender in seiner Handfläche in das einlaufende Badewasser transportieren. Herr Hoffmann lässt sich ein wenig weiter in das Wasser hineinrutschen und macht blubbernde Geräusche mit dem Mund. Aaaah ... entspannend ...

Auf einmal taucht Godzilla auf, reißt das gesamte Hotel aus seiner Verankerung, hebt es hoch und lässt es wieder fallen. Zumindest fühlt es sich so an. Badewasser schwappt aus der Wanne, aus dem Nebenraum ertönt ein dumpfer Knall. Ein Erdbeben! Ist das nun etwa die Fortsetzung des schlimmen Bebens aus dem März 2011? Erst gestern hatte er beim Rumzappen nach einer Gameshow, in der die Kandidaten versuchten, eine rutschige Treppe hinaufzulaufen, einen Bericht darüber gesehen. Er hatte zwar kein Wort verstanden, aber anscheinend leben in Fukushima auch heute noch immer jede Menge Menschen in Notunterkünften.

Aber jetzt – das gesamte Hotel scheint sich auf die Seite zu legen. Stürzt es etwa ein? Schnell springt Herr Hoffmann aus der Wanne, rutscht dabei beinahe auf dem nassen Boden aus und sucht Schutz unter dem Rahmen der Badezimmertür. Irgendjemand hatte ihm mal erzählt, dass das der sicherste Platz sei – oder hat er das falsch in Erinnerung? Immerhin ist er im 23. Stock, und wenn das ganze Gebäude einstürzt, wie sicher kann dann der Türrahmen sein? Außerdem handelt es sich nur um eine Schiebetür, ist die wirklich stabil? Vielleicht doch lieber unters Bett?

In dem Moment ist wieder alles still. Viel ist gar nicht passiert. Ein paar Fläschchen am Waschbecken sind umgefallen und sein Koffer ist vom Schrank gerutscht. Das war wohl das Geräusch, das er eben gehört hatte. Der Schrank selber ist dank magnetischer Türschließer nicht aufgegangen, auch die wenigen Möbel sind anscheinend weitgehend an ihrem Platz geblieben. Trotzdem – jetzt ist erst mal ein Drink fällig.

Kurz darauf sitzt Herr Hoffmann – die noch immer leicht zittrigen Finger um einen Gin Tonic geschlossen – an der Hotelbar. Hat hier niemand etwas von dem Beben mitbekommen? Alle sind ganz ruhig und tun so, als wäre alles ganz normal. Da geht es schon wieder los. Die Gläser klirren leise und der Barkeeper hält mit erstaunlich gelassener Miene ein paar Flaschen fest. Während Herr Hoffmann sich noch panisch nach einem Notausgang umschaut, ist auch schon wieder alles ruhig. Nur ein schwaches Nachbeben. Er kippt seinen Drink in einem Zug herunter, legt das Geld zusammen mit einem großzügigen Trinkgeld auf den Tresen und geht zurück auf sein Zimmer.

Was ist diesmal schiefgelaufen?

Als am 11. März 2011 um 14:46 Uhr die Erde bebt, ist Frau Watanabe gerade in ihrem Büro im Gespräch mit einem Kollegen. Eigentlich keine große Sache, denn bereits die ganze letzte Woche gab es immer mal wieder kleinere Erdbeben. Aber diesmal ist es anders. Das Beben hört nicht auf. Instinktiv halten Frau Watanabe und ihr Kollege sich am Türrahmen fest, während Aktenordner und Bücher polternd aus den Regalen fallen. Im Nachbarbüro fliehen ein paar Kollegen unter die Tische. Das gesamte Gebäude schwankt wie ein Schiff auf hoher See. Aus den Fenstern kann Frau Watanabe sehen, dass auch die Nachbargebäude wild hin und her schwingen. Aus dem Nachbarbüro ist ein halb unterdrückter Schrei zu hören, dann regnen Teile der Styroporverkleidung von der Decke.

Eine unendlich lange Zeit später – Frau Watanabe wird später kaum glauben, dass es nur etwa drei Minuten waren – sind die gröbsten Schübe vorbei. Stille. Aus Richtung des Hafens steigt eine riesige schwarze Rauchwolke auf. Ein Kollege – sein Haar ist zerzaust und sein Arm ist aufgeschrammt – schaut zur Tür rein und fragt, ob alles in Ordnung sei. Frau Watanabe nickt benommen, sie hat im Moment ganz andere Sorgen. Hektisch wählt sie Kenjis Nummer auf ihrem Handy, kann ihren Sohn aber nicht erreichen. Auch ihren Mann erreicht sie nicht – anscheinend ist das gesamte Telefonnetz zusammengebrochen.

»Schnell raus hier!« Der Kollege zieht sie am Arm in Richtung Treppenhaus. Auf dem Weg nach unten folgen die Nachbeben. Ganze Wandteile sind herausgebrochen. Frau Watanabe läuft immer weiter hinunter. Ihr Büro ist im 19. Stock.

Unten angekommen versammeln sich alle vor dem Gebäude. »Wow, 8,8 – Twitter spielt total verrückt!«, hört sie im Vorbeigehen einen jungen Mann sagen. Dann folgt ein sehr starkes Nachbeben. Die Kräne auf einem der benachbarten Gebäude scheinen jeden Moment umzukippen. Frau Watanabe will nach Hause.

Gemeinsam mit vielen anderen Menschen macht sie sich auf den Weg – zu Fuß, denn die Züge und U-Bahnen fahren nicht, Taxis sind Mangelware. Auf den Straßen sieht es verheerend aus, zum Teil ist der Asphalt aufgeworfen, Brückenteile sind eingesackt. Vor öffentlichen Telefonen haben sich meterlange Schlangen gebildet.

Nach etwa zwei Stunden – Fußwege in Tôkyô können lang werden – macht Frau Watanabe an einem *konbini* halt und kauft sich eine Limonade. Eigentlich hätte sie mehr Lust auf Wasser, aber das ist bereits ausverkauft.

Etwas mehr als vier Stunden braucht Frau Watanabe schließlich bis nach Hause. Kenji ist auch schon da, erleichtert schließt sie ihren Sohn in die Arme. Anderthalb Stunden später kommt auch ihr Mann nach Hause – endlich. Er hatte auf der Rückfahrt vom Büro stundenlang im Stau gestanden. Kenji hat bereits über Skype seine Tante in Osaka erreicht. Ihr und den Großeltern geht es ebenfalls gut. Erstaunlicherweise ist alles im Haus in bester Ordnung – nur eine einzelne Vase ist umgefallen. Und nicht einmal kaputt gegangen. Als Kenji einen Witz darüber macht, lachen alle erleichtert.

Erst später, als sie die Bilder vom Tsunami und dem Atomkraftwerk im Fernsehen sehen, fangen sie an, das wahre Ausmaß der Katastrophe zu begreifen.

Die nächsten Tage und Wochen sind chaotisch. Beinahe täglich gibt es weitere Erdbeben und neue Meldungen aus Fukushima – dass tatsächlich eine Kernschmelze stattgefunden hat, gibt die Betreiberfirma Tepco aber erst zwei Monate später zu. Viele von Frau Watanabes ausländischen Kollegen verlassen *m*it ihren Familien das Land, als sogenannte *flyjin*. (Angelehnt an das Wort *gaijin* – alle Menschen, die keine Japaner sind – werden Ausländer, die nach dem Erdbeben allzu schnell das Land verlassen, leicht spöttisch so genannt.)

Bald ist Trinkwasser in Flaschen ausverkauft, später dann nur noch streng rationiert erhältlich. Familie Watanabe erhält im Supermarkt eine Zwei-Liter-Flasche Wasser pro Person und Tag. Einige Lebensmittel wie Reis und Eier gibt es bald nicht mehr zu kaufen. Auch Benzin ist knapp, weil die Raffinerien an der Küste zerstört sind. Viele Lebensmittel und Hilfsgüter werden in die vom Tsunami verwüsteten Regionen geschickt, wo sie dringender gebraucht werden als in der Hauptstadt. Ist in den Supermärkten eine neue Lieferung angekommen, bilden sich schnell lange Schlangen, alle warten geduldig, keiner drängelt. Frau Watanabe versucht, immer nur das Nötigste einzukaufen und macht einen Bogen um Hamsterkäufer.

Immer wieder fällt der Strom aus oder wird für ganze Viertel abgeschaltet, auch fließendes Wasser ist nicht immer selbstverständlich. Strom sparen heißt die Devise, denn viele Atomkraftwerke liegen nach dem Beben erst mal still. Die Klimaanlagen kühlen öffentliche Gebäude und U-Bahnen nicht mehr auf eisige Temperaturen runter, die Automaten bieten keine gekühlten Getränke mehr an, in vielen Bahnhöfen und Geschäften ist jede zweite Neonröhre herausgeschraubt. Szeneviertel wie Shinjuku und Shibuya sind wegen der fehlenden Flut der Leuchtreklamen kaum wiederzuerkennen. Auch Frau Watanabe und ihre Familie versuchen, Strom zu sparen – ganz so, wie die Plakate in den U-Bahnen fordern.

In Spinat, Pilzen, Milch, Fisch, Tee und anderen Lebensmitteln aus Fukushima und angrenzenden Regionen werden hohe Radioaktivitätswerte gemessen. Die Frau eines deutschen Kollegen, die kaum Japanisch kann, lässt sich ab und zu von Frau Watanabe beraten, weil sie die Herkunftsbezeichnung auf den Verpackungen nicht lesen kann. Auch Frau Watanabe ist vorsichtig geworden beim Einkauf. Bei der Milch achtet sie vor allem wegen ihres Sohnes darauf, nur Produkte aus Hokkaidô zu kaufen – zum Teil zahlt sie umgerechnet vier Euro pro Tüte dafür. Um Joghurt, Gurken und Salat macht sie lieber einen Bogen, die stammen in der Regel aus den kritischen Regionen. Ganz genau kann sie es aber nicht wissen, Skandale um verstrahltes Fleisch oder grünen Tee, die in den Handel gelangt sind, machen den täglichen Einkauf unsicher.

Auf einem Spielplatz beobachtet Frau Watanabe, wie eine Gruppe von Müttern den Sand zuerst mit einem Geigerzähler überprüft, bevor sie ihre Kinder dort spielen lässt. Und die Mütter sind nicht die einzigen. Immer häufiger werden in Tôkyô sogenannte Hot Spots, Gebiete mit ungewöhnlich hoher Radioaktivität, entdeckt – oft von ganz normalen Bürgern, die lieber auf eigene Faust messen, als den Angaben der Regierung zu vertrauen.

Trotz allem ist Frau Watanabe dankbar. Dankbar, dass es ihrer Familie gut geht – viel besser als den Menschen in den Regionen, die der Tsunami zerstört hat, besser als den Menschen in den Präfekturen rund um das Kraftwerk. Sie haben alles verloren, haben kein Zuhause und keine Arbeit mehr. Kein Wunder, dass manche sogar freiwillig in den Evakuierungszentren bleiben, anstatt in die Übergangswohnungen zu ziehen, wo sie wieder selber für ihren Lebensunterhalt aufkommen müssten.

Die Dekontaminierung geht derweil nur langsam voran. Die dick vermummten Arbeiter müssen Erde abtragen, Moos abkratzen sowie Dächer und Wände abwaschen. Und dann muss der verstrahlte Müll noch irgendwo gelagert werden. Tôkyô hat sich bereit erklärt, 500.000 Tonnen verstrahlte Erde zu lagern. Frau Watanabe ist aus Solidarität zu den Menschen aus den betroffenen Regionen dafür, eine Nachbarin jedoch strikt dagegen. Wer weiß, wie stark der Schutt tatsächlich verstrahlt sei, meint sie. Inzwischen gibt es in der Bevölkerung sogar vermehrt die Bereitschaft, wieder Waren aus der Region Fukushima zu kaufen. Um die Bevölkerung zu unterstützen. Ganz so weit ist Familie Watanabe noch nicht, aber sie führen bereits wieder so gut wie möglich ein normales Leben. Sicher, sie waschen Gemüse weiterhin besonders gründlich ab, achten beim Einkauf auf die Herkunft der Lebensmittel und behalten die veröffentlichten Messwerte im Auge, das schon. Aber die Auswirkungen des Tôhoku-Bebens bestimmen nicht mehr ihren Alltag. Ebenso wenig wie die Angst vor dem unvermeidlichen nächsten Erdbeben.

Herr Hoffmann hat zum Glück nur ein leichtes Beben mitbekommen. Aber – was hat er denn nun überhaupt falsch gemacht? Nun, in Anbetracht der Umstände wird es ihm mit Sicherheit niemand ernsthaft übel nehmen, aber das Trinkgeld für seinen Drink hätte er sich getrost sparen können.

WARUM GERADE JAPAN?

Tief unter der Erde lebt der riesige Katzenfisch Namazu. Sobald sich die Menschen falsch verhalten, straft er sie, indem er seinen Körper wild hin und her schlägt. Ein Erdbeben entsteht. Nur der Gott Kashima kann den zappelnden Fisch bändigen, indem er ihn mit einem magischen Felsblock zu Boden drückt.

Die wissenschaftliche Erklärung für die Erdbebenhäufigkeit in Japan ist ein wenig nüchterner. Die Inselgruppe hat das Pech, an einer tektonisch besonders aktiven Zone zu liegen. Die positive Folge sind die heißen Quellen. Die negativen Folgen: Erdbeben, Vulkanausbrüche, Tsunamis. Nur, was passiert da genau im Untergrund?

Nach der Theorie der Plattentektonik ist die Erdkruste keine homogene Schale, sondern in circa 20 Platten unterbrochen. Diese Platten schwimmen sozusagen auf einem heißen See aus Magma. Strömungen in diesem teilweise geschmolzenen Gestein bewegen die Erdplatten auf der Oberfläche mit. Die Bewegung beträgt zwar nur wenige Zentimeter im Jahr, hat aber gewaltige Auswirkungen. Auf diese Weise ist Indien durch die Plattenbewegung mit Asien zusammengestoßen. Bei der Kollision faltete sich der Himalaya als eine Art Knautschzone auf. Am erdbebengefährdeten San Andreas Graben in Kalifornien schieben sich die pazifische und die nordamerikanische Platte gegeneinander.

In Japan treffen gleich mehrere Platten aufeinander. Durch die Strömung aus der Tiefe schiebt sich direkt unter Japan die eurasische über die pazifische Platte. Dabei kommt es zu Verkeilungen der Plattenränder, die sich ab und zu ruckartig lösen und damit kleinere und größere Erdbeben erzeugen. Beim Abtauchen der einen Platte unter die andere bilden sich außerdem Blasen aus Magma, die in der nicht abtauchenden Platte nach oben dringen. Vulkane entstehen. Diese Aktivitäten im Untergrund bescheren Japan rund 40 aktive Vulkane sowie etwa 1.500 Erdbeben pro Jahr.

Das verheerende Tôhoku-Erdbeben im März 2011 entsteht am Meeresgrund – etwa 130 Kilometer von der Küstenstadt Sendai entfernt (bis zur Metropolregion Tôkyô sind es sogar 370 Kilometer). Mit einer Stärke von 9,0 ist es das stärkste jemals in Japan gemessene Beben. Durch die Wucht des Bebens verschiebt sich Japans Hauptinsel um drei Meter. Auf einer Fläche von 100 mal 500 Kilometern wird der Meeresboden angehoben. Dieses ruckartige Anheben führt zur Bildung einer riesigen Welle – eines Tsunamis. Die Welle trifft die Küste zum Teil mit einer Höhe von über 15 Metern. Die Wassermassen überfluten weite Teile der Nordostküste, reißen Autos, Häuser, Menschen mit – fast 20.000 sterben in den Fluten.

Das Atomkraftwerk Fukushima Daiichi übersteht das Beben und wird automatisch abgeschaltet. Die Brennelemente müssen jedoch weiter gekühlt werden. Als das Stromnetz zusammenbricht, springt planmäßig die Notstromversorgung an. Kurz darauf trifft der Tsunami die Anlage mit voller Wucht. Die Notstromversorgung wird zerstört, das Kühlwasser kann nicht weiter zirkulieren und verdampft. Nach und nach kommt es durch den Überdruck an vier Reaktoren zu Explosionen, Radioaktivität tritt aus. Rund 30.000 Quadratkilometer Land werden kontaminiert, 100.000 Menschen müssen aus dem Gebiet evakuiert werden.

Die Hauptstadt ist dagegen vergleichsweise glimpflich davongekommen. Aber das nächste große Erdbeben in Tôkyô könnte nun eher eintreffen als bisher gedacht. Das letzte große Beben war bereits 1923 – und das nächste ist längst überfällig. Dass Tôkyô ein weiteres starkes Erdbeben bevorsteht, ist völlig unstrittig. Die Frage ist nur: wann? Das kann leider niemand genau beantworten, denn der exakte Zeitpunkt eines Bebens lässt sich nicht vorhersagen. Laut Seismologen liegt die Wahrscheinlichkeit, dass die Hauptstadt innerhalb der nächsten 30 Jahre von einem Beben der Stärke 7 auf der Richterskala getroffen wird, bei 70 Prozent. Seit dem großen Tôhoku-Beben allerdings befürchten einige Experten, dass Tôkyô schon innerhalb der nächsten Jahre von einem starken Beben getroffen wird. Mit einer Wahrscheinlichkeit von 50 Prozent.

Und so bereiten sich die Hauptstädter auf das nächste Beben vor. In Schulen und Arbeitsstätten werden mehrmals jährlich Notfall- und Evakuierungsübungen abgehalten, und es wird empfohlen, stets Trinkwasser für mindestens zwei Wochen im Haus sowie einen Notfall-Rucksack gepackt zu haben. Darin sollten sich haltbare Lebensmittel, Trinkwasser, Erste-Hilfe-Utensilien, Bargeld in kleinen Scheinen und ein Radio befinden, um stets die neuesten Katastrophenmeldungen zu empfangen. Zudem sind in den meisten Straßen Tôkyôs Feuerlöscher angebracht, die bei Bedarf von jedem genutzt werden können. Auch Privatpersonen sind dazu angehalten, mindestens einen Feuerlöscher in der Wohnung zu haben. Exakt geplante, extrabreite Straßen sollen zusätzlich als Feuerbarriere dienen. Neben den Feuerlöschern ist das Gewirr von überirdisch angebrachten Kabeln auffällig, das sich über die Straßen Tôkyôs spannt. Das sieht zwar nicht besonders hübsch aus, hat aber den Vorteil, dass wichtige Versorgungsleitungen nach einer Katastrophe schnell wieder instand gesetzt werden können.

Nicht zu vergessen die Gebäude. Die traditionelle japanische Bauweise – flache Holzbauten, die bei Schwingungen relativ flexibel sind, und Wände aus Papier – war eigentlich recht gut an Erdbeben angepasst. Für die gigantischen Wolkenkratzer mussten sich die Architekten da schon was anderes einfallen lassen. Mithilfe ausgeklügelter Bauweisen, bei denen die Gebäude tief im Boden verankert werden, und Stahlkonstruktionen, die bei Erschütterungen auf elastisch gelagerten Fundamenten mitschwingen können, sollen die Gebäude bei einem Beben geschützt sein. Das Material ist so gewählt, dass es bei einem Beben zwar mitschwingt, aber nicht zerreißt. Dieses Schwingen kann man teilweise auch ohne Erdbeben in den oberen Stockwerken von hohen Gebäuden spüren.

Ist Tôkyô also auf das nächste Beben vorbereitet? Nun ja. Das Atomkraftwerk Fukushima galt als erdbebensicher – bis zu einem Beben der Stärke 8,3. Und sogar mit einem Tsunami haben die Erbauer gerechnet. Eine fünf Meter hohe Welle hätte die Anlage verkraften können – gegen eine 15 Meter hohe Wassersäule waren sämtliche

Schutzvorkehrungen machtlos. Sicher ist nur: Im Großraum Tôkyô leben in einem Radius von 50 Kilometern insgesamt 30 Millionen Menschen. Ein Viertel aller Japaner drängt sich hier auf gerade mal 3,6 Prozent der Landfläche. Wenn also ein Erdbeben irgendwo Schaden anrichten kann, dann dort ...

Was können Sie besser machen?

Sie haben es sicher schon erraten: Trinkgeld hat in Japan keine Tradition und kann sogar als Beleidigung aufgefasst werden. Also, sparen Sie sich getrost die zusätzliche Ausgabe – das gilt auch im Taxi, beim Friseur oder falls Ihnen das Gepäck aufs Zimmer getragen wird.

7 HERR HOFFMANN GEHT BADEN

WO IST EIGENTLICH DIE WASSERRUTSCHE?

Herr Hoffmann ist nackt – splitterfasernackt. Unauffällig schaut er sich im Raum um und atmet erleichtert auf. Die anderen Männer haben ihre Kleidung ebenfalls abgelegt. Frau Watanabe ihm zwar versichert, dass in Japan traditionellerweise nackt gebadet wird, so ganz wohl war Herrn Hoffmann aber nicht dabei. Trotzdem ist er Frau Watanabes Rat gefolgt und hat sich im *onsen*, dem öffentlichen Bad, an den blauen Vorhängen orientiert, um nicht aus Versehen in der Damenumkleide zu landen. Dann hat er sich im Umkleidezimmer ausgezogen, seine Sachen in einem der bereitstehenden Körbe verstaut und den Schritt in den Baderaum gewagt. So weit so gut.

Betont lässig schlendert Herr Hoffmann nun auf eines der tiefen, rechteckigen Wasserbecken zu. Fünf Männer sitzen – bis zum Hals im Wasser – darin, einer davon hat ein kleines, weißes Handtuch auf der Stirn liegen. Keiner schwimmt, taucht oder macht sonst etwas. Herr Hoffmann ist fest entschlossen, sich dieses Mal nicht zu blamieren. Daher beobachtet er erst einmal, wie einer der anderen Männer sich langsam und geräuschvoll einatmend in das Wasser gleiten lässt. »*Atsui, atsui*«, murmelt er und lässt, als er schließlich ganz in das Wasser eingetaucht ist, ein wohliges »*Aaaaaah, kimochiiii!*« ertönen.

Könnte Herr Hoffmann japanisch verstehen, wäre er gewarnt gewesen ... So aber schwingt er seine Beine forsch ins Becken und erstarrt. Das Wasser ist brühend heiß! Die anderen Japaner im Becken sehen zu ihm hin und erstarren ebenfalls. Herr Hoffmann lächelt gequält, während ihm Schweißperlen auf die Stirn treten und seine Beine rot anlaufen. Hätte er mal geahnt, dass *atsui* heiß bedeutet ... Aber so leicht lässt Herr Hoffmann sich nicht unterkriegen. Tapfer ignoriert er die Hitze und schiebt seinen Körper zentimeterweise weiter ins Wasser hinein. Aaah, jetzt ist es angenehm. Triumphierend schaut er sich um – und stellt fest, dass er mittlerweile ganz allein im Becken ist. Die anderen Männer sind allesamt ins Nachbarbecken gewechselt.

›Hmmm, komisch diese Japaner‹, denkt Herr Hoffmann, doch dann sieht er, dass nicht alle Männer im anderen Becken sind. Zwei von ihnen sitzen auf kleinen Plastikhockern vor einen Wasserhahn gekauert, seifen sich gründlich ein und rubbeln sich dabei mit einem Schwamm ab, bis ihre Haut gerötet ist. Der etwas Ältere, der näher an Herrn Hoffmann sitzt, füllt nun eine Schüssel mit Wasser und gießt sich das Wasser immer wieder über den Körper, bis der Seifenschaum abgespült ist. Danach seift er sich erneut ein. Überall. Gründlich und ausgiebig. Nun dämmert es ihm. Hatte Frau Watanabe nicht irgendwas davon gesagt, dass er sich auf gar keinen Fall ungewaschen in das Wasserbecken setzen soll?

Was ist diesmal schiefgelaufen?

Ja, hat sie. Frau Watanabe hatte ihn beim Mittagessen sogar zweimal daran erinnert, dass er sich vor dem Bad gründlich waschen soll, aber Herr Hoffmann war zu sehr durch das laute Schlürfen abgelenkt, mit dem sein Tischnachbar die Nudelsuppe genossen hat. Hätte er besser zugehört, hätte er auch Frau Watanabes spannende Ausführungen zur Badekultur in Japan mitbekommen.

Und da gibt es einiges zu berichten. Denn im Gegensatz zum in dieser Hinsicht recht zurückhaltenden Deutschland geht es in Japan tektonisch gesehen heiß her. In dieser vulkanischen Umgebung entspringen jede Menge heiße Quellen, bei denen das oft schwefelhaltige Wasser im Erdinneren erwärmt wird, bevor es an die Oberfläche sprudelt. Kein Wunder, dass sich um diese Thermalquellen eine regelrechte Badekultur gebildet hat. Hinzu kommt, dass traditionelle japanische Häuser keine Badezimmer haben. Zum Waschen ging man also in ein öffentliches Bad. In einem *onsen* stammt das Wasser tatsächlich aus einer vulkanischen Quelle, die anderen öffentlichen Bäder heißen *sentô*. Allein in Tôkyô gibt es über 1.000 öffentliche Bäder, in ganz Japan etwa 13.000 *onsen*. Besonders viele heiße Quellen gibt es auf der südlichsten Hauptinsel Kyûshû und auf der nördlichsten Insel Hokkaidô.

Wer schon einmal hier in Deutschland in einem Thermalbad war und milde lächelnd abwinkt, sollte vorsichtig sein. Das wäre in etwa so, wie Fischfrikadellen mit Sushi zu vergleichen (nichts gegen Fischfrikadellen, aber – nun ja ...). Die heißen Quellen in Japan sollte man nicht unterschätzen, denn sie sind wirklich heiß. Anders als in unseren mit etwa 30 bis 40 Grad eher lauwarm temperierten europäischen Quellen, kommt das Wasser in den *onsen* mit einer Temperatur von bis zu 80 und 100 Grad an die Oberfläche. In den Badebecken wird es allerdings auf eine badetaugliche Temperatur von in der Regel etwa 42 Grad herunter gekühlt. Herr Hoffmann hat sich also auch ein bisschen angestellt ...

Onsen haben wenig mit unseren Schwimmbädern gemein, es gibt keine Wasserrutschen oder Sprungbretter. Eigentlich handelt es sich mehr um eine große Badewanne, in der man beisammensitzt, sich vielleicht etwas erzählt und ansonsten Entspannung nach einem langen Tag findet. Und nicht nur das: Einem Bad im *onsen* werden wahre Wunderkräfte zugeschrieben. Das Wasser, das je nach Quelle eine andere Mischung an Mineralien enthält, soll je nach Zusammensetzung gegen Rheuma, Rückenschmerzen, Erkältungen, sogar Potenzprobleme und vieles mehr helfen. Für ein echtes *onsen* ist sogar ein Mindestwert an Mineralien vorgeschrieben und oft riechen sie nach Schwefel. Nach einem japanischen Volkslied kann eine heiße Quelle alles heilen, nur die Liebe nicht. Kein Wunder also, dass in Japan erwartet wird, dass sich die Besucher gründlich waschen, bevor sie sich in das heilsame Wasser setzen.

Dasselbe gilt übrigens für ein Bad zu Hause. Auch hier sind Waschen und Baden zwei völlig unterschiedliche Dinge. Da oft die ganze Familie abends badet – und zwar im selben Wasser – wäscht sich auch hier jeder gründlich, bevor er sich in die warme Wanne setzt. Diese ist kürzer und höher als bei uns. Anstatt in der Wanne zu liegen, sitzt man also darin, wird aber dennoch bis zum Hals mit Wasser umspült. Dieses wärmende Bad vorm Schlafengehen ist gerade im Winter eine großartige Sache. Vor allem, wenn man bedenkt, dass viele japanische Häuser bis heute keine Zentralheizung haben und auch nicht wärmegedämmt sind, sodass man nach dem Aufwachen schon mal seinen eigenen Atem sehen kann.

Apropos den eigenen Atem sehen: So richtig spaßig ist ein Bad im *onsen* erst unter freiem Himmel, am besten in einer Schneelandschaft. Oft wird so eine natürliche heiße Quelle, die in einer Höhle oder an einer Klippe entspringt, flugs um einen Zaun und einen Waschraum ergänzt und fertig ist das Badehaus. Der Besucher bekommt hier zum Badevergnügen oft einen spektakulären Blick auf die umgebende Landschaft dazu.

Und damit Blickrichtung und Aufmerksamkeit auch ja nicht von der Landschaft abgelenkt werden, sind die Bereiche für Männer und Frauen in der Regel getrennt. Zumindest heute. Bis zu der einsetzenden Verwestlichung Japans während der Regentschaft von Kaiser Meiji (1868–1912) badeten Männer und Frauen ganz selbstverständlich zusammen. Und gebadet wurde und wird natürlich unbekleidet – da lag Herr Hoffmann also schon mal richtig. Die zunehmende Orientierung an westlichen Wertvorstellungen und der Einfluss der USA (die dem Nacktbaden nicht wirklich aufgeschlossen begegneten) nach dem Zweiten Weltkrieg führten dann mehr und mehr zu einer strikten Geschlechtertrennung. Wobei es natürlich auch heute noch gemischtgeschlechtliche *onsen* gibt, allerdings bei Weitem nicht mehr so häufig wie früher.

Das wohltuende Bad in den heißen Quellen haben übrigens nicht nur die Menschen zu schätzen gelernt. In den 1960er Jahren beobachtete ein Schneeaffe im sogenannten Höllental an der Südseite von Hokkaidô die Menschen beim Baden. Und hat es dann selber einmal ausprobiert. Gut, vielleicht war es auch ein Unfall und er ist aus Versehen in das Wasser gefallen, aber jedenfalls hat es ihm gefallen. Kein Wunder, denn auf Japans nördlichster Insel kann es im Winter schon mal empfindlich kalt werden. Seitdem wird die Tradition des heißen Badens im *onsen* von einer Affengeneration zur nächsten weitergegeben. Längst haben die badenden Schneeaffen sich zur beliebten Touristenattraktion gemausert und sogar einen eigenen Pool bekommen. Die Affen baden dann übrigens doch noch ganz traditionell ohne Geschlechtertrennung.

Was können Sie besser machen?

Ja! Wenn Sie einmal nach Japan kommen, sollten Sie definitiv ein *onsen* besuchen! Wenn Sie nicht aufpassen, können Sie dabei zwar so unangenehm auffallen wie ein wilder Orang-Utan bei einem Origami-Wettbewerb, aber mit gründlicher Vorbereitung werden Sie ... Ach, machen wir uns nichts vor – als Europäer werden Sie ohnehin auffallen. Aber wenigstens werden Sie und die anderen ein ungetrübtes Badevergnügen genießen, so lange Sie diese goldenen Regeln beachten.

Öffentliches Baden

Auch im *onsen* gilt: Schuhe aus und zwar schon im Vorraum. Manchmal gibt es spezielle Plastikschlappen für die Umkleide, aber auch diese werden spätestens beim Verlassen der Umkleide ausgezogen. Betreten Sie den Badebereich auf jeden Fall barfuß. Und egal wie schick Sie Ihre Speedo-Badehose oder den Blümchen-Bikini beim letzten Ibiza-Urlaub fanden – lassen Sie die Badeklamotten im Schrank oder gleich zu Hause.

Im Waschraum (keine Sorge, den können Sie gar nicht verfehlen) finden Sie entlang der Wand oder an niedrigen Mäuerchen diverse Waschplätze. In der Nähe des Eingangs stehen meist Plastikhocker und Schüsseln. Damit, sowie mit Seife und Shampoo bewaffnet, machen Sie es sich dann an auf einem Höckerchen vor einem der Wasserhähne bequem – so gut es eben geht. Nun waschen Sie sich – inklusive der Haare – lange und gründlich. Vor allem Füße und Genitalien werden dabei – auch aus symbolischen Gründen – ausgiebig gereinigt. Wenn es einen Duschkopf gibt, können Sie den Schaum damit abspülen, ansonsten schüttet man immer wieder Wasser aus der Schüssel über den Körper. Damit werden Sie eine Weile beschäftigt sein, denn die Schüsseln sind in der Regel so klein, dass sie das Spülen ungefähr so häufig wiederholen müssen, wie den Versuch, mit den Essstäbchen ein einzelnes Reiskorn zu greifen.

Damit nicht genug, viele Japaner wiederholen dieses Ritual auch so mehrere Male. Ein kompletter Waschgang kann da gut und gerne schon mal 20 bis 30 Minuten dauern. Also lieber einmal zu viel als zu wenig einseifen. Sie können die Zeit gut timen, indem Sie im Kopf alle Primzahlen bis 13.457 aufsagen. Danach wird Ihnen garantiert niemand ein oberflächliches Waschverhalten nachsagen. Der Seifenschaum sollte natürlich auch komplett abgespült sein, bevor Sie das Becken betreten – und möglichst im Sitzen abgespült werden. Mit dem Duschkopf geht es allerdings auch kaum im Stehen, denn die Dinger sind oft nur eine Handbreit über dem Boden angebracht.

Widerstehen Sie dem Drang, sich nach einem kleinen Anlauf und mit einem markerschütternden Jauchzer garniert, das Becken mit einer wohlplatzierten ›Arschbombe‹ zu erobern. Dadurch wäre Ihnen zwar die Aufmerksamkeit sämtlicher Badegäste sicher, wir können aber nicht garantieren, dass Sie dieses Erlebnis ohne Handgreiflichkeiten hinter sich bringen.

Im heißen Wasser kann man es gut eine Weile aushalten, aber als Europäer werden die Japaner Sie wahrscheinlich leicht in Sachen Verweildauer übertrumpfen. Als ideale Badedauer gelten übrigens 10 bis 20 Minuten. Keine Sorge, Sie können das Becken auch früher verlassen, sich im Waschbereich kalt abspülen und dann noch einmal ins Wasser gehen.

Übrigens kann es passieren, dass Sie alles richtig machen und trotzdem nach einer Minute allein im Becken sitzen. Keine Sorge, das liegt dann nur daran, dass Sie ein *gaijin*, ein Ausländer, sind. Und bei denen kann man ja nie wissen ...

Privates Baden

Wenn Sie einmal bei Freunden zu Hause sind und ein Bad angeboten bekommen, haben Sie als Gast die Ehre, zuerst in die tiefe Sitzwanne zu steigen. Klar, auch hier waschen Sie sich vorher. Schmutz und Schaum im Wasser sind ebenso tabu wie im *onsen*. Und kommen Sie nach dem Baden bloß nicht auf die Idee, das Wasser aus der Wanne abzulassen. Die anderen Familienmitglieder möchten schließlich dasselbe Wasser benutzen und nicht noch einmal 30 Minuten warten, bis die Wanne wieder vollgelaufen ist.

8 HERR HOFFMANN GIBT DIE HAND

VON UNANGENEHMEN GRÜSSEN UND HANDGREIFLICHKEITEN

Als Egon Hoffmann das Foyer des Nakagawa Chemiekonzerns betritt, ahnt er noch nicht, dass ihm diese verdammt unangenehme Sache passieren wird. Nichts, was ihn oder andere irgendwie nachhaltig körperlich verletzten würde. Nichts, was den Medien eine Erwähnung wert wäre, nein. Nicht einmal die Mitarbeiterzeitschrift mit dem pragmatischen Namen ›*Nakagawa kagakuhôjin*‹ (Nakagawa Chemiekonzern) würde das Thema als so wichtig erachten, ihm auch nur eine kleine Randnotiz zu widmen. Und das, obwohl sich die Zeitschrift sogar schon einmal in einem 16-seitigen Special über Haarmoden der Landbevölkerung des 16. Jahrhunderts ausgelassen hatte.

HAARMODEN DES 16. JAHRHUNDERTS

Tatsächlich tat sich in der als Edo-Zeit bekannten Periode etwas Gewaltiges in Hinblick auf Haarmoden. Während Frauen in der Azuchi Momoyama-Zeit (1573–1603) noch die Haare zu einer einfachen zentralen Palme auf dem Kopf zusammenbanden, erfreute sich die Damenwelt anschließend komplexer, hochgesteckter Haargepränge. Dieser prachtvolle *shimada-mage*-Haarputz, der nicht mit Ornamenten geizte, ging auf Dirnen zurück, die sich unter anderem dadurch aufmerksamkeitsstark ausstaffierten. Später wurden diese Frisuren von männlichen *kabuki*-Theaterspielern aufgegriffen und der breiten Öffentlichkeit präsentiert. Da *kabuki*-Schauspieler seinerzeit so populär waren wie heutzutage Justin Bieber bei Teenies, ahmten viele Frauen die abgerundete und in Terrassen erhöhte Künstlermähne nach. Die Haartracht wurde zum Massenphänomen und wird heutzutage auch als *nihon-gami* (wörtlich: ›Japanhaar‹) bezeichnet. Was das mit Herrn Hoffmann zu tun hat? Nichts. Aber wenn schon die Mitarbeiterzeitschrift so episch breit darüber berichtet, wollten wir dem nicht nachstehen.

Als es dann geschieht, hat das Ereignis für Herrn Hoffmann und seinen japanischen Chemikerkollegen die Tragweite eines zweiten Titanic-Unglücks. Doch eins nach dem anderen. Lassen wir als unsinkbar geltende Luxusliner auf Eisschollen prallen und schauen uns genau an, welchen Fehltritt Herr Hoffmann sich nun wieder geleistet hat.

Drei Minuten und 23 Sekunden vor der Katastrophe. Der Japanreisende erreicht mit Frau Watanabe die Glas- und Betonzentrale von Nakagawa. Ihren Hinweis, dass Herr Yamaguchi, den es zu treffen gilt, bisher sehr wenig Kontakt mit Westlern gehabt habe und ihr dies leid täte, erwidert der Weitgereiste mit einem Abwinken und Lachen: »Das ist nicht so schlimm.«

45 Sekunden vor dem Aufprall. Als Herr Hoffmann im pompösen Foyer steht und Nakagawas Forschungsleiter Yamaguchi sieht, ist der Hinweis bereits vergessen. Mit festem Griff und ebensolchem Blick begrüßt er den Chemiker etwa gleichen Alters. Ein kurzes, joviales Schulterklopfen bei der Bemerkung, dass der augenscheinlich Schüchterne und er mehr oder weniger denselben Job in unterschiedlichen Ländern hätten, rundet Herr Hoffmanns herzliches Begrüßungsritual ab.

Herr Yamaguchi erwidert die Begrüßung mit angedeuteter Verbeugung und sichtlichem Unbehagen. Mit dem Blick schnell zwischen Herrn Hoffmanns Hals und der Tür wechselnd, schaut der japanische Forscher plötzlich als Übersprunghandlung auf seine Armbanduhr und grinst unbeholfen wie ein Teenager bei seinem ersten, bemühten Date.

Was ist diesmal schiefgelaufen?

Während Herr Hoffmann wegen des Treffens mit seinem Kollegen zunächst nur seliges Wohlbehagen verspürt, kann er bereits nach wenigen Sekunden am Gesicht des anderen ablesen, dass dies nicht auf Gegenseitigkeit beruht. Der Weitgereiste hat schlicht Frau Watanabes gut gemeinten Hinweis ignoriert, dass Herr Yamaguchi bislang wenig Kontakt zu Westlern und ihren Ritualen pflegte. Und dazu gehört auch der Händedruck, dieses intime Aneinanderdrücken der äußerst berührungsempfindlichen Handinnenflächen. Japanern sind von Hause aus intensivem Körperkontakt mit Fremden eher wenig zugetan. So wird sich zur Begrüßung verbeugt und nur unter Achtung der fremden Kultur mal die Hand gereicht, gerade bei Firmen, die Geschäfte mit Westlern machen.

Das aufmunternd gemeinte Schulterklopfen ist hier ebenso kontraproduktiv beim Versuch, eine freundschaftliche Gesprächsbasis aufzubauen, wie der direkte Blick in die Augen: Was in der einen Kultur als aufgeschlossen und ehrlich gewertet wird, fühlt sich in der anderen aufdringlich, unverschämt und einschüchternd an. Japaner blicken zur Vermeidung solch peinlicher Momente eher auf Kinn oder Hals des Gegenübers – und nicht nur, wenn dieser wie bei der Begegnung mit Herrn Hoffmann einen halben Kopf größer ist.

Was können Sie besser machen?

Wem begrüßungskulturelle Aussetzer unangenehm sind, wartet erst einmal, was der andere mit seinen Händen anstellt. Bleiben diese seitlich an die Schenkel gepresst (Männer) oder vor den Oberschenkeln aufeinander gelegt (Frauen), starten Sie lieber das Verbeugungsmanöver. Ist Ihr Gegenüber bereit, sich an Ihre Begrüßungsriten anzupassen, werden Sie unter Umständen bemerken, dass Ihr Händedruck mit beinahe schon unangenehm schlaffer Sanftheit erwidert wird.

Auch wenn es verführerisch sein mag zu demonstrieren, wie ›ein richtiger Händedruck‹ funktioniert, widerstehen Sie lieber dem Drang, mit unerbittlicher Härte die gerade im handwerklichen Mittelstand geschätzte ›teutonische Prankenzwinge‹ vorzuführen. Und wer weiß: Vielleicht hat der Handreicher auch ein japanisches Gegenstück zu diesem Werk gelesen und bringt schon von sich aus beim Händedruck Ihre Knöchel zum Knirschen.

9 HERR HOFFMANN EKELT SICH

WENN MAN BEIM ESSEN VON SCHULDGEFÜHLEN GEPLAGT WIRD

Er hätte es wissen müssen! Frau Watanabe hatte schon so verschmitzt gelächelt, als er vorgeschlagen hatte, sie solle doch eine echte japanische Spezialität bestellen. Während Frau Watanabe mit dem Kellner spricht und dabei auf ein großes Aquarium deutet, das hinter der Theke des Restaurants steht, bezweifelt Herr Hoffmann, dass das eine gute Idee war. Schnell nimmt er einen großen Schluck von dem eiskalten Sapporo-Bier.

Frau Watanabe fragt ihn, ob ihm das Sushi neulich geschmeckt habe. Herr Hoffmann atmet auf. Ah, es soll also wieder Sushi geben – ein Glück!

»Ja, danke. Ich dachte immer, dass roher Fisch nichts für mich ist, aber das Sushi fand ich lecker.«

Frau Watanabe lächelt.

Auf einmal kommt Bewegung in das Aquarium. Einer der Küchenchefs angelt mit einem Netz einen Fisch heraus. Der Fisch zappelt, wird aber durch einen Schlag mit dem Griff des Küchenmessers betäubt. Die noch im Aquarium verbliebenen Fische starren fassungslos dem Küchenchef nach, der nun ihren Freund in die Küche trägt. Kurz darauf – ein bisschen ZU kurz vielleicht –

serviert der Kellner eine Platte mit dem Fisch. Frau Watanabes Augen leuchten und sie nimmt ihre Stäbchen in die Hand. Der Fisch sieht noch aus wie im Aquarium, Kopf und Schwanz sind noch vorhanden, nur in der Mitte ist der Körper zu kunstvollen *sashimi*-Filets verarbeitet.

Herr Hoffmann greift nun auch zu seinen Stäbchen und führt diese zögerlich an den Fisch heran. »Der lebt ja noch!« Gerade hat der Fisch den Kopf bewegt. Nun zuckt auch noch der Schwanz.

Frau Watanabe nickt und angelt mit ihren Stäbchen geschickt ein Stückchen *sashimi* aus dem offenen Körper des lebenden Fischs: »Ja, sehr frisch!«

Herr Hoffmann schaut zum Aquarium. Die Fische starren ihn anklagend an. ›Seht mal, der Typ da frisst Robert bei lebendigem Leibe!‹, scheinen sie zu sagen. Heißen japanische Fische überhaupt Robert? Oder eher Hiroto? Schuldbewusst schaut er wieder auf die Platte. Robert (oder Hiroto) zuckt noch immer mit dem Schwanz. Herr Hoffmann nimmt seine Stäbchen und greift damit ein Stück von dem dünn geschnittenen Rettich, der neben dem Fisch drapiert liegt. Lange kaut er auf dem Rettich herum und überlegt, ob es wohl sehr unhöflich ist, in Japan ein Essen abzulehnen.

Was ist diesmal schiefgelaufen?

Um diese Frage zu klären, reisen wir zunächst einmal in die Vergangenheit. Genauer gesagt, zum 8. Juli 1853. An diesem Tag tauchen vier schwarze Schiffe vor der Küste der Stadt Edo (des späteren Tôkyô) auf – dies ist der Anfang vom Ende des alten Japan. An Bord: der amerikanische Kommodore Matthew Calbraith Perry mit der Mission, Japan zu einem Ultimatum zu zwingen.

Der Grund: Seit über 200 Jahren verfolgt der Inselstaat nun eine Politik des ›geschlossenen Landes‹. Handel ist nur den Chinesen und Niederländern unter strengen Beschränkungen erlaubt. Das soll sich nun ändern. Dank der überlegenen Waffentechnik der Amerikaner bleibt der Militärregierung, dem Shôgunat, nichts anderes übrig, als die Forderungen zu akzeptieren. Es kommt zu ungleichen Verträgen, die für die Amerikaner sehr viel günstiger sind als für die Japaner. Weitere Abkommen mit Großbritannien und Russland folgen – ebenfalls nicht zugunsten Japans.

Die Militärregierung verliert zunehmend an Autorität. Schließlich befreien am 3. Januar 1868 verbündete Streitkräfte den 16-jährigen Kaiser Mutsuhito (1852–1912, später Meiji, erleuchteter Herrscher) aus seinem Palast in Kyôto. Seit über 600 Jahren regiert nun erstmals wieder der Kaiser das Land.

Die neue Regierung setzt auf einen radikalen Modernisierungskurs. Zu spät hat man während der jahrhundertelangen Isolation gemerkt, dass das Ausland sich rasend entwickelt. Moderne Waffen, Telegrafenleitungen oder die Eisenbahn – all diese Erfindungen kennt man in Japan noch nicht. Höchste Zeit, das Vergangene aufzuholen: Während der Meiji-Restauration (1868) wird das Land komplett umgekrempelt.

Das alte Ständesystem, bestehend aus Samurai, Bauern, Kaufleuten und Handwerkern, wird abgeschafft. Damit beginnt der Niedergang der Samurai, die bis vor Kurzem noch alle öffentlichen Ämter besetzt haben, nun aber ohne richtige Aufgabe sind. Endgültig bedeutungslos werden sie mit dem Einführen der allgemeinen Wehrpflicht. Die stolzen Krieger, die bislang ihren hohen gesellschaftlichen Stand durch edle Seidengewänder zum Ausdruck gebracht haben und das Privileg hatten, einen einfachen Bürger, der sie nicht respektvoll mit einer Verbeugung begrüßt, einfach köpfen zu dürfen, bekommen einen weiteren herben Schlag versetzt. Ein neues Gesetz verbietet ihnen das öffentliche Tragen der beiden Schwerter, das sichtbare Zeichen ihrer Sonderstellung. Kein Wunder, dass es einige Zeit später zu einem Aufstand enttäuschter Samurai gegen die Regierung kommt. Aber der Fortschritt ist nicht aufzuhalten.

Um so viel fremdes Wissen wie möglich aufzusaugen, begibt sich 1871 ein großer Teil des Regierungskabinetts auf eine 20-monatige Reise um die Welt. Und sie bringen einiges mit. Bald fährt die erste Eisenbahn zwischen Tôkyô und Yokohama, auch die Zeitrechnung wird eine andere: 1873 wird der Gregorianische Kalender eingeführt.

Der Austausch geht weiter. Zahlreiche Japaner studieren im Ausland, im Gegenzug arbeiten bis zum Ende des Jahrhunderts über 3.000 ausländische Berater im aufstrebenden Japan. Die Japaner übernehmen so für sich jeweils das Beste aus allen anderen Ländern. Das Post- und Eisenbahnsystem sowie die Marine orientierten sich am Vorbild Englands, die Präfekturen werden nach französischem Ideal eingeführt, das Heer, das Universitätssystem und die medizinische Ausbildung aus Preußen übernommen. Das deutsche Gesundheitswesen galt Anfang des 20. Jahrhunderts als das fortschrittlichste System weltweit. Bis heute wird den fleißigen japanischen Studenten innerhalb ihres Medizinstudiums Deutsch als Fremdsprache gelehrt. Innerhalb weniger Jahrzehnte wird die Industrie aufgebaut, die allgemeine Schulpflicht eingeführt und eine Armee installiert. Gebäude im französischen Stil werden errichtet, statt traditionellen Gewändern bevorzugen die Menschen nun westliche Kleidung. Kaum etwas im Land ist noch so, wie es bis vor Kurzem war.

Durch den Einmarsch in Korea 1894 und dem dortigen Sieg über China, das ebenfalls ein Auge auf die koreanische Halbinsel geworfen hatte, verschafft sich Japan internationalen Respekt – und ein neues Selbstbewusstsein. Die alten, ungerechten Verträge werden revidiert und Japan gilt als wichtiger Teilnehmer der Weltpolitik.

Und das japanische Volk? Trotz der massiven Änderungen in kürzester Zeit ist es ihm irgendwie gelungen, seine Identität nicht zu verlieren. So ist es bis heute geblieben. Auf den ersten Blick wirkt alles sehr westlich, der japanische Charakter kommt jedoch an den verschiedensten Stellen zum Vorschein. Sei es im abstrusen Adresssystem, bei dem Verhältnis zur Religion, der Architektur, dem Umgang untereinander – oder eben beim Essen.

Und die Japaner sind stolz darauf, dass sie eben – trotz der vielen europäischen Einflüsse – irgendwie anders sind. Daher braucht sich Herr Hoffmann keine Sorgen zu machen, Frau Watanabe zu gestehen, dass er das extra-frische *sashimi* nicht essen möchte. Japaner erwarten gar nicht, dass ein Ausländer alles isst, was man ihm auf den Tisch stellt, ist dies doch schließlich nur ein weiterer Beweis ihrer eigenen Sonderstellung. Und mal ehrlich: Hätten wir nicht auch Verständnis dafür, wenn ein Japaner zum Beispiel keine Blutwurst mögen würde? Aber die meisten essen sie vermutlich mit Begeisterung ...

Was können Sie besser machen?

Eigentlich hat Herr Hoffmann noch Glück gehabt. Es hätte ihn auch schlimmer treffen können, denn in Sachen Essen sind Japaner nun wirklich nicht zimperlich. Gut, bei den Landtieren halten sie sich ein wenig mehr zurück als zum Beispiel Chinesen. Aber sobald es ins Wasser geht, kennen sie keine Grenzen. Nun ja, wenn man Jahrtausende auf einer kleinen Insel mit relativ wenig Anbaufläche verbringt, muss man das Meer vermutlich zu nutzen lernen. Und in der Hinsicht kann man den Japanern nun wirklich nichts vorwerfen. Einfach blind ein Griff ins Wasser rein und egal, was man rauszieht: schon ist das Abendessen gesichert. Seeigel, Tintenfische, Krebsdärme, Algen, Seegurken, vielleicht ein Wal – alles wird gegessen, kochen überflüssig!

So hätte Frau Watanabe mit Herrn Hoffmann auch lebende Tintenfische essen können. Einfach auf die Stäbchen gespießt, die zappelnden Tentakel drum herum gewickelt und hinein in den Mund. Und Fisch ist bei Weitem nicht das Einzige, was roh gegessen wird: Ein leckeres Pferde- oder Hühnchen-*sashimi* wird ebenfalls nicht verachtet. (Zugegeben: Rohes Pferde- oder Hühnerfleisch ist auch nicht seltsamer als das italienische Carpaccio. Und von den Froschschenkel essenden Franzosen wollen wir mal gar nicht anfangen. Aber sollte das wirklich der Maßstab sein?) Auch rohe Eier werden gerne mit Reis und Sojasoße vermischt gegessen – ein kleiner Extra-Proteinschub zwischendurch.

Sogar mit *yakitori*, einem sehr leckeren gebratenen Spieß mit Hühnerfleisch, ist man nicht immer auf der sicheren Seite. Die

Spießchen können auch mit Hühnermagen, Hühnerhaut oder Hühnerknorpeln bestückt sein. Aber immerhin – hier wird noch das ganze Huhn genutzt, nichts wird weggeworfen.

Auch wer zum ersten Mal auf die Idee gekommen ist, eine Seescheide – ein wirbelloses Tier, das ähnlich wie ein Schwamm am Untergrund festsitzt und dort friedlich seine Nahrung einstrudelt – zu essen, muss entweder kurz vorm Verhungern oder geistig verwirrt gewesen sein. Denn lecker sehen die nun wirklich nicht aus. Trotzdem gelten sie in Essig eingelegt in Nordjapan als Spezialität. Auch Krabbenhirn, der giftige Kugelfisch und Baby-Aale werden nicht von der Tellerkante gestoßen. Teilweise gibt es auch regionale Spezialitäten, wie in Sojasoße eingelegte Heuschrecken oder Seidenraupen, für die sich aber auch nicht jeder Japaner erwärmen kann. Aber Japaner fischen nicht einfach nur im Meer herum. Sie sind auch sehr kreativ, wenn es darum geht, Geschmäcker neu zu kombinieren oder Nahrungsmittel mal in ganz anderer Form zu genießen. Zum Beispiel in Form einer Wasabi-Schokolade. Gut, zu Sushi schmeckt der scharfe, grüne Wasabi ja sehr gut, aber zu Schokolade? Und damit nicht genug, es gibt auch Wasabi-Bier, natürlich grün gefärbt.

Apropos Grün: Wer so richtig was für die Gesundheit tun will, kann ein Glas giftgrünes *aojiru* trinken – Grünkohlsaft. Oder wie wär's mal mit einer anderen Eiscreme als immer nur Vanille oder Schokolade? Chicken-Wing-Eis, Aal-Eis oder Krabben-Eis sind nur ein paar der vielen Sorten. Es gibt sogar – wen mag das jetzt noch wundern – spezielle Sojasoße, extra für Eis.

Trotzdem – probieren Sie ruhig einiges aus. Vieles schmeckt viel besser als es sich anhört (oder aussieht) und es gibt ja auch jede Menge Gerichte ohne den geringsten Ekel-Faktor. Und Sie sind ja schließlich nicht nach Japan gereist, um dort jeden Tag Schnitzel zu essen. Aber Vorsicht! Wenn nun der unwahrscheinliche Fall eintreten sollte und ein Ausländer all diese Speisen tatsächlich mag ... für den Fall haben die Japaner noch eine unfehlbare Geheimwaffe in petto, um die sogar viele Japaner einen Bogen machen: *natto*. Diese vergorenen Sojabohnen ziehen schleimige Fäden und riechen und schmecken – nun ja. Aber keine Sorge, wenn Sie Ihr *natto* stehen lassen. Ihre Gastgeber werden sich vermutlich diebisch freuen ...

Übrigens, falls Sie sich rächen möchten: Viele Japaner reagieren entsetzt auf die Vorstellung, dass wir in Deutschland Hasen oder Kaninchen essen. Auch die Vorstellung, ein solch kostbares Nahrungsmittel wie Reis mit Milch zu kochen und dann auch noch mit Zimt und Zucker zu verhunzen, ruft nicht gerade Begeisterung hervor. Oder Sie bieten zum Dank für das *natto* eine Runde Lakritz an – wetten, dass Sie in Japan noch weniger Lakritz-Fans finden als hierzulande?

10 HERR HOFFMANN SETZT SICH

DURSTIGES OPFER STRENGEN SITZORDNUNGSMANAGEMENTS

Ein neuer Tag, die erste Runde Verhandlungen im Nakagawa Chemiekonzern über das deutsch-japanische Gemeinschaftsforschungsprojekt. Bereits im Aufzug kann sich Herr Hoffmann ein Grinsen über Dolmetscher Uchida kaum verkneifen. Seine Krawatte gibt Grund zur morgendlichen Erheiterung: Auf taubenblauem Grund ist eine gestickte Welle im Hokusai-Stil zu sehen, die kurz davor ist, eine bewaldete Insel unter sich zu begraben. Unglaublich, dass sich Herr Uchida derartige modische Freiheiten in einem stark auf Kleidungskonformität bedachten Land überhaupt leisten kann.

Noch während Herr Hoffmann seinen Gedanken über Krawattenstilbrüche nachhängt, rückt der ihn umgebende Tross der Verhandlungspartner bereits in den sachlich eingerichteten Meetingraum.

Wundervoll, auf dem Tisch stehen bereits gekühlte Getränke, genau das Richtige nach der langen Fahrt in der überfüllten Bahn. Auch Herr Uchida scheint darauf hinweisen zu wollen, denn er deutet mit dem Arm in Richtung des Verpflegungsangebots. Sekunden später lässt sich der Flensburger Chemiker in einen der bequemen Sessel sinken und beobachtet, wie seine Gesprächspartner nach kurzem Zögern ihre Sitzplätze einnehmen.

Was ist diesmal schiefgelaufen?

1:0 für Gelüste gegen Fingerspitzengefühl. Natürlich wollte Herr Uchida nicht seinem Stolz für das Angebot an Erfrischungsgetränken Ausdruck verleihen, sondern Herrn Hoffmann seinen vorbestimmten Sitzplatz im Konferenzraum zuweisen. In japanischen Konferenzräumen herrscht eine feste Sitzplatzordnung, die die unternehmerische Hierarchie sowie den gesellschaftlichen Rang der Teilnehmer peinlichst genau berücksichtigt. Feste Sitzordnungen sind nicht alleine ein Faible von Herrn Uchida oder des Nakagawa Konzerns, sondern ein System, das auch in Privathäusern, in Gaststätten und sogar im Auto gilt. (Zu Letzterem empfehlen wir das Kapitel ›Herr Hoffmann fährt Taxi‹.)

Fangen wir an mit Herrn Hoffmann: Dieser hätte korrekterweise auf dem Platz sitzen müssen, der am weitesten vom Ausgang entfernt ist und von dem aus er diesen am besten im Auge behalten kann. Eine Sitte, die wahrscheinlich noch aus Samuraizeiten herrührt und mit der man dem Gast die Ehre erweisen wollte, nicht Gefahr laufen zu müssen, mitten im schönsten Festmahl von einem umherschleichenden Meuchelmörder hinterrücks niedergemetzelt zu werden.

Dieser Platz muss nicht unbedingt der Kopf der Tafel sein, sondern kann je nach Aufbau des Raumes und der Bestuhlung auch mitten am Tisch sein. Darüber muss sich der Gast allerdings keine Gedanken machen, denn bei japanischen Meetings gibt es in der Regel immer einen Teilnehmer, der für die Sitzordnung zuständig ist und den Teilnehmern ihren Platz zuweist. Dem besten Platz, den der Gast unabhängig seines Rangs zugewiesen wird, sitzt der ranghöchste Gastgeber gegenüber. Die Plätze daneben sind beidseitig in absteigender Rangordnung besetzt. Die Leute zur Rechten sind dabei graduell rangniedriger als die auf der linken Seite mit gleicher Entfernung. Wer am weitesten vom Chef weg sitzt, hat am wenigstens zu sagen und zu entscheiden. Auch wenn sich Herr Hoffmann an einem versorgungsstrategisch günstigen Ort neben den Getränken platzierte, so ist seine Wahl des *shimoza*, des schlechtesten Platzes direkt an der Tür, entweder ein Zeichen stark ausgeprägter Bescheiden- oder Unwissenheit. Nun, bei Herrn Hoffmann eher Letzteres.

Was können Sie besser machen?

Achten Sie vor Einnehmen des Sitzes darauf, welchen Platz Ihr Herr Uchida Ihnen zuweist. Er kennt im Zweifelsfall die Ränge der teilnehmenden Personen und wo wer wie zu sitzen hat. Wenn Sie selber derjenige sind, der andere einlädt, empfiehlt es sich, jemanden, der sich mit den landesstypischen Sitten und der Hierarchie der Teilnehmer auskennt, zu bitten, die Sitzordnung zu organisieren.

11 HERR HOFFMANN UND DIE SACHE MIT DER TOILETTE

UNERFREULICHE BEGEGNUNG MIT DER KLANGPRINZESSIN UND IHREM HIGHTECH-FREUND

Wissen Sie, egal in welchem Land der Welt Sie unterwegs sind, egal welcher Art von Kultur und Vorlieben die Menschen frönen, denen Sie begegnen – am Ende lässt sich all das Menschliche auf etwas Ursprüngliches reduzieren: den Stoffwechsel.

Jede Zivilisation hat ihre eigenen Örtlichkeiten hervorgebracht, die in der Regel von dem Ort getrennt sind, an dem gegessen wird, und an dem – zumindest in vielen Ländern – eine gewisse Privatsphäre herrscht. Eine ebensolche sucht auch Herr Hoffmann in der Pause einer Vortragsreihe im Hauptsitz des Nakagawa-Konzerns auf. Auch wenn das am Vorabend in einem Schnellimbiss gegessene japanische Curry sehr lecker war, rumort die Schärfe der Speise nun bedrohlich in seinen Eingeweiden.

DAS JAPANISCHE CURRY

Auch wenn *kareeraisu* nicht die optisch ansprechendste Speise ist, so gehört sie gerade in den kälteren Monaten zu den populärsten Fast-Food-Gerichten. Der sämige, dunkelbraune Brei liegt wie ein Fladen auf klebrigem, weißen Reis und hat – abgesehen von der möglichen Schärfe – mit indischem oder thailändischem Curry wenig gemein. Die japanische Variante ist einer der beliebtesten Snacks der Nation, sozusagen die japanische Currywurst mit Pommes rotweiß. Angeblich isst der Durchschnittsjapaner einmal in der Woche *ramen*, jedoch bis zu vier Mal *kareeraisu*. In Ketten wie CoCo Ichibanya, C&C Curry Shop, Go Go Curry und Little Spoon wird die Speise in den unterschiedlichsten Varianten serviert. Während die Paste im Grunde immer gleich ist, hat der Kunde Einfluss auf die Menge des begleitenden Reises, den Schärfegrad und die Zutaten. Hierbei kann er ebenso frei zwischen verschiedenen Fleisch- und Fischbeilagen wie über die Zugabe von verschiedenen Gemüsen und sogar Käse (der die Sauce noch sämiger macht) wählen. Sehr populär ist eine Zusammenstellung mit Rindfleisch, Möhren, Spinat unter der Begleitung von kalten Silberzwiebelchen.

Während Panikschweiß auf seine Stirn tritt, schaut sich der sonst recht widerstandsfähige Mann aus dem hohen deutschen Norden gepeinigt in dem Foyer um, das an den Meetingraum angrenzt.

»Hier müsste doch irgendwo ... ja, Glück gehabt.« Erlösung naht, als er auf der gegenüberliegenden Seite ein Schildchen mit dem englischen Begriff *toilet* ausmacht.

Erleichtert verschließt er kurz darauf die Tür zum Toilettenraum und nimmt das Örtchen in Augenschein: ein sehr niedrig angebrachtes Pissoir auf der einen Seite, eine Kloschüssel an der angrenzenden Wand. Auf dem Spülkasten befindet sich ein eingelassenes Waschbecken mit einem Wasserhahn. Sehr umweltfreundlich. Bevor der Inhalt des Spülkastens Exkremente in die Kanalisation schickt, kann das Wasser noch zum Händewaschen genutzt werden. Das Grimmen im Unterleib erinnert Herrn Hoffmann daran, dass er nicht zur Bewunderung der Kunstfertigkeit japanischer Sanitäranlagenbauer in die Stille des Raums geflüchtet ist. Eine Stille, die plötzlich durch plätschernde Geräusche aus einem kleinen, krächzenden beigen Kasten unterbrochen wird. Dieser Kasten in der Nähe der Toilette ist – wie eine flüchtige Untersuchung zeigt – offenbar so etwas wie ein Lautsprecher.

Während der Deutsche langsam seine Hosen zu den Knöcheln herabsinken lässt, behält er das seltsam tönende Ding mit wachsamem Blick im Auge. Eingelullt in den Klangteppich und mit dem Gefühl der plötzlich einsetzenden, körperlichen Erleichterung, fällt sein Blick auf ein großes Schaltbrett rechts neben der WC-Brille. Auf diesem zählt er geschlagene 36 Knöpfe und Drehregler, die sich um ein großes Digitaldisplay drängen. Auf dem grauen Bildschirm sind kleine Balken, Temperaturzustände und die aktuelle Uhrzeit abzulesen. Ganz links oben auf dem Gerät ist ein großer roter Knopf. Der muss zum Ein- und Ausschalten der Apparatur sein. Rechts daneben vier Knöpfe mit seltsamen Piktogrammen: auf den ersten beiden etwas, das wie ein Busen aussieht, unter dem eine Quelle fröhlich sprudelt. Bei näherem Betrachten des Kontextes interpretiert er den Busen als Pobackenensemble. Ok, und die lila Person auf dem Knopf daneben trägt einen Zopf, womit diese Funktion offensichtlich der weiblichen Hygiene vorbehalten ist.

Auch wenn die Funktion und Nutzung der übrigen über dreißig Knöpfe für ihn nicht zu entschlüsseln ist, beschließt Herr Hoffmann, diesen modernen Thron testen zu müssen. Erwartungsfroh drückt er den ersten Knopf neben dem mutmaßlichen Power-Schalter, auf dem sich in dem Piktogramm ein dünnes Rinnsaal keck der Einbuchtung eines unteren Rückens entgegenstreckt. Ein kaum hörbares Brummen ertönt und plötzlich schießt ein gehöriger Wasserstrahl zwischen Egon Hoffmanns seitlich aufgestellten Oberschenkeln vorbei und klatscht satt auf die zuvor heruntergelassene hellgraue Anzughose. Erschrocken springt er von seinem Sitz auf und spürt, wie noch einige Spritzer Wasser seinen Rücken besprenkeln und auch Sakko und Hemd großflächig durchfeuchten. Schrecksekunden später versiegt der Strahl und der Übeltäter zieht sich selbstständig ab. Mit Blick auf die dunklen Flecken auf seiner heruntergelassenen Hose fragt sich der Gedemütigte, wie er das wohl den anderen Vortragsteilnehmern erklären soll.

DIE KLANGPRINZESSIN

Vielen Japanern und hierbei besonders japanischen Frauen sind die Geräusche ihres eigenen Körpers unsagbar peinlich. Um den Nachbarn hinter der dünnen Wand oder in der angrenzenden WC-Kabine das Klangspektakel zum Beispiel des Wasserlassens zu ersparen, kam unter Großstädtern die Sitte auf, während der Toilettennutzung die Geräusche des Vorgangs mit unablässigem Toilettenspülen zu übertönen. Da dies aber nicht nur unbequem ist, sondern auch extrem viel Wasser verschwendet, fand die japanische Industrie eine praktischere Lösung: Produkte wie die *otohime*, die Klangprinzessin, schalten sich durch einen Bewegungssensor ein und bilden aus Lautsprechern einen überlagernden Klangteppich aus Wasserplätschern oder Vogelgezwitscher nach. Heutzutage sind solche Geräte auf vielen modernen Damen- und Unisextoiletten installiert.

Was ist diesmal schiefgelaufen?

Neugier ist der Katze Tod – und das zeitweilige Ende von Herrn Hoffmanns Hose tadellosem Zustand. Solche Erfahrungen sind hier wie dort peinlich für den Betroffenen. Doch während in Deutschland eine Erklärung der Begleitumstände für mitfühlende Erheiterung sorgen kann, werden Japaner – ein extrem auf Hygiene und Reinlichkeit bedachtes Volk – durch eine solche in Dinge einbezogen, die sie gar nicht wissen wollen und die sie zur Wahrung des Gesichts des Betroffenen normalerweise ignoriert hätten. Herr Hoffmann sollte zum seelischen Wohl aller, das besondere Kloerlebnis am besten einfach überspielen. Oder er könnte im Bad verharren, bis die Hosen etwas getrocknet sind – ob nun natürlich oder mithilfe des meist verfügbaren Handtrockners.

Was können Sie besser machen?

Training ist der Schlüssel zum Erfolg. Das gilt auch für den gelassenen, unfallfreien und ergebnisorientierten Besuch einer japanischen Toilette. Dutzende Websites erklären für Fernreisende sowie für japanische Kinder wortreich oder anschaulich, wie den Tücken der Toilettennutzung mit einem coolen Lächeln und ohne peinliche Momente zu begegnen ist.

In Hinblick auf traditionelle japanische Hocktoiletten gilt Folgendes: Spannung ist alles. Das gilt nicht für etwaig mitgeführte Lektüre, sondern für die Anspannung von Oberschenkeln und Waden: Hose bis über die Knie herunterziehen und so drapieren, dass sie sich nicht in den Weg von niederstürzenden Stoffwechselendprodukten legt, weit in die Hocke gehen und bei Unsicherheit an den seitlichen Wänden abstützen und der Natur ihren Lauf lassen. Ziehen und Brennen in der beteiligten Stabilisierungsmuskulatur belegen, dass diese Toiletten sich nicht als Räume der Selbstfindung oder zum Konsums von dicken Wälzern anbieten. Toiletten dieser Art sind nach wie vor recht populär, da sie dadurch, dass kein physischer Kontakt mit der in den Boden eingelassene, längliche Keramik stattfindet, als unschlagbar hygienisch gelten.

Vorsicht: Nach vollständiger Verrichtung des Geschäfts ist beim Aufstehen darauf zu achten, dass das Gleichgewicht mangeln kann und somit unangenehm erniedrigende Unfälle drohen. Also: Langsam aufrichten und auf möglichen Schwindel vorbereitet sein.

Hocktoiletten sind vor allen Dingen im öffentlichen Umfeld und in traditionelleren Haushalten zu finden. Der zweite in Japan anzutreffende Toilettentyp ist der Thron westlicher Art mit Schüssel, Brille und Deckel. Diese Art des Bedürfnisporzellans hielt nach dem Zweiten Weltkrieg Einzug in Japan und ist heute in vielen Privathaushalten, Kaufhäusern und Hotels zu finden. Die Benutzung dieses alltäglichen Instruments sollte den meisten Lesern dieser Zeilen geläufig sein, weshalb auf eine plastische Nutzungsbeschreibung verzichtet wird.

Eine besondere Variante dieses Toilettentyps ist die von Herrn Hoffmann näher kennengelernte Bidet-Toilette, das sogenannte *washlet (woshuretto)*. Dieser WC-Typ ist so gestaltet, dass der im Grunde langweilige, naturerzwungene Akt jedes Mal zu einem kleinen Ereignis wird. Neben der von Herrn Hoffmann erlebten Bidet-Funktion, die auf den vorderen und den hinteren unteren Rumpfbereich ausgerichtet werden kann, erfreuen die Geräte mit Funktionen wie dem zuvorkommenden, automatischen Aufklappen des Deckels bei Annäherung eines potenziellen Nutzers, beheizbarem Sitz (angesichts der mies isolierten japanischen Wohnhäuser bei jeder Sitzung ein winterlicher Segen), Warmluftfön nach Einsatz der Bidet-Funktion, MP3-Player für rundum entspannende Sessions nebst Eigengeräuschübertönung und automatischer Spülung für notorische Abziehvergesser. Neben diesen Grundfunktionen buhlen die Badezimmerausstatter mit diversen Luxusextras um die Gunst der komfortorientierten Nutzerschaft. So lassen sich bei manchen Toiletten nicht nur die Temperatur des Bidetwasserstrahls einstellen und mit Nutzerprofilen für die einzelnen Familienmitglieder dauerhaft sichern, sondern auch Annehmlichkeiten nach dem persönlichen Geschmack des Sitzenden festlegen, wie verschieden pulsierende oder massierende Stufen der Rektal- oder Vulvareinigung. Manche Geräte sind dabei auch in der Lage, dem warmen Wasser für ein besseres Reinigungsergebnis direkt Seife beizumischen. Damit niemand unbeabsichtigt mit einem warmen Strahl Wasser beschossen wird, überprüft die Steuerungseinheit moderner *washlets*, ob der Toilettensitz mit Gewicht belastet ist. Nur dann wird Wasser aus der Düse ausgestoßen und in verschiedenen Winkeln zum gewünschten Ziel bugsiert.

Funktionen, die weniger dem Vergnügen und dem Reinlichkeitsempfinden Rechnung tragen, sondern dem gesundheitlichen Wohl des Abführenden, sind eine antibakterielle Beschichtung der Sitzfläche, Luftbedufter sowie eine automatische Analyse des Blutzuckergehalts aus dem abgegebenen Urin. Hightech-Toiletten sind ferner in der Lage, den Puls und den Körperfettanteil zu messen und entweder akustische Warnungen auszugeben oder die Messwerte direkt über Mobilfunknetze an einen einprogrammierten Arzt des Vertrauens weiter zu geben. Ältere und in ihrer Mobilität eingeschränkte Menschen freuen sich über Toiletten, die sich bei Annäherung automatisch nach vorne neigen, um die Thronbesteigung barrierearm zu gestalten.

Auch wenn moderne japanische Toiletten helfen, Papier und Wasser zu sparen (manche Aborte nutzen weniger Wasser, wenn vor Betätigen des Spülknopfes der WC-Sitz hochgeklappt war), verbraucht der sanitäre Luxus nicht wenig Energie. Laut einer Studie der Bank of Japan aus dem Jahr 2006 sind *washlets* für bis zu 5 Prozent des durchschnittlichen Haushaltsenergieverbrauchs verantwortlich.

Aber das ist unter Umständen nicht Ihre vorrangige Schicksalsfrage, wenn Sie ein solches Klosett besetzen und die Flut an Knöpfen und Schaltern in Augenschein nehmen. Bei Toilettengängern mit eingeschränkten Japanischkenntnissen bleibt wegen landessprachlicher Knopfbeschriftung der meisten Modelle nur das Drücken von Knöpfen mit eindeutigen Piktogrammen oder experimentierfreudiges Ausprobieren.

Hier ein paar gut gemeinte Ratschläge für eigene Erfahrungen mit solch elektrifizierten Vollkomfortörtchen: Nur besondere Modelle haben eine Auto-Stopp-Funktion, sodass sie den Wasserstrahl erst ausschalten oder abebben lassen müssen, bevor sie von der Toilette aufspringen (beim ›Huch, ist das kalt/heiß‹-Reflex). Platzieren Sie sich vollständig auf der Brille, um zu vermeiden, dass Ihnen das forsche Spritzwasser der Reinigungsdüse den Rücken hochspritzt. Breitbeiniges Sitzen und dabei auf die vordere Region eingestellte

Düsen können ebenfalls zu peinlichen Wasserflecken auf der Kleidung führen.

Bei öffentlichen Toiletten – und das gilt für jede der vorgestellten Arten – empfiehlt es sich übrigens, bedingt durch nicht selten fehlendes Papier, dieses stets selbst mitzuführen. Hierfür bieten sich besonders die mit Werbung bedruckten Taschentuchpackungen an, die an größeren Bahnhöfen gerne vorbeieilenden Passanten in die Hand gedrückt werden. Auch wenn sie einem beherzten Schnäuzen der Nase mit ihren ein bis zwei Papierlagen nicht standhalten, sind sie zum Abschluss einer Sitzung prima geeignet.

12 HERR HOFFMANN GREIFT ZUM MIKRO

KARAOKE FÜR DIE KARRIERE

»*I do my crying in the rai-hain ...*«, haucht Herr Morita in nicht ganz der richtigen Tonlage, aber dafür mit umso mehr Inbrunst in das Mikrofon. Freundlicher Applaus. Nun greift Herr Hashimoto zum Mikro und liefert eine eigenwillige Performance von Frank Sinatras Evergreen *I do it my way*. Herr Hoffmann trinkt noch einen Schluck Bier und blättert dann weiter in dem Heft, in dem das Song-Repertoire der Karaoke-Bar aufgelistet ist. Viele, viele Seiten mit japanischen Pop-Songs, die kennt er sowieso nicht. Aber auch die internationalen Lieder ... Elvis Presley kennt er gerade noch, aber sonst? Hmmm, was hören Tina und Olli doch gleich? Gibt es hier vielleicht Lieder von diesem Robin Williams, oder wie der heißt ... Den muss er sich doch immer in voller Lautstärke anhören. Aber selber singen?

Um ihn herum ist die Stimmung schon sehr viel lockerer als heute Morgen während der Vorträge. Herr Hoffmann ist erleichtert, dass er nach einem leichten Zögern zugestimmt hatte, noch mit auf ein Feierabend-Bier zu gehen. Dass dabei gesungen wird, hatte sein Dolmetscher unterschlagen, irgendwie nicht für wichtig befunden oder gar als selbstverständlich vorausgesetzt. Aber immerhin haben sie sich zu siebt eine Art Karaoke-Abteil gemietet. Herr Hoffmann muss sich also nicht vor lauter fremden Leuten lächerlich machen, sondern nur vor sechs. Nur gut, dass alle schon ziemlich angeheitert sind. Wie war das, fehlt den Japanern da nicht irgendein Enzym? Herr Hashimoto schwankt jedenfalls schon ein wenig. Obwohl ... so ganz nüchtern fühlt sich Herr Hoffmann auch nicht mehr. Sein erstes Bier hatte er ziemlich zügig hinuntergestürzt, woraufhin die anderen respektvolle Bemerkungen gemacht hatten. Unter anderem wurde gemutmaßt, er trinke in Deutschland bestimmt jeden Tag Bier. Nun ja, und irgendwie hatte ihn das angeheizt und inzwischen hat er vielleicht doch auch das eine oder andere Bier zu viel ...

Verdammt, er muss irgendetwas singen. Das gilt bestimmt als arg unhöflich, wenn er sich hier drückt. Aber was nur? Hektisch blättert er in dem Heft herum. Herr Hashimoto setzt nun zu einem gefühlvollen Finale an. Ah, da ist etwas. DAS kann er singen. Das ist einfach perfekt. Erleichtert stellt Herr Hoffmann sein Bierglas ab, löst den inzwischen schon stärker schwankenden Herrn Hashimoto am Mikro ab und legt los mit dem einzigen deutschen Lied, das er in der Sammlung gefunden hat: *99 Luftballons*.

Was ist diesmal schiefgelaufen?

Das Time Magazin listete einst für eine Sonderausgabe die hundert einflussreichsten Asiaten des 20. Jahrhunderts auf. Darunter Ghandi, Mao Tse-tung und den Japaner INOUE Daisuke. Wie, von Herrn Inoue haben Sie noch nie etwas gehört? Dabei hat er nichts Geringeres getan, als eine neue Kultur zu erschaffen – als Anerkennung wurde ihm sogar der Friedensnobelpreis verliehen. Inoue hat die Karaoke-Maschine erfunden – und damit die Welt verändert. Allein in Inoues Heimatstadt Kôbe gibt es heute etwa 4.000 Bars. Jede einzelne davon ist eine Karaoke-Bar. (Ein wenig Angeberwissen für den nächsten Karaoke-Abend: Der Begriff setzt sich aus zwei verkürzten Worten zusammen. *Kara* von *karappo* (leer) und *oke* von *okesutra* (Orchester). Mit diesen verblüffenden Fakten können Sie mangelnde Musikalität zwar nicht vergessen machen, aber vielleicht überspielen.)

Inzwischen hat sich Karaoke über ganz Asien und sogar bis nach Europa und Amerika ausgebreitet, eins der wenigen Beispiele für Globalisierung, die aus Asien kommt. Toyota plant sogar eine Karaoke-Version fürs Auto, zum Aggressionsabbau während eines Staus. Dumm nur, dass Inoue vergessen hat, seine Erfindung patentieren zu lassen. Es kam ihm einfach nicht in den Sinn, dass man ein Patent auf eine Erfindung anmelden kann, die einfach nur drei bereits vorhandene Maschinen kombiniert. Den ersten Prototypen bastelte er aus einem Autoradio, einer Münzmaschine und einem kleinen Verstärker.

Und der Nobelpreis? Nun ja. Es war nicht der richtige Nobelpreis, sondern die Scherzversion, der *Ig Nobel Prize for Peace*. Andere Ig-Nobelpreisträger sind zum Beispiel ein Physiker, der das Verhalten eines Kekses beim Eintauchen in eine Kaffeetasse berechnete oder ein kalifornischer Forscher, der herausfand, warum Spechte keine Kopfschmerzen bekommen.

Was hat Herr Hoffmann überhaupt falsch gemacht? Hat er die Maschine des glücklosen Erfinders entweiht, indem er ausgerechnet ein Lied von Nena ausgesucht hat? Oder ist er nur aus Höflichkeit zum Mitkommen aufgefordert worden, hätte er die Einladung lieber ausschlagen sollen?

Nein, auf keinen Fall. Und das sollten Sie auch nicht tun. Geschäfte werden in Japan über *nomunication* gemacht. Das ist eine Mischung aus ›*communication*‹ und ›*nomu*‹ (trinken). In vielen japanischen Firmen werden die wichtigen Entscheidungen nicht im Meeting getroffen – sondern davor oder danach. Kontroverse Themen, die in einer Besprechung auftauchen, werden erst einmal ausgeklammert und dann später in entspannter Atmosphäre noch einmal angesprochen. Zum Beispiel bei einem Abendessen oder in einer Karaoke-Bar.

Und auch wenn offiziell die 40-Stunden-Woche gilt, bleiben die meisten doch viel länger. Und nach Hause gehen, bevor der Vorgesetzte das Büro verlässt, kommt ohnehin nicht infrage. Viel Freizeit bleibt da nicht, wenn man bedenkt, dass die meisten Angestellten in Japan pendeln und häufig sehr weite Strecken von ihrem Wohnort zum Arbeitsplatz zurücklegen müssen. Der offizielle Arbeitstag beginnt daher nicht vor neun Uhr – und wird zum Teil bis weit in den Feierabend hinein verlängert.

Herr Hoffmann hat sich insgesamt also gut geschlagen. Herr Hashimoto, der nach ein paar Bier auf einmal auch Englisch spricht, hat ihn sogar zum Essen zu sich nach Hause eingeladen – eine große Ehre. Herr Hoffmann war nur ein kleines bisschen übereifrig und daher unhöflich. Er hätte lieber warten sollen, bis man ihn zum Singen auffordert, anstatt einfach in Eigeninitiative das Mikrofon zu ergreifen. Aber zum Glück war zu dem Zeitpunkt schon so viel Bier geflossen, dass sich niemand besonders daran gestört hat.

Was können Sie besser machen?

Das gemeinsame Singen vom Band dient nicht nur der Unterhaltung, sondern schafft auch ein gemeinschaftliches Gruppengefühl. Daher: unbedingt mitsingen! Warten Sie aber, bis Sie dazu aufgefordert werden.

Falls Sie noch nie Karaoke gemacht haben: Sie singen dabei zu der Instrumentalversion eines mehr oder weniger bekannten Popsongs (suchen Sie sich einfach etwas heraus, wovon Sie Melodie und Rhythmus einigermaßen im Kopf haben) den Text. Auf einem Fernseher läuft dazu das Musikvideo oder, wenn Lizenzgebühren gespart werden sollen, irgendwelche nichtssagenden Bilder – und Ihr Text. Die gerade zu singende Textzeile wird dabei farbig oder durch einen hüpfenden Ball oder Ähnliches markiert. Das kann eine Hilfestellung sein, ist aber keine Garantie für ein Gelingen der Darbietung.

Aber keine Sorge, Sie müssen kein zweiter Stevie Wonder sein. Niemand erwartet, dass Sie besonders gut singen. Auch wenn Sie sich keine abgeschlossene Kabine mit ein paar Leuten teilen, sondern die gesamte Bar zuhört – die meisten wird es nicht sonderlich interessieren, ob Sie alle Töne treffen. Es wird Sie garantiert niemand auslachen. Und das gilt auch für Sie: Lächeln, aber nicht lachen, heißt die Devise, wenn andere singen. Wenn auch Sie wie Herr Hoffmann zur Sicherheit am liebsten deutsch singen möchten, können Sie zu Hause schon mal üben. Neben *99 Luftballons* gehören auch *Moskau* oder *Dschingis Khan* zum Standard-Repertoire deutschen Liedgutes in japanischen Karaoke-Maschinen.

In der Regel bestellt und bezahlt der Gastgeber ein Geschäftsessen oder ein solches Treffen in einer Karaoke-Bar. Aber Achtung: Vor dem Begleichen der Rechnung wird es üblicherweise einen kleinen Streit darüber geben, wer denn nun das Konsumierte bezahlen darf. Normalerweise sollte der Gastgeber diesen Disput ›gewinnen‹, also bestehen Sie nicht allzu sehr darauf, die Rechnung selber begleichen zu wollen. Wichtig: Vergessen Sie nicht, eine angemessene Gegeneinladung für den Gastgeber folgen zu lassen. Es muss ja nicht unbedingt wieder Karaoke sein ...

13 HERR HOFFMANN LÄSST DIE SCHUHE AN

EINE HYGIENISCHE TODSÜNDE

»Hier sieht es gar nicht mehr nach Tôkyô aus«, staunt Herr Hoffmann, als er Herrn Hashimoto durch die engen, von einem zerzausten Kabelgewirr überspannten Gassen aus niedrigen Holzhäusern folgt. Nachdem sie gemeinsam nach einer Tagung in der Karaoke-Bar gesungen haben, hat Herr Hashimoto ihn nun tatsächlich zu sich nach Hause eingeladen.

Frau Watanabe hat ihm erklärt, welche Ehre dies bedeutet, und hat ihm geholfen, eine Flasche Sake als Geschenk auszuwählen, die die flinke Verkäuferin so aufwendig verpackt hat wie einen hochkarätigen Diamantring. Allerdings war auch der Preis für den Sake Herrn Hoffmann durchaus angemessen erschienen – für einen Diamantring. (Was soll daran so besonders sein, dass Herr Hoffmann eingeladen wurde? Lesen Sie dazu sein Abenteuer ›Herr Hoffmann kommt zum Essen vorbei‹.)

Endlich sind sie angekommen. Vor dem Haus von Herrn Hashimoto befindet sich ein liebevoll gepflegter Garten von der Größe eines Handtuchs – genau wie vor allen anderen Häusern in der Straße ebenfalls. Auf einmal erscheint die Vorliebe für klein gezüchtete Bonsai-Bäumchen doch ganz praktisch.

Im Vorraum des Hauses vollbringen die beiden Männer das Kunststück, die Schuhe auszuziehen, ohne mit den Socken den Steinboden des etwas tiefer gelegenen Vorraums zu berühren. Einer geübt und sicher, der andere weniger elegant. Herr Hoffmann strauchelt leicht, fängt sich dann wieder und platziert seinen besockten Fuß ganz der Etikette folgend auf der Holzstufe, die zum Wohnraum führt. Geschafft! Schnell rückt Tomoko, die Hausherrin, seine Schuhe so zurecht, dass die Spitzen zur Tür zeigen. Herr Hashimoto dagegen vollbringt dieses Kunststück mühelos mit einer eleganten Pirouette, während er die Schuhe auszieht. Nun schlüpft Herr Hoffmann in die bereitgestellten Hausschuhe. Mit einem leicht gequälten Lächeln windet er seine europäischen Durchschnitts-Füße in die mindestens sieben Nummern zu kleinen Pantoffeln und folgt dem Gastgeber.

Genau zweieinhalb Meter weiter heißt es nun wieder Schuhe aus, denn jetzt geht es ins Heiligtum: das traditionell eingerichtete *tatami*-Zimmer. Dieses Zimmer darf nicht mit Hausschuhen betreten werden, bedeutet ihm der Hausherr freundlich, aber bestimmt. Auf Socken (zum Glück ohne Löcher!) geht Herr Hoffmann nun durch die Schiebetür und staunt. Er fühlt sich wie in der Kulisse zu diesem Film, den Tina neulich aus der Videothek mitgebracht hatte, in dem einer dieser Hollywood-Schönlinge einen Samurai spielt. Das Licht fällt weich durch die mit Papier bespannten Wände, der Boden ist mit *tatami*-Matten ausgelegt und in der Mitte steht ein Tisch, der so niedrig ist, dass einem schon beim bloßen Hinsehen schmerzhaft das Blut in den Beinen pocht. *Tatami* sind Matten aus Reisstroh und bilden den klassischen Bodenbelag, sozusagen das japanische Pendant zum Teppich. So wird auch heute noch die Größe von Wohnungen oder Räumen oft in *chô* angegeben, einem traditionellen Flächenmaß von der Größe einer *tatami*-Matte (180 cm × 90 cm).

Die nächsten zwei Minuten verbringt der ungeübte Westler damit, seine Beine umständlich in eine Art Schneidersitz zu falten, ohne dabei den Tisch mit den Knien anzustoßen. Währenddessen serviert Tomoko Tee und rosafarbene süße *mochi* (kleine Reiskuchen). Dabei verbeugt sie sich so häufig und so übertrieben tief, dass Herr Hoffmann ganz entgegen seiner Gewohnheit auf einmal das Verlangen verspürt, sein Geschirr selber aus der Küche zu holen.

Eine halbe Stunde, vier Tassen Tee und unzählige Argumente für die Überlegenheit japanischer Kalligrafie gegenüber sämtlichen europäischen Künsten (Herr Hashimoto ist ein begeisterter Sammler alter Schriftrollen) später, spürt Herr Hoffmann, wie sich der Tee allmählich einen Weg ins Freie bahnen will. Also gilt es, sich wieder in die Hausschuhe in Zwergengröße zu quetschen, um den anderthalb Meter langen Weg bis zur Toilette zurückzulegen. Dort warten bereits rot leuchtende, mit Blümchen verzierte Plastik-Pantoffeln auf ihn – die Klo-Schuhe. Zum Glück nur etwa fünf Schuhgrößen zu klein.

Die Toilette selbst ist eine große Enttäuschung: Keine angewärmte Hightech-Klobrille, sondern eine ganz normale asiatische Hock-Toilette, schade. Als Herr Hoffmann kurz darauf wieder das *tatami*-Zimmer betreten will, starren Herr Hashimoto und seine Frau ihn nervös und mit schreckgeweiteten Augen an. Um Gottes willen, er wird doch nicht ...? Schnell schaut er hinunter, aber die Hose ist zu. Ein Glück! Doch an seinen Füßen leuchten noch immer die roten Klo-Schuhe ...

Was ist diesmal schiefgelaufen?

Es gibt eine reine und eine unreine Welt. Die unreine Welt befindet sich draußen. Hier läuft man Gefahr, mit den Schuhen in einen Hundehaufen oder anderen Schmutz zu treten. Um die Füße so weit wie möglich vom Schmutz der Straße zu entfernen, hatten schon die klassischen japanischen Schuhe, die *geta*, hohe Holzstege als Sohle.

Die reine Welt ist drinnen. Hier kann man sich zum Essen auf den Boden setzen, hier schmiegen sich weich gewebte *tatami*-Matten zutraulich an. Diese beiden Welten sind durch eine Schleuse voneinander getrennt. So wie bei Harry Potter ein mysteriöses Gleis am Bahnhof zwei Welten trennt, existiert in Japan die nicht weniger mysteriöse Schuh-Schleuse.

Klar, auch in Deutschland ist es für viele eine Selbstverständlichkeit, in der Wohnung die Straßenschuhe gegen Pantoffeln zu tauschen. Aber wir erwarten dies nicht unbedingt immer von unseren Gästen. Und schon gar nicht von Handwerkern. In Japan dagegen werden zwei Handwerker, die einen Kühlschrank oder eine Waschmaschine liefern, lieber einen Sehnenriss riskieren, als einfach die Schuhe anzubehalten. Sie werden den schweren Gegenstand im Vorraum *(genkan)* unaufgefordert so lange weiter stemmen, bis sie mithilfe ihrer Füße ihre Straßenschuhe ausgezogen und mehr oder weniger mit den Spitzen zum Ausgang gedreht haben. Auf diese Weise können sie beim Verlassen wieder bequem in die Schuhe hinein schlüpfen. Auch Vertreter, die jeden Tag viele verschiedene Wohnungen besuchen, ziehen jedes Mal die Schuhe aus. Wen wundert es da, dass in diesem Berufsstand Slipper ohne Schnürsenkel beliebt sind. Sogar der Notarzt wird erst einmal die Schuhe ausziehen, bevor er Erste Hilfe leistet.

Auch Obdachlosigkeit ist keine Entschuldigung für den Sittenverfall. Ganze Siedlungen aus Pappkartonhäusern und Zelten aus blauen Plastikplanen breiten sich zunehmend in den Parks von Großstädten oder entlang von Bahngleisen aus. Ihre Bewohner – oftmals Männer über 50, die aufgrund von Firmenpleiten ihren Job verloren haben und nun keine neue Arbeit finden – ziehen selbstverständlich am Eingang ihre Schuhe aus.

Auch ins Zugabteil gehören keine Straßenschuhe. In der ersten Klasse werden die Slipper kostenlos bereitgestellt, in der zweiten Klasse sollte man diese selber dabei haben. Tempel gehören natürlich auch zu den reinen Orten, die nicht mit Straßenschuhen beschmutzt werden sollten, ebenso wie wissenschaftliche Labore oder die Umkleidekabinen mancher Kaufhäuser. Auch in traditionellen Kneipen, wo die Gäste auf dem Boden sitzen, bleiben die Schuhe am Eingang stehen.

Was können Sie besser machen?

Sie können die gefährlichen Klippen japanischer Schuh-Politik gut umschiffen, indem Sie stets wachsam bleiben und nach den gängigen Warnzeichen Ausschau halten:

Berge von Schuhen

Sie sehen eine Ansammlung von herrenlosen Schuhen in der Gegend herumliegen. Sicher, es könnte sein, dass gerade eine aufregend spontane Gruppensex-Orgie im Gange ist. Aber machen Sie sich nichts vor. Sehr viel wahrscheinlicher handelt es sich hier lediglich um einen Ort, den man besser ohne Schuhe betritt.

Pantoffeln

Plastikslipper *(surippa)* stehen nicht einfach nur zur Dekoration herum. Wenn Ihnen irgendwo Hausschuhe begegnen, ist dies ein sicheres Zeichen dafür, dass sie auch genutzt werden sollen. Ja, auch wenn es sich dabei um eine Toilette handelt.

Stufe

Natürlich müssen Sie Ihre Schuhe nicht vor jeder Treppe ausziehen. Aber ein oder zwei Holzstufen deuten in der Regel den Übergang von einem unreinen zu einem reinen Ort an. Also: Schuhe aus. Und mit den Socken bloß nicht den unreinen Ort berühren.

Schließfächer

Eine tückische Angelegenheit. Hier liegen die Schuhe der anderen nicht in einem einfach zu erkennenden Haufen herum, sondern sind für Uneingeweihte unsichtbar in Schließfächern verstaut. Outen Sie sich als Japan-Profi, indem Sie diese Hürde souverän meistern.

Tempel

Japaner mögen nichts dabei finden, riesige Getränkeautomaten auf das Gelände historischer Tempel zu stellen oder direkt neben dem

Schrein ein Picknick zu veranstalten. Aber auf Schuhe im Tempel reagieren sie dann doch eher ungehalten. Manchmal denken die Tempel aber auch von selber daran, die unwissenden Ausländer vorzuwarnen. Am Kiyomizudera in Kyôto warnt ein Holzschild vorsorglich auf Englisch: »*Please take off your shose.*«

Tatami-Matten

Die empfindlichen Reisstroh-Matten werden grundsätzlich ohne Schuhe betreten. Das hat nebenbei auch praktische Gründe, denn die gewobene Oberfläche ließe sich viel zu schwer reinigen. Also egal, ob Ihnen die *Tatamis* in Wohnungen, Tempeln oder Kneipen begegnen: Ziehen Sie die Schuhe aus, wenn nicht Sie und Ihre Nachkommen bis in die vierte Generation in Schande leben wollen. Auch die Hausschuhe.

14 HERR HOFFMANN FÜTTERT TIERE

HAARIGE ERLEBNISSE MIT DER LECKEREN BROTZEIT

Herr Hoffmann ist Frühaufsteher. War er immer schon und wird er sicher auch immer bleiben. Auch in Japan und selbst mit einem hartnäckigen Jetlag in den Knochen, der übler ist, als der finsterste Erdbeerlikör-mit-Sahne-Kater. So schleicht er auf Zehenspitzen – soll ja keiner denken, er sei ein tumber, deutscher Klotz, der seine schlummernden Mitmenschen aus dem Schlaf trampelt – aus seiner traditionellen *Minshuku*-Herberge in Nikkô.

»Es ist schön da. Fahren Sie hin«, empfahl Frau Watanabe den geschichtsträchtigen Ort 140 Kilometer außerhalb von Tôkyô in einem Ton, der an einen Befehl erinnerte. Er hatte das unbestimmte Gefühl, Frau Watanabe wolle ihn loswerden. Wenigstens für ein, zwei Tage. So machte er sich auf den Weg und erstand nach langer, gestenreicher Diskussion mit einem Schalterbeamten, der kein Englisch verstehen wollte, ein Zugticket. Zuletzt hatte er einfach in einer Japankarte auf den Zielort gezeigt und die Frage nach einer *zasekishiteiken* als freundlichen Reisegruß verbucht. (Es ist allerdings kein besonderer Gruß à la ›Gute Fahrt‹, sondern die Frage an Herrn Hoffmann nach einer zusätzlich zu erwerbenden Sitzplatzreservierungskarte. Im Deutschen wie im Japanischen ein überaus sperriges Wort.)

Er schlendert mittlerweile tonlos pfeifend auf Nikkôs Hauptstraße in Richtung des Nikkô Tôshôgû, Weltkulturerbe der UNESCO und eine der Hauptattraktionen der Stadt. So sehr Hauptattraktion, dass man tagsüber außer anderen Besuchern fast gar nichts von dem Nationalschatz zu sehen bekommt. Nun, im frühen Morgengrauen hat er das Problem mit anderen Touristen nicht. Und wenn endlich die Sonne aufginge, könnte er sogar etwas vom Mausoleum des großen Shôgun TOKUGAWA Ieyasu sehen. Anders als gewöhnliche, japanische Bauwerke soll die buddhistische Tempelanlage mit Blattgoldverzierungen und vielfarbigen Schnitzereien protzen, weiß sein Reiseführer. Besonders die üppig verzierte und rot lackierte, fünfstöckige Pagode, die mitten im dichten Wald steht, gehört zu einem der populärsten Fotomotive des Landes. Bei Tageslicht, allerdings.

TOKUGAWA IEYASU

Zu Tokugawa Ieyasu (1543–1616) hat ein wenigstens halbwegs guter Reiseführer zu berichten, dass er als einer der drei Reichseiniger gilt. Vor seinem und dem Durchgreifen seiner zwei Einiger-Kollegen ODA Nobunaga und TOYOTOMI Hideyoshi gab es eigentlich kein einheitliches Japan. Im Jeder-gegen-Jeden-Stil kämpften lokale Fürsten um alles, worum es sich zu kämpfen lohnte. Die drei vorgenannten Herren verbündeten sich miteinander und räumten so kräftig auf, dass ab 1600 erst einmal lange Zeit Ruhe herrschte. Ieyasu, als letzter Überlebender der Feldherrenriege, ließ sich »Barbaren unterwerfender, großer General« (*Seii Taishôgun*, kurz Shôgun) nennen und führte seine Regierung von Edo aus, dem heutigen Tôkyô. Wenn nicht einmal das in Ihrem Reiseführer steht, werfen Sie ihn besser schnell weg.

Wie ein Westernheld nickt Herr Hoffmann dem Besitzer eines Yakitori-Imbiss zu, der vor seinem Laden mit einem traditionellen

Besen aus Zypressenholz kehrt. Zufrieden registriert er dessen Verbeugung als Erwiderung. Ja, soviel steht fest, er gehört schon fast dazu. Fügt sich perfekt in die völlig neue Umgebung ein.

ZYPRESSENHOLZBESEN

Wenn Sie mal auf einer Party sind, auf der einer der Gäste die anderen durch Geschichten mit unnützem Faktenreichtum langweilt, können Sie mit Folgendem für Abwechslung sorgen: Die Besen aus Zypressenholz heißen, wenn sie traditionell in der Nagai-Region gefertigt werden, *kanaigami*-Besen. Da bestimmt jemand nachfragen wird: Die Nagai-Region liegt im Süden der Präfektur Yamagata, ein paar Hundert Kilometer nördlich von Tôkyô. Bekannt ist Nagai aber eigentlich, neben seiner ausgezeichneten Nerzzucht, für seine besondere Technik der Seidenweberei, welche die Tsumugi-Rohseide hervorbringt. Sollten sie jetzt noch nicht alleine am Buffet zurückgelassen sein, hilft ihnen ein Hinweis auf die langjährige Städtepartnerschaft zum hiesigen Kurdomizil Bad Säckingen, um das Gespräch wieder elegant in gewohntes Terrain zurückzuführen.

Ein gellender, seltsamer Schrei durchschneidet die scheidende Nacht und reißt Herrn Hofmann aus seinem kurzen Moment der Selbstzufriedenheit. Kurz darauf huscht ein dunkler Schatten hinter einer Mülltonne am Straßenrand hervor und kommt in beängstigendem Tempo auf ihn zugerannt. Eine große Ratte? Eine Katze oder ein Hund? Im Licht einer Laterne erkennt der Reisende schließlich eine menschenähnliche, gut 60 Zentimeter große Gestalt. Ein Affe mit rotem Gesicht, dichtem Fell und einem Stummelschwanz.

Ein Makak! Die kennt Herr Hoffmann aus dem Fernsehen. Er hatte mal einen Bericht gesehen, indem japanische Wissenschaftler auf irgendeiner Insel Süßkartoffeln auf einen Strand geschüttet hatten, um die Makaken aus dem Wald zu locken. Ein Weibchen mochte das Knacken des Sandes zwischen den Zähnen nicht und wusch die Kartoffel im Wasser. Die Erkenntnis ›Kartoffel ohne Sand gleich besser‹ gab sie an andere Mitglieder der Gruppe und Nachkommen weiter, bis keiner mehr ungewaschene Erdäpfel aß. Drollig fand Herr Hoffmann damals, dass die Affen wohl irgendwann spitzbekommen hatten, dass im Meer gewaschene Kartoffeln sogar noch besser schmecken. Die kleinen Kerle hatten Salzkartoffeln erfunden! Wer weiß: Stellte man ihnen eine Fritteuse an den Strand, bekäme man vielleicht ...

Nun mustert ihn also solch ein schlauer Affe – und Herr Hoffmann mustert zurück. Ob er wohl Hunger hat? Kartoffeln sind in Nikkô sicherlich schwerer zu finden als auf diesem Strand. Herr Hoffmann streift seinen Wanderrucksack ab und stellt ihn auf dem Boden, um etwas für das Tier herauszusuchen. Bevor er den Gedanken, ob ein Makak wohl einen Apfel mag, zu Ende denken kann, schießt das Tier unter lautem Zischen vor, greift geschickt nach Apfel und dem großen Frühstückspaket und rennt laut schreiend und in verblüffender Geschwindigkeit davon.

Der Affe ist nicht der Einzige, der schreit. Auch der Grillspießbudenbesitzer kommt mit erhobenem Besen und offensichtlich Flüche ausstoßend über die Straße gerannt. Erst an dem Gesichtsausdruck des drahtigen Mannes, den nicht abebbenden Schimpftiraden und dem nach wie vor erhobenem Besen erkennt Herr Hoffmann, dass der Zorn des Zeugen nicht auf den dreisten Diebesaffen gerichtet ist. Ohne auch nur ein Wort zu verstehen, erkennt er, dass er nicht nur Opfer, sondern wohl auch Täter in dieser Angelegenheit ist. War der Affe heilig und die dargereichte Gabe zu gering? Durfte das Tier vor Sonnenaufgang kein Futter bekommen?

Was ist diesmal schiefgelaufen?

Die letzte Vermutung Herrn Hoffmanns kommt der Wahrheit schon recht nahe: Auch wenn es sich bei dem zutraulichen Primaten um keinen Gremlin handelt und die Zeit der Beköstigung völlig egal ist, stellt die Fütterung an sich das Problem dar. Denn die ist in

Nikkô strengstens verboten. Nun ist Nikkô nicht eine Stadt voller Tierhasser und Futterneider, sondern hat unter den Folgen einer massiven Affenplage zu leiden.

In den Zeiten als man Ieyasu und seine Nachfahren in Nikkô zur letzten Ruhe bettete, hielt man die haarigen Kerlchen, die eigentlich die kühlen Bergwälder nördlich von Nikkô bevorzugen, als Wächter in Ställen. Näherte sich eine fremde Person, schlug das pflichtbewusste Tier lautstark Alarm. Aus dem Schrecken der Pferdediebe von einst ist inzwischen aber ein Schrecken von allen Einwohnern der Gemeinde mit gut 93.000 Seelen geworden.

Durch das Fehlen von natürlichen Fressfeinden haben sich die ortsansässigen Japanmakaken mit der Zeit auf eine Population von mehr als 150.000 Tieren vermehrt. Da das Nahrungsangebot in den Wäldern längst nicht mehr reicht, gehen die Allesfresser zu den Menschen in die Stadt und holen sich, was sie brauchen. Zeitungen berichten von Affengangs, die in Geschäfte stürmen und in Windeseile alles heraustragen, was essbar erscheint. Affenvandalismus zerstört Autos und Gebäude. Passanten bekommen auf offener Straße ihre Einkaufstaschen entrissen und Anwohner halten ihre Fenster stets geschlossen, um die gewieften Kletterer auszusperren.

Die lernfähigen Tiere hatten zunächst natürlich durch Abfälle sowie durch Süßigkeiten und Früchte darreichende Touristen wie Herrn Hoffmann von dem verlockenden Nahrungsangebot erfahren. Eine im Jahr 2000 in Kraft getretene Verordnung soll die Menschen nun unter Androhung von Strafe davon abhalten, die mitunter beiß- und kratzwütigen, aggressiven Makaken zu füttern. Darauf weisen inzwischen auch Schilder in mehreren Sprachen hin.

Der noch etwas entschlossenere Plan der Stadtregierung, durch den Einsatz von Elektroschockern den marodierenden und raubenden Primaten beizukommen, scheiterte übrigens am Protest der Bevölkerung Nikkôs. Ein solches Vorgehen erschien dann auch bei all der Plagerei als äußerst grausam. Und das, obwohl unter der Hand auch Kopfgeld für jeden erlegten Plagegeist gezahlt wurde. Wie gesagt: unter der Hand. Denn die Heimatstadt der weltberühmten Schnitzarbeit mit den drei Affen, die ›nichts Böses sehen, nichts Böses hören und nichts Böses sagen‹ gibt ungern eine solch vordergründige Feindlichkeit gegenüber den Wächtern von damals zu. Apropos: Wenn Sie diese drei in Holz gebannten Primaten mit ihren Gesten auch sehen wollen, finden Sie diese bei den ›Ställen des weißen Pferdes‹ auf dem Gelände des Tôshôgû-Tempels. Das sollte man genau wissen, sonst ist man schnell an ihnen vorbeigelaufen, ohne sie überhaupt zu bemerken.

Was können Sie besser machen?

Die Antwort ist einfach: Nur dann füttern, wenn es ausdrücklich erwünscht ist. Oder wenn ihr Leben massiv von einer gewaltbereiten Affenhorde bedroht wird.

15 HERR HOFFMANN MAG KOREANISCHE TECHNIK

GEDÄMPFTE BIERLAUNE ALS FOLGE FALSCHER TECHNIKFREUDE

Beinahe schon elegant perlt ein kleiner Wassertropfen am eiskalten Trinkglas herunter, verbindet sich mit anderen kleinen Kondenswasserinseln zu einem noch größeren Tropfen, der sich schließlich auf den Zeigefinger der das Glas haltenden Hand niederlässt. Mit sich selbst und seiner Umwelt zufrieden, schaut Egon Hoffmann von dem erfrischenden Bier auf und lässt seinen Blick schweifen.

Der Biergarten auf dem Dach des MyCity-Kaufhauses in Shinjuku, in dem er seit einer guten Viertelstunde sitzt, wird allmählich mit den ersten *Salaryman* und *Office Ladies* bevölkert, die sich beeilen, den Stress und die feuchtwarme Frühlingshitze des Tages mit einem kühlen Bier hinunterzuspülen.

SALARYMAN UND OFFICE LADIES

Salaryman ist ein Scheinanglizismus und leitet sich aus den Begriffsteilen *salary* (Lohn) und *man* (Mann) ab. Der ›Lohnmann‹ ist Büroangestellter und bezieht den ersten Teil seiner Bezeichnung meist in einem guten und namhaften Unternehmen. Bis zum Platzen der *Bubble Economy* in den 1980er Jahren galt der als ›Anstellung auf Lebenszeit‹ verstandene Job als äußerst erstrebenswertes Ziel junger Männer. Das weibliche Gegenstück ist übrigens die *Office Lady* (kurz: *OL*), die in der Regel im Büro über deutlich weniger Befugnisse verfügt als der *Salaryman*. Wie überhaupt Frauen deutlich weniger Freiheiten in der japanischen Gesellschaft genießen. Aber dazu an anderer Stelle mehr: ›Herr Hoffmann als Gentleman alter Schule‹.

»Wer hätte gedacht, dass eine so trostlos graue Stadt wie Tôkyô so etwas Schönes wie Biergärten hat«, sinniert er und erinnert sich an den Überblick in der kostenlosen, englischsprachigen Zeitschrift aus seiner Hotellobby: »Und dann auch noch so viele.« Doch nicht nur das Lokal, sondern auch das Getränk soll Freude machen, wenn man sich schon zum Biertrinken niederlässt. Und so nimmt Hoffmann den eiskalten Gerstensaft wieder aufmerksamer in Augenschein. Schließlich hat er sich gerade bei der Bestellung zu einem Experiment namens ›Sapporo Beer Fine‹ hinreißen lassen. Das mit ›50 Prozent‹ gekennzeichnete Gebräu ist nach Auskunft der adretten Kellnerin mit Spitzenschürzchen ein Diätbier mit nur halb so vielen Kalorien. Da steht einem reuelosen Erfrischungsgenuss beinahe nichts mehr im Wege. Wenn es denn nur schmeckt. Und nach einem beherzten Schluck weiß Herr Hoffmann, dass das Bier wenigstens schön kühl ist.

Zum Treffen mit Herrn Uchida, den er zum Dank für seine treuen Übersetzungsdienste einmal einladen wollte, ist er zu früh gekommen, sodass er nun Zeit hat, sich die anderen Gäste genauer anzuschauen. Neben den Leuten im Businessdress sitzen inzwischen auch noch jüngere, modisch gekleidete Menschen. Hier gibt es einige Looks zu bestaunen, die er daheim in [illegible]burg noch nicht gesehen hat:

An einem Tisch unter einem Sonnenschirm sitzen vier auffallend blasse junge Frauen. Sie tragen allesamt dunkle und trotz der hohen Temperaturen langärmelige Outfits, welche die porzellanartige Hautfarbe stark kontrastieren. (Dieses ›Bi Haku‹ genannte Schönheitsideal ist eigentlich ein alter Hut, aber aktuell und sicher zur ausgeprägten Freude der Kosmetikindustrie, die hautbleichende Präparate verkauft, wieder en vogue. Interessanteweise feiert dieser Tage mit den ›Ganguro Gals‹ das komplette Gegenteil ebenfalls sein Comeback. Bei diesem Trend, der zum ersten Mal im Jahr 2000 von Shibuya aus halb Japan infizierte, ist die Haut durch großzügigen Selbstbräunereinsatz extrem orange-braun und wird durch helles Make-up kontrastiert.) An einem Stehtisch lehnt eine junge Frau mit einem bonbonfarbenen Gewand, übergroßer Brille und leuchtend grün gefärbten Haaren. Sie sieht ein bisschen aus wie die Heldinnen aus den Zeichentrickserien, die Herrn Hoffmanns Tochter Tina so gerne schaut. Ah, zwei Typen in Trenchcoats mit Hüten, die denen der Blues Brothers nicht unähnlich sind, gehen auf die Grünhaarige zu und begrüßen sie mit einem müden Winken. Ihr auffälligstes Modeaccessoire sind riesige blaue Beutel, die Herrn Hoffmann gleich an die Einkaufstaschen eines schwedischen Einrichtungshauses erinnern. Wenn sein Sohn Oliver mit so einem Hut und solch einem blauen Sack durch Flensburg schlurfen würde, dann könnte er aber ...

Erschrocken fährt Herr Hoffmann zusammen, als er plötzlich schräg hinter sich ein dezentes Räuspern hört. Schnell dreht er sich um und sieht einen verhalten lächelnden Herrn Uchida. Hatte der da etwa schon die ganze Zeit gestanden und war nur zu höflich, ihn anzusprechen, weil er sich so interessiert umgeschaut hatte? Nach der Begrüßung lädt Herr Hoffmann Uchida-*san* mit der einen Hand ein, sich zu ihm zu setzen, während er mit der anderen nach der Kellnerin winkt. Herr Uchida trägt heute eine taubengraue Krawatte mit einem orangefarbenen Stier, der über eine flauschige Wolke springt. Modisch eher gewagt.

Während sich der Dolmetscher auf dem gegenüberliegenden Stuhl niederlässt, kramt er ungeschickt ein kleines Handy hervor, das er vor sich auf den Tisch legt. Das Mobiltelefon will in Hinblick auf Farbe (leuchtendes Pink) und Schmuck (zwei hellblaue Kristallbärchen an einem Band) nicht so recht zu dem Mann im dunkelgrauen Anzug passen, den er noch vor ein paar Tagen bei dem feuchtfröhlichen Abend im Izakaya näher kennengelernt hatte. Herr Uchida scheint die Gedanken des Deutschen zu lesen und sagt sofort in gut verständlichem Englisch: »Oh, das ist das *keitai* meiner Frau. Meines ist heute kaputt gegangen.« (*keitai* ist die gebräuchliche Kurzform von *keitai denwa* = Mobiltelefon.)

»Ah, das kenne ich. Handys scheinen heute nur noch so lange zu halten, wie die Garantie. War das ein gutes Gerät?«

Herr Uchida nickt eifrig. »Ja, japanisches Handy. Sehr gute Qualität.«

»Tatsächlich?« Herr Hoffmann kratzt sich am Kinn. »Ich habe ja in letzter Zeit verstärkt die Erfahrung gemacht, dass japanische genau wie deutsche Produkte nicht mehr so gut sind wie früher. Ich kaufe daher sehr gerne Technik aus Korea. Die sind von der Verarbeitung her so, wie japanische Geräte aus den Achtzigern und Neunzigern. Vielleicht sogar besser. Sollten sie unbedingt mal ausprobieren!«

Auch wenn sein Gegenüber sich für die Einladung zum Test von Elektroartikeln aus dem Nachbarland bedankt, kann Herr Hoffmann schon am vereist wirkenden Lächeln und dem stumpfen Blick von Herrn Uchida erkennen, dass diesen der Exkurs über den Niedergang der Produktqualität erzürnt hat. Aber warum? Schließlich hat er ja klargestellt, dass dies auch Produkte aus seiner Heimat betrifft und es ja nur gut gemeint. Schnell bestellt er zwei Glas Bier bei der beschürzten Kellnerin. Der Stier auf Uchidas Krawatte erscheint ihm jetzt noch bedrohlicher.

BIER AUF DIE JAPANISCHE ART

Welches ist das populärste alkoholische Getränk der Japaner? Sake? Whisky? Blue Curaçao? Unfug: Japaner befriedigen den Alkoholdurst am liebsten mit Bier. Wie stark der zu löschende Brand ist, zeigt eine Statistik des Getränkeunternehmens Kirin aus dem Jahr 2014: Ein Durchschnittsjapaner lässt sich jährlich 43,5 Liter Bier die Kehle herunterrauschen (die Vergleichsperson in Deutschland im selben Zeitraum 106,1 Liter, ein durchschnittlicher Einwohner Tôkyôs gut 64 Liter). Die Produkte der Großbrauereien Asahi, Kirin, Sapporo und Suntory dominieren den Markt und umspülen den Gaumen mit einem recht trockenen, aber auch etwas wässrigen Geschmack. Bier ist in Japan durch hohe Besteuerung ziemlich teuer. In eine Steuerlücke dringt hier das populäre *happô-shu*: Durch Verringerung des Malzanteils gilt es nicht mehr als Bier, sodass der ›Sprudelalkohol‹ für den halben Preis angeboten werden kann. Der Geschmack erinnert allerdings auch nur noch entfernt an Bier. Die dritte, stark wachsende Säule im Markt sind Sorten komplett ohne Malz. Diese *happôsei* werden mit Sojabohnen und anderen Zutaten gebraut, die jedem deutschen Braumeister nervöses Augenzucken bereiten dürften, aber dem Japaner das billigste Schaumgetränk ermöglichen. Nur schmeckt es eben gar nicht mehr nach Bier. Damit sich Kinder schon mal an das gemeinschaftliche Trinken mit Kollegen gewöhnen können, gibt es von der Brauerei Sangaria auch Kinderbier. Das *kodomo no nomimono* (»Kindergetränk«) ist zwar alkoholfrei und schmeckt nach Apfelsaft, steht aber in Hinblick auf Farbe und Schaumkrone dem elterlichen Bier in nichts nach.

Übrigens: Bier war in Japan zwar schon seit der Edo-Zeit bekannt, da Holländer gerne für ihre Seefahrer selbst in den entlegensten Häfen eine Bierkneipe errichteten, aber alle zuvor genannten Brauereien entstanden in der Meiji-Zeit, also in jener Periode des 19. Jahrhunderts, in der sich Japan mit den Errungenschaften der weiten Welt vertraut machte. Die ersten Braumeister wurden durch die Bank in Deutschland geschult, weshalb man beim Trinken gewiss sein kann, zumindest Bier in deutscher Tradition zu trinken. Das Reinheitsgebot findet indes nicht mehr allerorten Anwendung: Spezialitäten wie die Beimischung von Erbsen-Proteinen für einen ›neuen, klaren Geschmack bei vernünftigem Preis‹ (Sapporo-Werbetext) sind mit diesem nicht vereinbar. Doch keine Sorge: Für Puristen hat Sapporo mit der Marke Yebisu ein Bier im Handel, das nach eigener Aussage das bayrische Reinheitsgebot befolgt. Wem Bier zu langweilig, Whisky aber in Hinblick auf den Verlauf eines Abends zu unkontrollierbar und auch zu teuer erscheint, kann aufatmen: 2017 erweiterten Hochalkohol-Varianten wie zum Beispiel Suntorys Itadaki-Bier das Angebot. Bedingt durch eine in eben diesem Jahr eingeführte, weitere Besteuerung von alkoholischen Getränken, bieten diese ein für den Konsumenten besseres Ausgabe-zu-Effekt-Verhältnis. In jüngerer Vergangenheit gewinnen – wie auch in anderen Teilen der Welt – Craft-Biere stark an Popularität und bereichern das Angebot mit einer großen Auswahl an Biersorten. Produkte von Kleinstbrauereien sind populär, da ihr Angebot geschmacklich innovativer und vielfältiger wahrgenommen wird als das der ›großen Vier‹.

Was ist diesmal schiefgelaufen?

Ohwei, da hat Herr Hoffmann tatsächlich eine wunde Stelle in der japanischen Volksseele getroffen. Nicht dass Japaner so nationalbewusst wären, dass sie alle Produkte, die nicht in Japan gefertigt wurden, mit Missachtung abstrafen würden (auch wenn eine gewisse Tendenz dafür vorherrschen mag). Tatsächlich konnten die südkoreanischen Unternehmen Pantech (am längsten am japanischen Markt), LG und Samsung in den letzten Jahren immer größere Marktanteile mit ihren Handys in Japan gewinnen und werden daher auch vom Verbraucher meist positiv wahrgenommen.

Das Problem in Herrn Hoffmanns Vortrag lag in dem direkten Vergleich Japans mit dem nächsten Nachbarn Korea. Denn, auch wenn offizielle Verlautbarungen und Großereignisse wie die gemeinsam ausgerichtete Fußballweltmeisterschaft von 2002 etwas anderes vermuten lassen: Das Verhältnis zwischen Japan und Korea ist nach wie vor ein eher angespanntes.

Für die Gründe müssen wir etwas in die Vergangenheit zurückreisen. Setzen wir uns also in die vielbeschworene Zeitmaschine und jetten in das vierte Jahrhundert, eine Zeit, die Historiker später wegen der damals üblichen Hügelgräber die Kofun-Periode nennen werden. Verbleiben wir räumlich an der Stelle des heutigen Tôkyô, werden wir feststellen, dass hier im Osten der japanischen Inselgruppe noch nicht allzu viel los ist. Vereinzelte Ainu-Stämme dürften sich in dieser Gegend aufgehalten haben. Die Ainu sind eine Völkergruppe mit kaukasischem Phänotyp, die vor einigen tausend Jahren von Zentralasien auf die südliche Großinsel Kyûshû gekommen sein soll. In den ersten Jahrhunderten nach Christus wanderten neue Siedlerstämme aus Ost- und Zentralasien mit asiatischem Phänotyp vom Festland ein und verdrängten die Alteingesessenen nach einiger Zeit des friedlichen Nebeneinanders immer weiter gen Nordosten. Heute leben etwa 25.000 Ainu auf den nördlichen Inseln Hokkaidô, den Kurilen und Sachalin (die beiden Letzteren gehören zwar politisch zu Russland, Japan sieht dies allerdings anders und streitet bereits seit Jahrzehnten mit den Russen über die Eigentumsrechte. Freilich weniger wegen der hier lebenden Menschen, sondern wegen der großen Erdgasvorkommen). Sie pflegen ihre eigene traditionelle Kultur, Sprache und Religion. Ungewiss ist, woher die Ainu seinerzeit wirklich kamen. Einer der zahlreichen Theorien zufolge waren die Vorfahren Nomaden aus der Mongolei, die die japanischen Inseln in der Jômon-Periode als erste Menschen betraten. Gewiss ist allerdings, dass Ainu seit Jahrhunderten und bis heute offenen Diskriminierungen ausgesetzt sind.

Aber zurück zu den Vorgängen in der Frühzeit der Besiedelung. Hier passiert gerade in Westjapan zu dieser Zeit richtig viel, denn von hier drängen auf dem Wege der koreanischen Halbinsel über Kyûshû immer neue Siedler nach. Deren unterschiedlich gesinnten Stämme kämpfen heftig um die Vorherrschaft in der noch übersichtlichen, neuen Welt. Die Yamato-Sippe setzt sich schließlich als Sieger durch und regiert eine Gegend südlich der heutigen Stadt Kyôto. Der Stamm gründet den ersten Staatenbund auf den japanischen Inseln und beherrscht für einige Jahrhunderte das Land, das seine Nachbarn deshalb fortan auch Yamato nennen.

Die direkten Nachbarn auf dem Festland sind die Königreiche Paeckche, Kogûryô und Silla, die auf dem Gebiet der heutigen koreanischen Halbinsel um die Vorherrschaft kämpfen. In dieser ›Zeit der Drei Reiche‹ schafft sich die kleine Lokalmacht Yamato mit dem eigens gegründeten Zwergstaat Mimana an der Südspitze Koreas eine Machtbasis. Der Marionettenstaat verbündet sich mit Paekche und mischt sich massiv in die Streitigkeiten der Königreiche ein – bis Silla sich schließlich im 6. Jahrhundert kriegerisch gegen Paeckche nebst Mimana durchsetzt und beide einverleibt. Damit ist Ruhe im Karton und Yamatos direkter Einfluss auf das politische Leben des Korea-Vorgängers zunächst einmal beendet.

Doch wir sind ja eigentlich noch im vierten Jahrhundert und haben nur mit dem Periskop unserer Zeitmaschine etwas in die Zukunft gelinst. Auch wenn sich Yamato als eigenständiger Staat zu emanzipieren versucht, ist diese Zeit von Festlandimporten geprägt. Baukunst, das Schmieden von Eisenwaffen und -werkzeugen, Wissenschaft, Buddhismus, Kultur und Schriftsystem werden aus China meist auf dem Weg koreanischer Mönche, Handwerker und Künstler übernommen.

Und das alles hat etwas mit Herrn Hoffmanns Lobhudelei auf koreanische Handys zu tun?

Nun, indirekt ja. Denn wie wir wissen haben beinahe alle Ereignisse der Vergangenheit auch irgendwie Einfluss auf die Gegebenheiten der Gegenwart. Denn wie wir gesehen haben, waren die Clans des heutigen Japans schon in der Frühzeit sehr eng mit Korea verwoben und nahezu alle nennenswerten kulturellen und gesellschaftlichen Errungenschaften wanderten vom hoch entwickelten Korea ins äußerst lernwillige Nachbarland. Und wie das so ist, wandelten sich die einstigen Lehrmeister aus Korea und China in der

Wahrnehmung der Importeuren immer mehr zu Konkurrenten. Verschiedene Historiker nehmen an, das Gefühl der Japaner, große Teile ihrer Kultur den Chinesen und den Koreanern zu verdanken, habe bis heute Einfluss auf die japanische Befindlichkeit und liefere den psychologischen Hintergrund für zwei besonders wichtige Ereignisse in der neuzeitlichen und jüngsten gemeinsamen Geschichte Japans und Koreas.

Das erste Ereignis markiert die gescheiterten Korea-Feldzüge des Mittelalters. Japan sieht inzwischen so aus, wie man es aus Kurosawa-Filmen wie *Kagemusha* kennt und hatte vor ein paar Jahrzehnten, im Jahr 1543, durch ein portugiesisches Schiff erste Kontakte mit den Europäern und deren Schießpulver gemacht. Nachdem das vormals in viele miteinander verfeindete Fürstentümer zersplitterte Japan unter den strategisch geschickten Kriegsfürsten ODA Nobunaga, TOYOTOMI Hideyoshi und TOKUGAWA Ieyasu und unter Einsatz der neuen Feuerwaffen geeint worden ist, erscheint es Hideyoshi angebracht, die Vergrößerung des geeinten Reiches auf dem Festland fortzusetzen und das Kaiserreich China zu erobern.

Der Weg seiner Heere führt dabei durch Korea, in dieser Zeit ein treuer Vasallenstaat Chinas. Die Krieger des wegen seiner ungewöhnlichen Physiognomie auch ›Affe‹ genannten Hideyoshi werden im Imjin-Krieg von 1592/93 in Korea von den koreanischen und chinesischen Truppen geschlagen. Auch der zweite Invasionsversuch von 1597/98 verläuft erfolglos und wird schließlich nach krankheitsbedingtem Dahinscheiden des taktischen Kopfes Hideyoshi im September 1598 komplett abgeblasen. Verständlich, dass das Verhältnis zwischen Japan und Korea infolge dieser zwei Angriffe erst einmal für lange Zeit eisig ist.

Stellen wir unsere Zeitmaschine nun auf das Jahr 1905 und erreichen damit den Anfang des zweiten, für das heutige Verhältnis zwischen Japan und Korea wichtigsten Ereignisses. Wie schon an anderer Stelle erwähnt, orientiert sich Japan in dieser Zeit der sogenannten Meiji-Restauration stark am Westen. Diese Orientierung schließt auch den dort üblichen Expansions- und Kolonialisierungsdrang mit ein. Das erste Ziel der Kolonialmacht in spe: Korea.

Dies ist nicht ganz im Sinne Chinas und Russlands, sodass zunächst noch von 1894–1895 der Erste Japanisch-Chinesische Krieg, sowie von 1904 bis 1905, der Russisch-Japanische Krieg geführt werden müssen. Sowohl die militärisch veraltete chinesische Armee der Qing-Dynastie als auch die Truppen des Zarenreichs verlieren die Schlachten gegen das hochgerüstete Japanische Kaiserreich.

Japan, die nun dominante Militärmacht im ostasiatischen Raum, erklärt Korea zunächst offiziell zum unabhängigen Staat, der allerdings unter japanischem Protektorat zu stehen hat. Den kolonialen Interessen folgend wird Korea dann 1910 aber doch, wie zuvor auch Taiwan, vollständig von seinem Besatzer annektiert. Die frischgebackenen Kolonialherren gehen rasch ans Werk, das neu ›erworbene‹ Land nach allen Regeln der Kunst auszubeuten, in dem sie Steuern drastisch erhöhen und große Teile der koreanischen Reisernte nach Japan verschiffen. Viele Koreaner werden de facto versklavt und müssen in Minen und Großfabriken unter schlechtesten Bedingungen schuften. In dieser Zeit und den noch düstereren Jahren des Zweiten Weltkriegs bauen viele Japaner ein ausgeprägtes Überlegenheitsgefühl gegenüber denen auf, von denen sie zuvor sämtliche Zivilisationsfortschritte übernommen hatten. Ein Überlegenheitsgefühl, das sich in vielen Japanern noch heute hält und bei Koreanern eine tief verwurzelte Abneigung gegenüber den ehemaligen Besatzern begründet. Schließlich wurden die besetzten Koreaner während dieses Kriegs dazu gezwungen, ihren Beitrag leisten: Männer sollten bzw. mussten aufseiten des Besatzers kämpfen, und bis zu 200.000 koreanische Frauen wurden als sogenannte *ianfu* (Trostfrauen) zur Prostitution in japanischen Armee-Bordellen gezwungen.

Mit der Befreiung Koreas aus japanischer Herrschaft im August 1945 wird für Koreaner in Japan eine wichtige Entscheidung fällig: Wo wollen sie nach Ende der japanischen Kolonialzeit ihr Leben aufbauen? In Japan, wohin viele von ihnen verschleppt worden waren, um in Fabriken Kriegsmaterialien zu fertigen oder in der ethnischen Heimat? Von den knapp 2,5 Millionen Koreanern in Japan zu Ende des Zweiten Weltkriegs entscheidet sich der Großteil für eine Rückkehr auf die Halbinsel.

Etwa 600.000 Menschen bleiben zurück. Diese sind die Vorfahren der meisten heute bereits in der dritten, vierten und fünften Generation in Japan lebenden Korea-Japaner. Diese sehen aus wie Japaner, sprechen fließend Japanisch und nur noch wenige – von denen die meisten koreanische Schulen in Japan besucht haben – sprechen überhaupt noch Koreanisch. Dennoch hält – sobald der ethnische Hintergrund bekannt wird – die Diskriminierung von Koreanern in Japan, befeuert durch den alten Überlegenheitsdünkel und andere teilweise offen geäußerte rassistische Ressentiments, bis heute an. Erschwerend kommt hinzu, dass bei einer großen Zahl gerade auch junger Japaner das historische Wissen und Bewusstsein dank weitgehender Ausklammerung im Schulunterricht nur schwach ausgeprägt ist. Das macht ein Verständnis des Landes, in dessen Gedächtnis die eigene Demütigung durch Japan noch immer stark präsent ist, sehr schwer.

Auch wenn Uchida-*san* kein unverbesserlicher Ewiggestriger oder gar ein Rassist ist, empfindet er doch, wie viele andere Japaner auch, Ablehnung gegenüber den Staatsnachbarn, ohne diese genau begründen zu können. Dies dürfte das Erbe der konfliktreichen Geschichte der beiden Länder sein, die wir uns dank unserer Zeitmaschine abschnittsweise genauer ansehen konnten.

Was können Sie besser machen?

Wie wir in einigen Hundert Wörtern gesehen haben, ist das Verhältnis zwischen Japan und Korea ein nach wie vor sehr gespanntes. Hüten Sie sich daher lieber davor, einer der beiden Parteien von den Vorzügen des jeweils anderen Landes oder seiner Errungenschaften vorzuschwärmen. Auch wenn der Grund für Ihre Begeisterung berechtigt und objektiv nachprüfbar sein mag, ist die Wahrscheinlichkeit, dass Ihr Gegenüber auf diese Schwärmerei mit einstimmt, sehr gering und führt mitunter zu ausgeprägtem Befremden. Am besten verfahren Sie in Diskussionen, die zu keinem Affront der Beteiligten führen sollen, so, wie es die meisten Japaner auch tun, und lassen sich nur zu weichen und vielseitig deutbaren Meinungsäußerungen hinreißen. Oder Sie wechseln lieber gleich sanft lächelnd das Thema. So wie wir jetzt.

16 HERR HOFFMANN GIBT SICH ZWANGLOS

KÖRPERGERÄUSCHE SIND OK – SOLANGE ES DIE RICHTIGEN ZUR RICHTIGEN ZEIT SIND

Unglaublich. Jetzt sieht Herr Hoffmann innerhalb von nur ein paar Minuten Wartezeit schon den dritten Jugendlichen mit einer Flasche Sprudelwasser in der Hand an sich vorbeilaufen. All diese trendigen Typen mit einem Klamottenstilmix, der ihn an seine wilde Zeit Ende der 60er, Anfang der 70er erinnert. Die Zeit, in der er in Hamburg studierte und dort schließlich seine spätere Frau Hannah kennenlernte. Streng genommen war er ja gar nicht so wild, aber seine Klamotten und Koteletten, ja, die hatten es damals in sich ... Die betont gelassen vorbeischlendernden jungen Leute strahlen diese Art von Arroganz aus. Diese, die zu sagen scheint, dass der Träger Moden einfach ignoriert, nur um dann doch genau die Klamotten um den Leib zu hüllen, die man heutzutage eben tragen muss, um dazuzugehören.

Kopfschüttelnd schaut er auf die Uhr: noch zwanzig Minuten bis zum verabredeten Treffen mit Frau Watanabe. Er sollte sich wirklich angewöhnen, auf die Pünktlichkeit des öffentlichen Personennahverkehrs in Tôkyô zu vertrauen. Und zu allem Überfluss meldet sich jetzt auch noch Hunger. Egon Hoffmann prüft mit geschärftem Blick die Umgebung: zwei *Convenience Stores* direkt gegenüber voneinander, eine Pachinko-Spielhalle, ein Suppenladen, eine Mini-Videothek ... Kurz entschlossen tritt er in einen der beiden *konbini*, wo er von jedem im Laden herumlaufenden Mitarbeiter lautstark willkommen geheißen wird. Die gesamte Fensterfront mit dem umfangreichen Zeitschriftenangebot wird von jenen Leuten verschiedenen Alters gesäumt, die die Ruhe besitzen, eine Zeitschrift oder ein Comicheft im Geschäft zu lesen. Komplett durchzulesen, natürlich (Frau Watanabe erklärt ihm später hierzu, dass diese Im-Stehen-Leser *tachiyomi* genannt werden und niemand Anstoß an ihnen nimmt, auch nicht der Ladenbetreiber).

Herr Hoffmann lässt die Augen über das Angebot sorgfältig einzeln abgepackten Obstes wandern, begutachtet das Kekssortiment und überlegt, ob er sich wie der junge Student, der gerade am Tresen steht, eine Fertigspeise aus dem Kühlregal in der Ladenmikrowelle heiß machen lassen sollte. »Quatsch«, murmelt er laut, was die Zeitschriftenleser zusammenzucken lässt, aber sonst für keinerlei weitere Beachtung sorgt. Er verlässt den Mini-Supermarkt und betritt den angrenzenden, kleinen *ramen*-Nudelladen. Im appetitanregenden Essensduft stehend, mustert er die Speisenauslage, die als verblüffend echt aussehendes Kunstharzimitat in einem Schaukasten ausgestellt liegt und zeigt für den Chefkoch auf eine Speise, die nach Spaghetti Bolognese aussieht.

Während der kurzen Wartezeit aufs Essen schaut er sich um: Japaner jeder Altersklasse stehen hier zusammen am Tresen und an Tischen und schlürfen deutlich hörbar die mit den Essstäbchen angehobenen Nudeln aus ihren Suppenschälchen. Schlürfen und Schmatzen aus allen Ecken. »Ah, verstehe ... wie in China also«, erinnert er sich an eine Dokumentation, die er einmal gesehen hatte, und freut sich auf das bewusste Brechen der ihm bekannten Essensbenimmregeln. Wie damals, als er in den Siebzigern erstmals in einem Fast-Food-Restaurant einen Hamburger mit Pommes *ohne* Besteck vertilgte.

Und sobald er seinen Teller dampfender Nudeln mit blutroter Sauce vor sich auf dem Tisch stehen hat, stimmt er begeistert in das ausgeprägt geräuschvolle Vertilgen der Speise ein. Niemand schaut ihn schräg an, und das, obwohl er sich so verwegen und frech fühlt, als sei er an einem Spaziergehsonntag splitternackt durch den rappelvollen Volkspark Flensburgs gehuscht. Das Mahl beendet er wie in der Doku gesehen mit einem entlastenden, in Hinblick auf die Lautstärke kaum unterdrückten Bäuerchen und tätschelt zufrieden seinen frisch gefüllten Bauch. Ein Blick auf die Uhr verrät ihm, dass die Zeit des Treffens mit Frau Watanabe gekommen ist. Ein Blick in die Gesichter der anderen Gäste gibt überdeutlich Aufschluss darüber, dass er die vorherrschenden Essensregeln allzu liberal ausgelegt hat.

KONBINI?

Wenn Japaner versuchen, das englische Wort *Convenience Store* auszusprechen, kommt eben ein Wort wie *konbini* heraus. Hört sich lustig an, ist aber extrem praktisch. Die kleinen Läden finden sich an fast jeder Ecke, sind an jedem Tag des Jahres 24 Stunden geöffnet und erreichen mit einem Sortiment von knapp 3.000 Artikeln durchaus das Format eines kleinen Supermarktes. Doch nicht nur das: *konbinis* sind gleichzeitig Copyshop, Bank, Post, Spedition, Multimedia-Shop, Schnellrestaurant, Ticketservice, Toilette, Fotoladen, Coffee Shop und Reisebüro. Eben alles, was man im täglichen Leben so braucht. Zusammengenommen ergeben die vielen, kleinen *konbinis* eine Verkaufsfläche, die um einiges größer ist als die aller großen Kaufhäuser zusammen.

Was ist diesmal schiefgelaufen?

Gut, dass niemand dabei war, der Herrn Hoffmann kannte. Die Leute im Nudellokal werden zwar später vielleicht noch Freunden und Bekannten von dem ungehobelten Ausländer erzählen, aber ihn mit großer Wahrscheinlichkeit nie wieder treffen müssen. Leider unterlief Herrn Hoffmann der Fehler, vorschnell die japanische mit der chinesischen Esskultur zu verwechseln. Während es in der Volksrepublik tatsächlich als nicht unhöflich angesehen wird, die Qualität des Essens vernehmbar durch ein Rülpsen zu adeln und auch niemand daran Anstoß nimmt, wenn Missliebiges auf den Boden gespuckt wird, ist dies in Japan in der Öffentlichkeit – wie bei uns – zusammen mit Schmatzen und Schlürfen ein nicht hinnehmbares Zeichen schlechten Benehmens. Einzige Ausnahme: *ramen*, *soba* oder *udon*-Nudelsuppen können und sollten geschlürft werden, da sich so der Geschmack der Speise besser auf den Geschmacksknospen entfaltet und die Gefahr, sich an den heißen Nudeln den Gaumen zu verbrennen, verringert werden kann. Spaghetti ist zwar auch eine Nudelspeise, wird aber, wie alle importierten Gerichte, so gegessen, wie im Herkunftsland gewohnt. Also geräuscharm.

Zusammengefasst sind, abgesehen vom Schlürfen japanischer Nudelsuppen, alle anderen Körpergeräusche – seien sie auch noch so dezent – tabu. Auch bei anderen Gelegenheiten, bei denen Körpergeräusche mitunter unvermeidlich erscheinen, sind Japaner sehr bemüht, diese nicht mit ihrer Umwelt zu teilen. Diesem Bemühen tragen Einspielungen von Vogelgezwitscher, überlauter klassischer Musik und Wassergeplätscher auf öffentlichen wie privaten Toiletten Rechnung (Vgl. ›Herr Hoffmann und die Sache mit der Toilette‹).

Was können Sie besser machen?

In einem Land, in dem den Bewohnern sogar die eigenen Körpergeräusche unangenehm und peinlich sind, empfiehlt es sich mit Nachdruck, niemanden mit fremden Körpergeräuschen zu belästigen. Ausnahme: Sie sind Teil einer Gruppe giggelnder, japanischer Schulmädchen, die trotz des Faibles für Niedliches auch einem klangvollen Körperorchester aus Rülpsen und Furzen vergnüglichen Zeitvertreib abgewinnen können sollen.

Der Marktforschungswebsite whatjapanthinks.com zufolge hält sich bei manchen dieses preiswerte Vergnügen an der Körperposaune bis ins höhere Alter. Von 1.000 befragten japanischen Ehemännern gaben 43 Prozent an, die Frau habe sich bereits im ersten Ehejahr durch laute Darmventilation in ihrer Gegenwart vernehmbar gemacht. Zumindest im privaten Rahmen scheint es demnach hin und wieder doch zu wenn nicht erwünschten, so doch menschlichen Missklängen zu kommen. Selbst wenn dies die offizielle Japankniggeliteratur aus verständlichen Gründen verneint.

17 HERR HOFFMANN HAT ETWAS GEGEN TATTOOS

GROSSE REISE MIT UNTER DIE HAUT GEHENDEN PEINLICHKEITEN

Wer für einige Zeit im Ausland unterwegs ist, verbringt dort entweder seinen mehrwöchigen Urlaub oder muss aus geschäftlichen Gründen gehetzten Blickes an all den schönen Dingen des fremden Landes vorbeieilen. Bei Herrn Hoffmann war die Reise zum Partnerchemiekonzern Nakagawa als eine Mischung aus beidem gedacht. Doch hatten die Verpflichtungen bislang eher überwogen und die Eindrücke des fernen Landes erstreckten sich auf nicht viel mehr als Hotels und andere öffentliche Gebäude, die Nutzung von verschiedenen Verkehrsmitteln, Vorträgen mit ungewohnt poppigen Folien und, ja, natürlich das denkwürdige Erlebnis mit den Affen in Nikkô. Trotzdem musste etwas Ordentliches passieren, das war klar. Was sollte er sonst Hannah, den Kindern und den Jungs vom Skat-Stammtisch erzählen?

Kritisch betrachtet er nun das Werk seiner Nassrasur im Badezimmerspiegel und spült die Reste des Schaums mit einer Handvoll des stark gechlorten Leitungswassers herunter. Ein Blick auf die Uhr – 6:43. Noch über eine Stunde bis zum Eintreffen von Herrn

Uchida, der ihm angeboten hatte, ihm an einem verlängerten Wochenende etwas vom Tôkyôter Umland zu zeigen. Noch zu früh zum Frühstücken. Auf das Bett setzen und Fernseher einschalten. Hier sind teilweise Menschen zu sehen, die schon eher den Leuten entsprechen, die er aus den Reportagen über Japan im deutschen Fernsehen kennt. Schrill angezogene, hektisch plappernde Gestalten, über die noch schrillere Schriftzeichen und Soundeffekte eingeblendet werden.

Umschalten. Langsamere Kameraführung, weniger Schnitte, seriöseres Fernsehen. Nur der Kommentator und das ihrer Stimme nach sehr junge weibliche Gegenstück vertonen irgendwie seltsam aufgeregt eine Szene, in der Männer unterschiedlichen Alters in einem gemütlichen Internetcafé sitzen. Umschnitt auf ein Schild vor dem Café mit der Aufschrift ›Manga Square 24h‹. Wieder Umschnitt. Einer der jungen Männer erklärt etwas mit betroffenem Blick. Der Kommentator stimmt tonal in die Betroffenheit mit ein, die Zahl 5.400 und ein *kanji* erscheinen auf dem Schirm, die Kommentatorin sagt mit weinerlicher Stimme etwas, das wie ›Nää‹ klingt und nach dem nächsten Umschnitt sehen wir die Inhaberin der Stimme in einem aprikotfarbenen Kostümchen neben ihrem streng gescheitelten und stark gegelten männlichen Kollegen im Studio.

6:50 Uhr. Zeit, sich ein gemütliches und ausgedehntes Frühstück im japanischen Stil zu gönnen. Neben dem Abendessen die wichtigste Mahlzeit des Tages im Land der aufgehenden Sonne.

Als eben diese Sonne zaghaft hinter den Wolkenkratzern der Landeshauptstadt hervor lugt, tritt der frisch gesättigte Herr Hoffmann vor sein Hotel, wo ihn Herr Uchida bereits mit zwei Regenschirmen erwartet. Auch wenn es knochentrocken ist, nimmt er den gereichten Schirm dankbar nickend entgegen. Man weiß ja nie.

Nach einer weitestgehend schweigend verbrachten Viertelstunde in einem U-Bahn-Zug erreichen die beiden den Bahnhof Tôkyô, wo sie in einen Shinkansen in Richtung Odawara steigen und anschließend nach einer rasanten Fahrt in einen normalen Zug nach Hakone wechseln. Knapp vier Stunden später erreichen sie ihr Ziel, ein Hotel direkt am Ashinoko. Was für ein malerischer Anblick! Das Landeswahrzeichen, der *Fuji-san*, mit 3.776 Metern der höchste Berg des Landes, spiegelt sich im ruhigen Wasser des Ashi-Sees. Nun, genau genommen würde er sich spiegeln, wenn er nicht vollständig in eine dichte Nebelwolke gehüllt wäre, die sich nun auf dem Seewasser hell gegen die dunklen Nadelbäume abzeichnet. Doch davon lässt sich Herr Hoffmann nicht die Laune verderben. Einen Vulkanberg, den man schon so oft auf Fotos gesehen hat, sieht man mit ein bisschen Fantasie auch durch den dichtesten Nebel hindurch. Auf dem Ashinoko, einem der insgesamt fünf Fuji-Seen, fahren vereinzelte Ruder-, Motor- und Tretboote verschiedener Verleihstellen. Alles riecht förmlich nach Erholung. In Herrn Hoffmann weckt dieser Geruch Unternehmungslust.

Nach einem mehrstündigen Marsch am Ufer weiß Herr Hoffmann, dass das im See stehende, millionenfach fotografierte rote Tor des Hakone-Schreins zwar in Wirklichkeit ebenso bezaubernd aussieht, aber die magische Stimmung unter den Heerscharen der Hersteller all dieser Fotos leidet. Herr Uchida dagegen weiß nun, dass die deutsche Vorstellung von einem Spaziergang sich von der japanischen Definition in mindestens zwei Kilometern unterscheidet, auch wenn beide exakt die gleiche Vokabel dafür nutzen. So schlägt er sichtlich ermattet bei der Rückkehr in das Hotel vor, Entspannung in den heißen Quellen des hauseigenen *onsen* zu finden.

»Herrlich«, murmelt Herr Hoffmann, als er nur mit einem kleinen weißen Tüchlein auf seinem Kopf bekleidet in dem heißen Wasser sitzt und die malerische Natur und Ruhe in sich aufsaugt. ›Keiner der vom Beckenrand ins Wasser springt, keine grölenden Jugendlichen im Alkopop-Rausch und kein dröhnender Ghettoblaster.‹

Kaum ist der Satz zu Ende gedacht, umwölkt ein anderes Gebirge die Sicht auf den Nationalberg Fuji. Eines aus Rückenmuskulatur übersät von einer tätowierten, glupschäugigen Dämonenfratze und verschlungenen blauen, grünen und roten Pflanzenmustern. Auch wenn in dem Becken mit vulkanisch erhitztem Wasser sicherlich noch eine Vielzahl anderer Plätze denkbar gewesen wäre, lässt sich dieser kurz geschorene, tätowierte Muskelschrank direkt vor Herrn Hoffmann nieder. Und der in sich selbst zu ruhen scheinende Körperkultfanatiker erweckt nun auch nicht den Anschein, den Platz räumen oder auf Egon Hoffmanns theatralisch und wiederholt vorgetragenes Räuspern auf andere Weise reagieren zu wollen.

OBDACHLOSIGKEIT

Der TV-Bericht, den Herr Hoffmann am frühen Morgen in seinem Hotelzimmer wegen der bestehenden Sprachbarriere nicht wirklich verstanden hat, behandelte den Themenkomplex Obdachlosigkeit und Tagelöhner in Tôkyô. Etwa 6.000 Obdachlose gibt es in der Stadt, 80 Prozent davon sind männlich und die meisten älter als 50 Jahre. Doch einer Untersuchung des japanischen Ministeriums für Gesundheit, Arbeit und Sozialhilfe zufolge, gibt es in Japan eine wachsende Gruppe junger Menschen ohne festen Wohnsitz. Landesweit übernachten mindestens 5.400 Menschen regelmäßig in den Kabinen der durchgängig geöffneten Internetcafés. Über die Hälfte der Netzcafé-Flüchtlinge hält sich mit Minijobs über Wasser, die ihnen bis zu maximal 620 Euro im Monat einbringen – nicht einmal annähernd genug, um sich im teuren Tôkyô ein Apartment leisten zu können. So sind viele gezwungen, sich nach einem harten Tag auf der Baustelle die Nacht in einem Internetcafé für eine Flatrate von rund sechs Euro auf einem leidlich bequemen Ledersessel um die Ohren zu schlagen. Immer noch angenehmer, als eine Schlafstätte in einer U-Bahn-Haltestelle oder in einem der zahlreichen Kartondörfer. In der Flatrate des Netzcafés ›Manga Square‹ sind neben Sessel und Netzzugang Annehmlichkeiten wie abschließbare Kabinen, kostenlose Softdrinks und eine Dusche enthalten. Für wenig Geld können zudem verschiedene Imbisse bestellt werden. Tagelöhner pendeln oft zwischen verschiedenen hierzu umfunktionierten Herbergen, zu denen auch Kapselhotels, Fast-Food-Restaurants und durchgängig geöffnete Saunen gehören. Der Grund für die Obdachlosigkeit – offizielle Schätzungen gehen von bis zu 45.000 Betroffenen aus – sind das Platzen der Seifenblasenwirtschaft der 1980er-Jahre und zuletzt die Wirtschafts- und Sozialreformen des ehemaligen Premiers KOIZUMI Junichirô. In seiner sechsjährigen Amtszeit war die Anzahl derjenigen, die auf Sozialhilfe angewiesen sind, um stattliche 66 Prozent angestiegen. Und die Schere zwischen Arm und Reich klafft auch in Japan immer weiter auseinander: Über 3,6 Millionen Japaner müssen mit weniger als einer Million Yen im Jahr (etwa 7.500 Euro) auskommen. Wo früher lebenslange Anstellung garantiert war, herrscht heutzutage die global übliche Rationalisierung der humanen Ressourcen. Wer kein abgeschlossenes Hochschulstudium vorweisen kann oder als zu alt gilt, hat es schwer – auch nach einer Entlassung – einen Job zu bekommen.

Was ist diesmal schiefgelaufen?

Und dass er nicht reagieren will, ist ein ziemliches Glück für den Deutschen. Denn den tätowierten Herren zeichnet nicht nur seine Vorliebe für ausgedehnte Latissimus-Trainingsrunden und einen ungetrübten Ausblick auf die nahezu unberührte Natur aus, sondern auch die Zahlenkombination 8-9-3.

Dabei steht 8 für *ya*, 9 für *ku* und schließlich 3 für *za*. Yakuza, eine Spielsituation aus dem japanischen Kartenspiel *oicho-kabu*, bei dem das Blatt auf der Hand nichts wert ist. In dem Spiel, das sehr ähnlich zu 17+4 ist, hat der Spieler überreizt, sobald er 20 Augen (also 8+9+3) hat. Dieses ›nichts wert sein‹ wird auch auf den gesellschaftlichen Stand der Mitglieder des japanischen organisierten Verbrechens übertragen, dessen nicht seltene Insignien Ganzkörpertätowierung und mitunter fehlende Fingerglieder Herrn Hoffmann offenbar nicht ganz geläufig sind.

Und dabei sind Yakuza, die von der Polizei offiziell als *bôryokudan* (gewalttätige Gruppe) bezeichnet werden und sich selbst als Mitglieder einer *ninkyô dantai* (ehrenwerte Organisation) sehen, inzwischen sogar, genau wie ihre italienischen und italo-amerikanischen Kollegen, tief in das mehr oder weniger diffuse Allgemeinwissen der westlichen Kulturen eingedrungen und werden ebenso romantisch verklärt.

Ein paar eindrucksvolle Fakten gefällig? Anders als die Jungs der Organisationen Mafia, Cosa Nostra, chinesische Triaden usw. operieren die Yakuza mehr oder weniger offen. In vielen Städten sind die Büros der einzelnen Gruppen durch Holzschilder gekennzeichnet, auf denen das Wappen des jeweiligen Clans abgebildet ist. Die Hauptgeschäftsfelder der mit mehr als 63.200 Mitgliedern weltweit größten, organisierten Verbrechensorganisation, sind die umsatzstarken Standards dieser Berufsgruppe wie Schutzgeldeintreibung, Erpressung, Glücksspiel, Schmuggel, Drogen-, Menschen- und Waffenhandel sowie Prostitution. Daneben finden sich Investments in halblegale und vollständig legale Unternehmen.

Die Sexindustrie, der sogenannte ›Wasserhandel‹, *mizu shôbai*, (mehr dazu in ›Herr Hoffmann ist ein herzlicher Mensch‹) wird mehr oder weniger vollständig von den Yakuza-Familien kontrolliert, die von den nicht direkt verantworteten Betrieben wenigstens Schutzgeldzahlungen erhalten. Das dafür notwendige, weibliche Personal wird nicht nur auf der Straße angeworben, sondern häufig aus Ländern wie China, den Philippinen, Südamerika und Osteuropa unter Versprechungen von ›angesehenen Jobs mit guter Bezahlung in Japan‹ rekrutiert. Dass die Menschenhändler damit etwas anderes meinten, als die jungen Frauen im Sinn hatten, wird vielen erst dann bewusst, wenn sie zur Prostitution gezwungen werden.

Nun fragt man sich mitunter, wie es sein kann, dass diese offensichtlichen Gesetzesbrecher so ungezwungen ihrem Tagewerk nachgehen können. Also, ganz vogelfrei sind diese Herren natürlich nicht. 1992 wurde zum Beispiel ein Gesetz erlassen, welches die Mitgliedschaft in kriminellen Organisationen unter Strafe stellt und tatsächlich zu einem Mitgliederrückgang führte. Nur kann das Gesetz erst greifen, wenn den mutmaßlichen Gangstern auch illegale Machenschaften nachweisen werden können. Und das ist, so seltsam das bei der Bandbreite an offensichtlich kriminellen Aktivitäten erscheinen mag, gar nicht mal so einfach.

Denn hier kommt eine japanische Eigenart zum Tragen, die es den Yakuza sehr einfach macht, aus ihrem Hauptbetätigungsfeld ›Schutzgelderpressung‹ Einnahmen zu erzielen: der Unwille der Geschädigten, sich an die Polizei zu wenden und der tatsächliche Mangel an einer nachweislich strafbaren Handlung. Letzteres dadurch, dass es oftmals ausreicht, wenn Yakuza einem der zu ›schützenden‹ Betriebe nur einen Besuch abstatten. Dort plaudern sie – Versicherungsvertretern nicht unähnlich – über die möglichen Probleme, die bei fehlendem Schutz schnell auftreten können. Auch wenn dies meist ohne Gewalt oder explizite Drohungen geschieht, zahlen die meisten ihre ›Steuer‹. Der Ruf ist den Yakuza schon vorausgeeilt und das reicht, um finstere Entschlossenheit zu demonstrieren.

Doch nicht nur die geschickte Vorgehensweise und die Netzwerke der Yakuza sorgen dafür, dass die Herren mit dem Faible für deutsche Luxuskarossen mit diskret abgedunkelten Scheiben ihrem Tagewerk recht ungestört nachgehen können. Nicht wenige Japaner neigen dazu, Yakuza gesellschaftlich positiver zu bewerten, als sie es sind. Das liegt an mindestens zwei Dingen: Erstens dulden die Gangster keine offen sichtbaren Verbrechen wie Diebstahl. Dieser ist nicht mit dem Ehrenkodex vereinbar und außerdem würden solche Arten von Vergehen nur unnötig Polizisten ins Stadtviertel locken. So wird zumindest an der Oberfläche für Ruhe und Ordnung im Viertel gesorgt – und dies in der Wahrnehmung der Bürger nicht durch die Staatsgewalt. Zweitens hatte das organisierte Verbrechen schon häufig die Gelegenheit, auch in Notsituationen unter Beweis zu stellen, wie hervorragend sie geordnet ist. Nach dem großen Kôbe Erdbeben von 1995 zum Beispiel, verteilten Mitglieder des Yamaguchi-Clans deutlich schneller und effizienter dringend benötigte Hilfsgüter, als es die offiziellen Stellen vermochten. So etwas vergisst der japanische Normalverbraucher natürlich nicht.

Doch wo kommen diese »ehrenwerten Herren« eigentlich her? Wie so oft streiten sich auch hier die Historiker. Als halbwegs gesicherte Tatsache kann angesehen werden, dass im 17. Jahrhundert zu den Vorfahren der heutigen Clans Mitglieder der niedrigen Berufsstände der *tekiya* (Hausierer) und *bakuto* (Glücksspieler) gehörten. Als weitere Vorväter kamen in den Zeiten der Industrialisierung die *gurentai* hinzu. Diese waren angeheuerte Schläger, die Meinungsführer in Gewerkschaften mit Nachdruck zur Änderung ihrer Ansichten ›überredeten‹. In den nachfolgenden Zeiten der japanischen Militarisierung fanden die bezahlten Rowdys in rechten Parteien neue Auftraggeber, denen sie bald als ultranationaler Arm ihre schlagenden Dienste erwiesen.

Die Abstammung der Yakuza aus diesen drei Gruppen erklärt auch das breit aufgefächerte Dienstleistungsspektrum. Die Gründung der großen Clans in ihrer modernen Form und mit ihrer meist streng hierarchischen Organisationsstruktur liegt indes gar nicht so weit zurück: Der Yamaguchi-Clan zum Beispiel, mit mehr als 27.700 offiziellen und assoziierten Mitgliedern einflussreichster und bekanntester Clan unter allen Verbrechensorganisationen, feierte vor ein paar Jahren seinen 100. Geburtstag. YAMAGUCHI Harakichi hatte den Trupp 1915 gegründet und ihm nicht nur seinen Namen mitgegeben, sondern vom Yamaguchi-gumi Stammsitz in Kôbe auch zehn Jahre lang als *oyabun* geleitet, bis er von seinem Sohn beerbt wurde.

Die Yakuza verbindet im Allgemeinen, dass sie sich der Uniformität der japanischen Gesellschaft entziehen. Dazu gehört auch der auffällige Körperschmuck in Form großflächiger Tätowierungen, *irezumi* genannt. Diese werden meist von Künstlern in sehr mühsamer und für den Tätowierten sehr schmerzhaften, langen Sitzungen ohne Einsatz einer modernen Tätowiermaschine unter die Haut gebracht. Während Tattoos früher untrennbar mit dem organisierten Verbrechen verbunden waren, sind sie inzwischen allerdings auch bei jüngeren Japanern in Mode.

Was aber sicherlich noch eine Weile bis zur Massentauglichkeit brauchen wird, ist eine andere Art der *Body Modification*, die einsitzende Yakuza praktizieren. Bei der *Pearling* genannten Prozedur schieben sich einige der Häftlinge für jedes abgesessene Jahr eine perlengroße Kugel mit einem Röhrchen unter die eingeritzte Haut des Penis. Die eingeritzte Haut wird vernäht, bietet dank der mangelnden hygienischen Bedingungen viele Möglichkeiten der Infektion und dem Träger des Körperschmucks ein imposantes Knastsouvenir.

Was können Sie besser machen?

Diesmal ist Herr Hoffmann nicht nur um eine peinliche, sondern vielleicht sogar um eine schmerzhafte Erfahrung herumgekommen. Wie so häufig gilt es, sorgfältig abzuwägen, ob ein Ärgernis des Aufhebens wert ist. Besonders, wenn ihr Gegenüber heftig tätowiert ist, ihm Fingerkuppen fehlen und seinen Intimbereich pockenartige Unterhautkugeln schmücken. Genau die Art Umgang also, die der Durchschnittsdeutsche im Allgemeinen auch eher zu meiden versucht.

Ebenfalls zu vermeiden ist, ein Mitglied einer *bôryokudan* als Yakuza anzusprechen. Erinnern Sie sich daran, dass es sich um ein Schimpfwort handelt, das zwar die Verbrecher auch untereinander nutzen, aber nicht von *Ihnen* benutzt werden sollte. Schließlich betiteln Sie Ihren Gesprächspartner damit als extrem wertloses Subjekt.

Wer dies berücksichtigt, hat als normaler Japanbesucher ohne kriminelle Ambitionen eigentlich keine Gefahr zu befürchten. Die Anzahl der Yakuza-Mitglieder ging in den letzten Jahren stark zurück – bei der vorgenannten Yamaguchi-Gruppe allein zwischen 2017 und 2018 um 3.300 Mitglieder. Bei den Verbrechern gilt der Kodex, dass Zivilisten nicht verletzt werden sollen. Dies geschieht allenfalls durch Querschläger bei Schießereien. Aber mal ernsthaft: Die Wahrscheinlichkeit, dass Sie bei Ihrem Japanbesuch ausgerechnet in einen Schusswechsel zwischen zwei rivalisierenden Gangs geraten, ist eher gering ...

18 HERR HOFFMANN FREUT SICH ÜBER KOMPLIMENTE

DIE HOHE KUNST DER GEPFLEGTEN BESCHEIDENHEIT

Irgendwann kommt im Leben eines Japanreisenden ein Punkt, an dem er sich ganz besonders erhaben fühlen kann. So auch bei Egon Hoffmann – und das auch noch mehrfach an einem Tag.

Der erste Moment dieser Art ereignet sich, als der Deutsche am frühen Morgen aus seiner Unterkunft in Hakone tritt und den imposanten Fuji vollkommen frei von Wolken sieht. Wunderschön, wie sich der Vulkan gegen den eisblauen Himmel abhebt und dabei noch im Ashi-See spiegelt.

»Da muss ich unbedingt noch rauf«, sagt er laut zu sich selbst und bemerkt erst jetzt eine Gruppe älterer Damen, die sich irritiert zu ihm umdreht. Er tut es ihnen gleich, schaut ebenfalls nach hinten und schüttelt empört den Kopf über die nun verschwundene Phantomgestalt, die hier die frühmorgendliche Ruhe stört.

GIPFELSTÜRMER

Mit dem Wunsch, den Gipfel des Fuji zu besteigen, ist Herr Hoffmann bei Weitem nicht alleine: 200.000 bis 400.000 Menschen finden sich jährlich auf der Spitze des symmetrischen Vulkankegels ein, die meisten davon in der populärsten Zeit zwischen dem 1. Juli und dem 27. August. Um den Sonnenaufgang über dem Pazifik zu bewundern, brechen viele der Wanderer gegen 2 Uhr morgens von einer der in über 3.000 Meter Höhe gelegenen Hütten zum Gipfel auf. Dabei riskieren manche Wanderer nicht nur ihre Gesundheit, indem sie z.B. mit der falschen Kleidung in die Höhen kraxeln oder mit dem Mountainbike umherstrampeln, sondern auch den Berg selbst. Aufgrund des hohen Besucherandrangs müssen manche Wege durch Befestigungen gestützt werden, damit das Geröll unter den Tausenden von Füßen nicht abgetragen wird. Zum Besteigen des Bergs, den wir Deutschen früher auch gern aufgrund einer falschen Lesung des entsprechenden Kanji »Fudschijama« nannten, sagt ein japanisches Sprichwort: ›Einmal auf den Fuji zu steigen, ist weise. Wer es zweimal tut, ist ein Dummkopf.‹

Der zweite Glücksmoment streift Herrn Hoffmann nur wenige Stunden später. Er sitzt mit seinem Reisebegleiter Herrn Uchida in einem kleinen Lokal und beginnt gerade die ersten Nudeln mit den Essstäbchen aus seinem *shôyu ramen* zu ziehen. Herr Uchida hat, wie gewohnt, eine taubengraue Krawatte an, die heute als Motiv einen offenbar gestrandeten, vogelumringten Wal zeigt. Bevor er noch ›das arme Tier‹ denken kann, nickt ihm sein Gegenüber so heftig zu, dass er sich vor Schreck leicht verschluckt.

»Sie essen sehr, sehr gut mit den Stäbchen, Hofuman-*san*!«, freut sich der Krawattenträger in gebrochenem Englisch und hängt auf Japanisch noch ein *»umai desu ne!«* dran. (*Umai* bedeutet in diesem Zusammenhang, dass jemand geschickt in etwas ist oder etwas perfekt beherrscht. Synonym kann auch das Adjektiv *jouzu* genutzt werden.)

Herr Hoffmann lächelt, streicht sich mit der freien Hand über sein Kinn und zuckt mit den Schultern: »Na ja, Übung macht den Meister«, er lacht sichtlich amüsiert auf. »Und ein solcher scheine ich ja inzwischen zu sein.«

Glücklich darüber, dass sich das heimliche Stäbchenessen-Training der letzten Tage im Hotelzimmer nun auszahlt, widmet sich Herr Hoffmann dem kleinen Ei-Stück, das in der klaren Brühe seines *ramen* schwimmt.

Was ist diesmal schiefgelaufen?

Herr Hoffmann ist einem der Standards, mit denen Japaner Besuchern des Landes das Leben versüßen wollen, auf den Leim gegangen: dem höflichen Kompliment. Wenn wie hier die Essbefähigung oder nach einer ›*konnichi wa*‹-Begrüßung das tolle Japanisch hervorgehoben wird, geht es in den seltensten Fällen tatsächlich um eine außergewöhnliche Leistung, die es mit Komplimenten zu würdigen gilt, sondern um die Pflege der Harmonie. Dadurch, dass Herr Hoffmann sich nicht gerade in Understatement übte, stieß er Herrn Uchida allerdings rüde vor den Kopf.

Denn wie sagt das japanische Sprichwort: ›Bescheidenheit ist der Anfang echter Höflichkeit.‹

Was können Sie besser machen?

Egal, wofür Sie gelobt werden oder wie erwähnenswert die hervorgehobene Kunstfertigkeit ist: Fühlen Sie sich nicht veralbert, sondern freuen Sie sich über die nette Geste, winken dann aber bescheiden ab und erklären, dass Sie noch lange nicht gut in der gelobten Tätigkeit oder Eigenschaft seien – selbst, wenn Sie *tatsächlich* ein unschlagbarer Meister darin sein sollten. Zum späteren Zeitpunkt können Sie zum Ausgleich noch eine Eigenschaft des Gegenübers, etwas in seinem Besitz, die Schönheit der japanischen Natur oder einfach die bezaubernde Kultur mit einem Kompliment würdigen.

Diese Höflichkeitsfloskeln benutzen Japaner natürlich nicht nur Landesbesuchern gegenüber, sondern auch untereinander. Ex-Japanlink-Praktikantin Yukiko erzählte einmal von einem japanischen Fernsehfilm, in dem man die Auswüchse dieses Kompliment- und Bescheidenheitsgeflechts gut nachverfolgen konnte: Ein Mann geht zu einem Klassentreffen und nimmt seine Frau zu der Veranstaltung mit. Die Mitschüler loben, wie in solchen Situationen in Japan üblich, dass die Gattin sehr hübsch sei. Und er erwidert darauf: »Nein, sie ist nicht so schön.«

Wo nun jede deutsche Ehefrau entweder sofort »Na, Dankeschön!« erwidern oder sich beleidigt ihren Gegenschlag für später aufheben würde, wirkte die Frau in dem Film zufrieden und sah sehr glücklich drein.

Zur Wahrung Ihres Beziehungsfriedens weihen Sie daher besser Ihren Partner vorher in diese zwischenmenschliche Besonderheit ein, wenn Sie auf Japanisch bescheidene Art einem wie auch immer gearteten Kompliment höflich zu widersprechen beabsichtigen.

19 HERR HOFFMANN FÄHRT TAXI

ORIENTIERUNGSLOS IM GROSSSTADT-DSCHUNGEL

Mit Schweißperlen auf der Stirn starrt Herr Hoffmann auf die Uhr. Dann auf das Taxameter. Dann aus dem Fenster. Der Taxifahrer steht noch immer zusammen mit einem Polizisten in der kleinen Polizeistation und ist anscheinend in eine langwierige Diskussion verstrickt. Immer wieder beugen sich beide über eine große, über den Tisch ausgebreitete Karte. Abwechselnd zeigt der Polizist auf die Karte, dann wieder aus dem Fenster. Dann nicken beide, sehen wieder auf die Karte und das Spiel geht von vorne los.

Herr Hoffmann schüttelt ärgerlich den Kopf. Was macht der Taxifahrer nur so lange da drin? Es geht schließlich nicht darum, einen bemannten Flug zum Mars zu koordinieren – die beiden sollen doch nur die richtige Adresse finden. Und überhaupt – wieso kennt der Taxifahrer die Adresse nicht? Herr Hoffmann sieht wieder auf die Uhr. Kurz vor zwölf. Er wird zu spät zu dem Treffen mit Frau Watanabe und Herrn Morita kommen.

Dabei hatte alles so gut angefangen. Die Bahn war pünktlich und er sogar eine halbe Stunde zu früh am Bahnhof Shinjuku angekommen. Ab dann war alles schiefgelaufen ... Irgendwie hatte Herr Hoffmann einen falschen Ausgang erwischt. Denn eigentlich kannte er das kleine Nudelrestaurant, in dem sie sich treffen wollten – er war vorher schon einmal mit Frau Watanabe dort gewesen. Doch auf einmal stand Herr Hoffmann orientierungslos in einem Gewirr aus Geschäften, Imbissstuben, Pachinko-Läden und jeder Menge Menschen.

»Ähm, excuse me, can you help me?« Herr Hoffmann kramte sein Englisch zusammen und den Zettel mit der Adresse, die Frau Watanabe ihm in *kanji* aufgeschrieben hatte, hervor.

Der so angehaltene Japaner mittleren Alters schaute erst ein wenig erschrocken, schien dann aber nach Betrachtung des verzweifelten Gesichts dieses *gaijin* davon überzeugt, dass hier keine Gefahr drohte. Nachdem er den Zettel mit der Adresse etwa 30 Sekunden lang eingehend studiert hatte, zeigte er zielsicher nach rechts, sagte ein paar Worte, die Herr Hoffmann natürlich nicht verstand, nickte bekräftigend und lächelte freundlich.

Erleichtert schlug Herr Hoffmann die neue Richtung ein. Allerdings kam ihm nun erst recht gar nichts mehr bekannt vor. Zur Sicherheit hielt er gleich noch mal jemanden an, um nach dem Weg zu fragen – diesmal eine junge Frau um die 20. Sie trug einen Schirm, obwohl es nicht regnete, aber Herr Hoffmann war nicht in der Stimmung, sich darüber Gedanken zu machen. Auch sie sah sich die Adresse ganz genau an und zeigte dann lächelnd in genau die Richtung, aus der er gerade gekommen war. Noch bevor er protestieren konnte, war sie auch schon in der Menge verschwunden. Nur ihr Schirm wippte noch fröhlich auf und ab. (Falls Sie sehr wohl in der Stimmung sind, sich über den Umstand Gedanken zu machen, warum die junge Dame einen Schirm trägt: Vermutlich wollte sie eine übermäßige Sonnenbräune verhindern. In Japan gilt für viele Menschen eine helle, blasse Haut als besonderes Schönheitsideal. Es gibt sogar spezielle bleichende Cremes, die den Teint heller werden lassen. Herr Hoffmann liegt also mit seiner fahlen Büroblässe voll im Trend.)

Nachdem Herr Hoffmann noch zwei weitere Male in verschiedene Himmelsrichtungen geschickt wurde – natürlich erfolglos – gab er schließlich auf und stieg in ein Taxi. Der Taxifahrer fuhr rasant und zielsicher an, nur um 200 Meter weiter vor der Polizeistation zu halten und nach dem Weg zu fragen.

Dort stehen sie nun noch immer – Polizist und Taxifahrer, Herr Hoffmann kann sie gut durch das große Fenster beobachten. Wie lange dauert das denn noch? Und dann ist auch noch der Beifahrersitz so schrecklich weit nach vorne gestellt, da bleibt ja kaum Platz für die Beine.

Plötzlich kommt Bewegung in die Szenerie. Beide Männer tippen nun mehrfach auf die Karte. Kurze Zeit darauf sitzt der Taxifahrer wieder hinter dem Steuer und lächelt seinen Fahrgast aufmunternd an. Das Taxi biegt zweimal um die Ecke, und da ist es, das kleine Nudelrestaurant. Frau Watanabe steht schon davor und wartet auf ihn.

Schnell springt Herr Hoffmann aus dem Taxi, überhört dabei den dumpfen Schmerzenslaut, den der Taxifahrer dabei aus irgendeinem Grund von sich gibt, und winkt heftig. »Hallo, Frau Watanabe! Hier bin ich!«, ruft er laut über die Straße.

Was ist diesmal schiefgelaufen?

So einiges. Frau Watanabe hat Herrn Hoffmann zwar gewohnt freundlich begrüßt, nachdem er kurz darauf neben ihr stand, ihr war die ganze Sache aber doch ein wenig peinlich. Dieses laute Zurufen mitten auf der Straße ...

Auch der Taxifahrer ist verstimmt. Diesmal hat Herr Hoffmann zwar daran gedacht, kein Trinkgeld zu geben, dafür muss sich der Fahrer seinetwegen nun das schmerzende Knie reiben. Hat doch dieser *gaijin* einfach die Taxitür selber geöffnet. In Japan ist das Sache des Fahrers. Mithilfe eines Hebels kann er die Türen öffnen und wieder schließen – was unter Umständen dazu führt, dass Japaner auf Deutschlandreise eine Spur ungehaltener Taxifahrer hinter sich herziehen, weil sie beim Aussteigen einfach die Türen offen stehen lassen. Herr Hoffmann dagegen hat die Tür selber geöffnet und damit dem Fahrer den Hebel zum Öffnen gegen das Knie geschlagen. Und dann ist dieser unmögliche Mensch auch noch vorne eingestiegen. Dabei war der Beifahrersitz doch extra nach vorne geschoben, damit der Fahrgast hinten ausreichend Beinfreiheit hat. Der Taxifahrer zupft leicht verwundert seine blütenweißen Handschuhe zurecht und macht sich für den nächsten Fahrgast bereit.

Nur beim Verlaufen – da trifft unseren Asienreisenden keine Schuld. Am Bahnhof Shinjuku, dem verkehrsreichsten Bahnhof der ganzen Welt, kann man schon mal aus Versehen den falschen Ausgang nehmen. Hier laufen rund ein Dutzend Bahnlinien zusammen. Jeden Tag strömen 3,4 Millionen Passagiere (zum Vergleich: ganz Deutschland kommt gerade mal auf eine Million Bahnreisende pro Tag) durch den Bahnhof, dessen Tunnel, Passagen und Einkaufsstraßen sich in einem Geflecht von fünf Stockwerken in den Erdboden eingraben. Nein, hier kann man Herrn Hoffmann keinen Vorwurf machen, dass er falsch abgebogen ist. Und ab da war er zwangsläufig verloren ...

Eine bestimmte Adresse in Japan zu suchen hat in etwa denselben Schwierigkeitsgrad wie das Lösen eines buddhistischen *kôan*-Rätsels. Das Problem: Die meisten Straßen haben keine Namen. Und die Häuser haben zwar Nummern, aber diese sind nicht etwa fortlaufend angebracht – das wäre schließlich viel zu einfach. Stattdessen beziehen sich die Nummern auf das Alter des Hauses. Das Haus mit der Nummer Eins kann sich daher kilometerweit von Hausnummer Zwei befinden, während Nummer Drei in einer ganz anderen Richtung liegt. Und das ist noch nicht alles: Befinden sich auf einem Grundstück mehrere Häuser, was in Tôkyô die Regel ist, tragen diese alle dieselbe Nummer. Kein Wunder also, dass unser Taxifahrer Hilfe bei der Polizei gesucht hat. Die vielen kleinen Polizeistationen, die über ganz Tôkyô verteilt sind, haben nämlich etwas Wertvolles zu bieten: ein Verzeichnis aller Wohn- und Geschäftshäuser in ihrem Bezirk. Und sie helfen gerne – das sind sie schon gewohnt. Kein Wunder daher, dass japanische Navigationsgeräte ihre westlichen Brüder weit in den Schatten stellen und eine detaillierte 3-D-Ansicht der Gebäude zeigen.

Nur: Warum haben verschiedene Passanten den armen Herrn Hoffmann wiederholt in die falsche Richtung geschickt? Ein rüder Spaß mit dem hilflosen Ausländer? Nein, nein, nur wollte keiner der Angesprochenen sich die Blöße geben, ortsunkundig zu erscheinen. Daher gilt nicht selten die Devise: lieber den falschen Weg, als gar keinen zeigen.

Was können Sie besser machen?

Nehmen Sie immer einen Stadtplan oder eine Wegbeschreibung mit. Oder noch besser: Buchen Sie ein Hotel in der Nähe eines Bahnhofs oder einer bekannten Sehenswürdigkeit. Den Weg wissen die meisten Taxifahrer. Falls Sie sich zu Fuß verlaufen haben, halten Sie Ausschau nach öffentlichen Stadtplänen, die oft den Weg durch einen Häuserblock zeigen. Aber Vorsicht: Die Pläne sind nicht nach Norden, sondern nach der aktuellen Blickrichtung ausgerichtet. Falls Sie doch Taxi fahren, steigen Sie hinten ein und lassen Sie den Fahrer die Tür öffnen und schließen. Die freien Taxis erkennt man übrigens an der rot leuchtenden Schrift in der Windschutzscheibe. Grüne Schrift dagegen bedeutet: Das Taxi ist schon besetzt. Falls Sie unter einer Rot-Grün-Schwäche leiden ... ach, Sie werden schon merken, ob der Taxifahrer anhält oder nicht.

Und widerstehen Sie dem Drang, einem Bekannten auf der Straße etwas zuzurufen. Sie mögen es ja mitteilenswert finden, dass Sie gerade aus einem Laden kommen, in dem ausschließlich rosafarbene Dirndl verkauft werden, aber Ihr Bekannter wird es Ihnen danken, wenn Sie ihn statt eines lauten Rufes einfach einholen und ansprechen – und zwar ohne ihm vorher auf die Schulter zu tippen.

20 HERR HOFFMANN TRÄGT SEIN SAKKO OFFEN

LUFTIGE KLUFT ALS AUFREGER

Gottverdammte Hitze. 29 Grad Celsius zeigt das Thermometer und in der vergangenen Nacht war es auch nur knapp fünf Grad kühler geworden. Und das im Frühjahr! Viele Japaner scheinen absolut hitzeunempfindlich zu sein. Herr Hoffmann ist es nicht. Besonders dann nicht, wenn er an einem Tag wie heute in Anzug, Hemd und Krawatte zu einer Tagung seiner japanischen Chemikerkollegen unterwegs ist.

Noch gut 30 Minuten bis zum ersten Symposium und nur noch etwa zwei Blocks bis zum Kongresszentrum. Herr Hoffmann schwitzt, als säße er mit voller Skimontur und mit einer Tasse heißer Brühe in den Händen in einer finnischen Sauna. Die Krawatte schnürt um seinen Hals wie ein muckelig-warmer Kaschmirschal und scheint von Minute zu Minuten enger zu werden. Soll er sich noch schnell ein Eis zur Erfrischung holen oder reicht dafür die Zeit nicht mehr? Herr Hoffmann hatte schon in den Tagen zuvor gesehen, dass die Vielfalt an Kugeleis, in Abgrenzung zu Softeis und in Ehren seiner Erfinder ›Gelato‹ genannt, in Japan groß ist. Das Eismuseum in Tôkyô kwnnt nicht weniger als 300 Sorten, mit denen

Japaner Schleckgenüsse auch abseits hiesiger Standards wie Vanille, Schoko und Erdbeere befriedigen. Zu den Sorten, die bei uns mit großer Sicherheit niemals in Eishörnchen finden, gehören herzhafte Angebote wie Shrimps-, Pferdefleisch- und Bandnudelsuppeneis.

Doch ein Blick auf die Uhr zerstört die aufwallenden Erfrischungsträume. Zu spät, das Treffen ist schon in fünf Minuten. Und jetzt durchquert er auch noch den Abwärmeluftstrom einer Klimaanlage, ist umgeben von gefühlt 60 Grad warmer, muffiger Großraumbüroluft.

Jetzt reicht's! Auch wenn Herr Hoffmann nur noch 30 Schritte von seinem Ziel entfernt ist, lockert er den Krawattenknoten, zieht den Binder herunter und öffnet mit hastigen Griffen die obersten zwei Knöpfe seines Hemdes. Warme Luft trifft auf etwas weniger warme Luft. Der Wärmeaustausch auf seiner entblößten Haut lässt fast ein Mikroklima entstehen. Wäre Egon Hoffmann ein Riese, entstünde in Sekundenbruchteilen ein Tornado, gewiss. Eine hinreichend starke, vertikale Temperaturabnahme von Kopf bis Fuß und ausgeprägtes Feuchteangebot gibt es schon einmal, und für einen Augenblick glaubt Herr Hoffmann sogar, kleine Kumuluswolken aus seinem Hemdausschnitt aufsteigen zu sehen.

Doch beim Betreten des Tagungszentrums erscheint ihm der Empfang auf einmal fast ein wenig frostig. Die anderen Kongressteilnehmer haben ihre Krawattenknoten noch akkurat geschlossen. Ein Mann mit weißem Haar – seinem großen Namensschild nach ein ›Herr Noda‹ – blickt immer wieder zu ihm herüber. Und Frau Watanabe, die auf ihn zugeeilt kommt, scheint ein wenig verlegen zu sein. Was ist nur los?

Was ist diesmal schiefgelaufen?

2.980 Yen, also nicht einmal 23 Euro, hätte Herr Hoffmann investieren müssen, um diesen Fauxpas zu vermeiden. Für das Geld hätte er eine Krawatte mit einem eingebauten Miniventilator kaufen können, der über ein USB-Kabel an einem externen Akkupack mit dem nötigen Strom für die kühlende Drehung hätte versorgt werden können.

Was sich zunächst wie ein Produkt für Leute anhört, die essbare Unterwäsche als gleichermaßen erotisch wie praktisch empfinden, ist bei näherem Hinsehen im erzkonservativen Businessumfeld eine soziokulturelle Besonderheit Japans: Ganz gleich, wie heiß es ist, die Krawatte wird in der Regel weder gelockert noch abgelegt. Die Kombination aus dunklem Anzug, weißem Hemd und dezenter, dunkler Krawatte ist eine Uniform, die nahezu jeder japanische Büroangestellte zu tragen hat. Es sei denn, er sitzt in einem hippen Unternehmen. Doch wollen wir uns hier lieber mit der Regel als mit der Ausnahme beschäftigen.

Durch Verzicht auf die Krawatte hat sich Herr Hoffmann als Mitarbeiter eines international agierenden Chemieunternehmens über die japanische Gruppenkonformität hinweggesetzt – ein Affront für alle, die an den in unseren Augen rigiden und ultrakonservativen Kleidungskodex gebunden sind. Wer den vorherrschenden Stil ignoriert, gilt schnell als unhöflich, wenigstens aber als unprofessionell und amateurhaft.

Seitdem das Erdbeben und der darauffolgende Tsunami im März 2011 weite Teile des Landes zerstört haben, ist die Kleiderordnung zumindest offiziell gelockert. Bis dahin waren sowohl in Büros, Kaufhäusern, öffentlichen Gebäuden oder U-Bahnen die Klimaanlagen so massiv aufgedreht, dass man diese im Anzug samt Krawatte durchstreifen konnte, ohne auch nur einen Tropfen Schweiß zu vergießen. Im Sommer 2011 wurde die Klimatisierung stark heruntergefahren, weil ganz einfach Strom gespart werden musste. Mehr als die Hälfte der japanischen Kernkraftwerke lag still.

Aus diesem Grund kühlten die Klimaanlagen die Räume nur noch auf anzugungeeignete 28 Grad herunter. Die Regierung reagierte prompt und rief die Zeit des ›*Super Cool Biz*‹ aus: Wer will, darf auch im kurzärmeligen Hemd ins Büro kommen. Das Umweltministerium brachte zu diesem Zweck sogar eine eigene Modenschau mit Vorschlägen für den lässig-kühlen Look heraus. Zu sehen waren T-Shirts und Khakihosen für die Damen, Hawaiihemden, Poloshirts, Sneaker und sogar Dreiviertelhosen für die Herren.

›*Super Cool Biz*‹ war die Fortsetzung des ›*Cool Biz*‹, der bereits 2005 eingeführt wurde und die Kleiderordnung jedes Jahr von Mai bis Oktober lockerte. Während ›*Cool Biz*‹ im ersten Jahr noch sehr verhaltenen Anklang fand, steigerte sich die Zahl der Unternehmen, bei denen die Angestellten tatsächlich im Sommer legerer gekleidet zur Arbeit kommen durften, Jahr für Jahr und lag schließlich bei über 50 Prozent. Immerhin. Allerdings bleiben damit noch immer eine Menge Unternehmen mit Fettnäpfchenpotential übrig. Es bleibt abzuwarten, ob der ›*Super Cool Biz*‹ flächendeckender akzeptiert wird.

Was können Sie besser machen?

Wenn Sie geschäftlich unterwegs sind, vermeiden Sie allzu moderne oder legere Kleidung. Je unaufgeregter und auffallend, desto besser. Dazu gehört auch der Verzicht auf gelbe Krawatten oder Hemden. Während diese in unseren Breitengraden mit Unverbesserlichen (= Gelb durch vermeintlich jugendlichen und ›flippigen‹ Tweetydruck auf breiter Krawatte) oder hoffnungslosen Fashionvictims assoziiert werden, steht die Farbe Gelb in Japan für Unglück – ein denkbar schlechter Einstieg in Geschäftsverhandlungen.

Im Zweifelsfall liegen Sie immer dann richtig, wenn Sie sich nach den anderen richten. Falls die Angestellten des Unternehmens, mit dem Sie zu tun haben, den ›*Super Cool Biz*‹ links liegen lassen, sollten Sie nicht unbedingt auf ihrem von der Regierung gewährten Recht auf ein Hawaiihemd bestehen.

Der konservative Dresscode gilt natürlich vor allen Dingen für Großkonzerne, traditionelle Unternehmen und das Versicherungs- und Finanzwesen. In Branchen wie Tourismus oder Journalismus kann sich ruhig auch mal etwas Farbe in den Dresscode mischen. Der Chef wird auch sicherlich keinen Schlaganfall erleiden, wenn seine weiblichen Angestellten Strumpfhosen in einer anderen denn in Hautfarbe tragen. Komplett unproblematisch sind die neuen Medien und Verlage. Da können Sie rumlaufen, wie es ihnen in den Kram passt. Farblich zurückhaltende Kleidung punktet übrigens noch nicht allzu lange. Noch in der Edo-Zeit (1603–1868) kennzeichneten schicke, wenig farbige und elegante Gewänder Kurtisanen. Die breite Masse begeisterte sich indes für schreiend bunte und günstig herzustellende Textilien.

21 HERR HOFFMANN EMPFINDET BERUFLICHES VERGNÜGEN

SPASS UND ARBEIT GEHEN NICHT ZUSAMMEN

Als Egon Hoffmann seinen Vortrag über ›*Erhalt tricyclischer Ketole durch Kondensation von y-bzw. ß-Pyridinaldehyd durch Nutzung von Cyclohexanon*‹ mit dem 162. Chart allmählich in Richtung Abschluss lenkt, spürt er, wie langsam wieder Leben in seine Zuhörer kommt. Manche mögen froh sein, den staubtrockenen Powerpoint-Marathon mit erbarmungslos text- und formelstrotzenden Einzelseiten endlich hinter sich zu bringen. Anderen – und hier gerade den Zweiflern – ist dieser hochwissenschaftliche und zum Patent angemeldete Berg Arbeit Beweis dafür, dass Herr Hoffmann doch ein typischer, fleißiger Deutscher ist. So ist nun sein etwas unglücklicher Auftritt vor ein paar Stunden, der auch den Glauben an seine fachliche Kompetenz erschütterte und durch den er die durch seinen ersten Vortrag vor ein paar Tagen gewonnene Glaubwürdigkeit fast verspielte, rasch vergessen. Oder wenigstens verdrängt.

Herr Hoffmann bedankt sich mit einem höflichen ›*dômo arrigato gosaimasu*‹ – einem der wenigen japanischen Sätze, die er sich aus dem Reiseführer merken konnte – und verlässt mit einer leichten

Verneigung und unter Applaus das Rednerpult. Zurück an seinem Platz lächeln ihn seine Sitznachbarn Herr Hashimoto und Frau Watanabe zufrieden an. Herr Hashimoto gibt seine Anerkennung über die gelungene Feldforschung durch einen gebrummten Laut, begleitet von einer angedeuteten Verbeugung mit dem Kopf, preis. In den Augen von Frau Watanabe, seiner gefühlten Anstandsdame während des Japanbesuchs, glaubt er sogar ein fröhliches Leuchten zu sehen.

»*This very interesting. I did not know that … and your Japanese is very good. Almost no accent*«, lobt Hashimoto Daisuke auf Englisch, getrübt durch einen seinerseits sehr ausgeprägten Akzent: »*Must been very hard preparation. Professional work!*«

»*Ach*«, winkt der Chemiker ab, um mit breitem, deutschem Akzent fortzufahren, »*this is overhead not true. Work was not so hard. I like it so much, that it was fun to make it. Very, very much fun indeed. That's when work is best, you know?*«

Aus den Gesichtern seiner direkten Nachbarn ist abzulesen, dass er offenbar etwas Seltsames, beinahe schon Unanständiges gesagt hat. Und als auch Herr Noda, der eine Reihe dahinter offenbar der Unterhaltung gefolgt war, begleitet von einem kurzen Grunzlaut aufsteht und den Raum verlässt, ist sich Hoffmann sicher, dass er mit seiner Aussage einen empfindlichen Nerv getroffen hat. Nur welchen? Und womit genau?

Was ist diesmal schiefgelaufen?

In kaum einem anderen Land der Welt gilt so trennscharf wie in Japan: erst die Arbeit, dann das Vergnügen. Die Verbindlichkeit gilt dem Arbeitgeber und dem Arbeitsumfeld, welches so leidenschaftlich und voller Einsatz beackert wird, dass gleichzeitig kein Raum für so etwas Profanes wie Spaß bleibt. Wer Vergnügen hat, der verfolgt seine beruflichen Anstrengungen nicht mit der nötigen Ernsthaftigkeit.

Das soll nicht bedeuten, dass mit Betreten des Büros die emotionale Eiszeit beginnt: Ab dem Zeitpunkt, ab dem man innerhalb einer Firma arbeitet, gehört man zum inneren Kreis *(uchi)*. Fortan kann es durchaus familiär werden und alle Zweckverwandten gehen miteinander respektvoll um, treiben Scherze und helfen sich gegenseitig bei Problemen. Die Aufopferungsbereitschaft für und die Identifikation mit dem Arbeitgeber ist dabei sehr ausgeprägt. Einer interessanten Umfrage zu Folge würden 90 Prozent der japanischen Angestellten ihre Firma nicht einmal dann behördlich anzeigen, wenn sie herausbekämen, dass ihr Brötchengeber in dunkle Geschäfte verstrickt ist.

Arbeit bleibt dabei aber immer noch Arbeit und damit anstrengend, selbst wenn man das Tagespensum längst geschafft hat und nur noch Arbeitseifer vortäuschend am Platz verharrt. Denn man verlässt nicht vor dem Vorgesetzten das Büro – egal wie spät es ist. Wer nicht auf diese Weise Zeit mit seinen Kollegen absitzt, kommt mitunter in den verbindlichen Genuss einer Trinkgesellschaft *(nomikai)*. Sie erinnern sich vielleicht noch: In ›Herr Hoffmann schenkt sich nach‹ hat unser Landesreisender eine solche alkoholgeschwängerte Zusammenkunft erlebt.

Dass Spaß und Arbeit sehr weit auseinanderliegen, konnten Westler, die in Japan Geschäfte machen wollten, schon tausendfach erleben. Japaner gelten als harte und unflexible Verhandlungspartner und das nicht nur wegen der an anderer Stelle beschriebenen Missverständnisse in Hinblick auf indirekte Absagen (Vgl. ›Herr Hoffmann ist ein Macher‹). Vielmehr gilt es als schwer, einen Kompromiss auszuhandeln. ›Win-Win‹ gibt es nicht, dafür aber eine Unterscheidung nach *kachi-gumi* und *make-gumi*: die Gruppen der Gewinner und der Verlierer. Und zu der Letzteren gehören natürlich auch japanische Geschäftsleute eher ungern. Da hört der Spaß bei der Arbeit ganz schnell auf.

Was können Sie besser machen?

Versuchen Sie im Umgang mit Japanern Berufliches und Privates sauber voneinander zu trennen und den Spaß dann in letztgenannten Bereich anzusiedeln. Der Job ist mit der notwendigen Ernsthaftigkeit zu betreiben, die man gerne durch wiederholt vorgetragene Anstrengung untermalen kann. Japaner stöhnen auch nach Tätigkeiten, die man als geringfügig zu bewerten geneigt ist, gerne so, als hätten sie gerade einen Konzertflügel eigenhändig aus dem Keller in die Wohnung im vierten Stock getragen. Oder gar den Ultra Man-Lauf durch das Death Valley abgeschlossen. Kurzum: Wenn es nicht sichtlich und hörbar anstrengend und fordernd war, war es auch keine Arbeit und wird auch nicht als solche bewertet. Der Lohn der Arbeit ist nicht allein das Bewältigen (und die Gehaltsüberweisung), sondern vor allen Dingen auch die Anteilnahme der anderen. Der Held der Arbeit möchte zwar nicht auf ein Podest; wahrgenommen werden sollen die Anstrengungen und Entbehrungen aber schon.

Wer einmal durch ein klassisches japanisches Büro geht, bemerkt, dass Fotos von Familienangehörigen zwar zur Standardausstattung von europäischen und amerikanischen Schreibtischen gehören mögen, auf japanischen aber schlicht keinen Platz finden. Dies liegt nicht nur daran, dass die dortigen Schreibtische im Schnitt tatsächlich kleiner sind, sondern vor allem daran, dass sich Japaner über Familienverhältnisse in der Regel ausschweigen. Durch eine Vermischung von Arbeit und Familie könnte den Kollegen der Eindruck vermittelt werden, dass es noch etwas Wichtigeres als die Arbeit gibt. Und eben das gibt es für die meisten klassischen Arbeitsverhältnisse nicht.

Die schöne Seite dabei: Anders als in der euro-amerikanischen Kultur gibt es bei der Frage, was man denn so am Wochenende getan habe, keinerlei sozialen Druck, auch nur etwas ansatzweise Besonderes, Lehrreiches, Erbauendes, Sportliches, Weltverbesserndes oder Geselliges unternommen haben zu müssen. Hier ist es kein Problem zu erzählen, dass man das Wochenende Playstation-spielend oder Gameshow-schauend auf dem Sofa rumgelümmelt hat und nicht eine Stunde vor der Tür war. So etwas kontrastiert dann umso mehr, dass in der vorausgegangenen Woche hart durchgearbeitet wurde. Natürlich ist nicht auszuschließen, dass Ihr Gegenüber dennoch etwas Besonderes, wie z. B. einen Formationsfallschirmsprung mit irischen Nudisten, unternommen hat. Durch das Verschweigen vermeidet der Sprecher vollkommen gruppenkonform, dass er im Rampenlicht steht oder gar Neid innerhalb der Gruppe aufkeimen lässt.

Wenn Ihr Gegenüber von anstrengender Arbeit spricht, machen Sie entsprechende Komplimente zu dem harten Einsatz. Komplimente sind – gerade in einem Land, in dem Geschenke so ungemein populär sind – extrem willkommen. Ihr Gegenüber wird wahrscheinlich mit größter Bescheidenheit reagieren, aber die gewünschte Anerkennung gefunden haben. Und selbst wenn Ihnen Ihre Arbeit so viel Vergnügen bereitet hat, dass Sie dafür eigentlich keinen weiteren Lohn verdient zu haben glauben, sollten Sie dieses Vergnügen lieber alleine und im Stillen genießen.

Außerdem darf nicht unterschlagen werden, dass viele Japaner so abgearbeitet wirken, weil sie es tatsächlich sind. Nicht wenige sterben gerade in der Sommerzeit den *karoshi*, den Tod durch Überarbeitung. Das Inselreich ist für die andernorts boomende Wellness-Industrie definitiv noch ein Entwicklungsland.

22 HERR HOFFMANN SUCHT EINEN MÜLLEIMER

KANN MAN SCHWEISS EIGENTLICH TRINKEN?

Geschafft – der letzte Vortrag ist vorbei! Schnell verlässt Herr Hoffmann das Gebäude und kann nun endlich seine Krawatte lockern. Es ist noch immer drückend heiß. Und das im Frühling! Die riesige Stadt speichert die Hitze wie Herrn Hoffmanns Socken die in den letzten Stunden produzierten Schweißmoleküle. Stöhnend wischt er sich die feuchte Stirn ab. Jetzt schnell in die U-Bahn steigen und dann ein kühles Bier an der Hotelbar trinken ... Doch auf einmal kommen ihm das bevorstehende Prozedere des Ticketkaufs, das Auffinden des richtigen Bahnsteigs und das Gedränge in der U-Bahn mühsam vor wie eine Durchquerung der Sahara in Ski-Unterwäsche. Nein, das kann er auf keinen Fall schaffen, ohne vorher etwas zu trinken!

Hektisch blickt sich Herr Hoffmann um. Jetzt, da er an ein kühles Bier gedacht hat, merkt er erst, wie furchtbar durstig er schon die ganze Zeit war. Wo ist der nächste *konbini*? Vielleicht in dieser Seitenstraße? Als Herr Hoffmann um die Ecke biegt, sieht er die Lösung all seiner Probleme: Hier stehen acht mannshohe Getränkeautomaten in einer Reihe und halten ein schillerndes Sortiment an

Durstlöschern parat. Schnell kramt Herr Hoffmann 130 Yen hervor, einen knappen Euro, also ein durchaus fairer Preis. Praktischerweise scheinen alle Getränke dasselbe zu kosten – und drückt auf eine der Tasten. Die Getränkedose seiner Wahl heißt ›Georgia‹, darauf ist ein schneebedeckter Berg abgebildet. Sieht sehr erfrischend aus. Kurzes Gepolter, schon liegt die Dose im Ausgabefach.

Schnell greift Herr Hoffmann nach dem Getränk – und lässt es gleich mit einem erschreckten Aufschrei fallen. Die Dose ist ja brühend heiß! Erstaunt hebt er die Dose wieder auf. ›Georgia – Emerald Mountain Blend‹. Beim genaueren Hinsehen könnte das Symbol über dem Schriftzug eine dampfende Kaffeetasse darstellen. Aber heißer Kaffee in Dosen – wer macht denn so etwas? Herr Hoffmann schaut sich die Automaten noch einmal näher an. Nun bemerkt er, dass bei allen Automaten einige Getränke eine blaue Kennzeichnung haben, andere eine rote. Seine Dose gehörte zu den roten. Dann also blau. Mal sehen, hier gibt es Fanta (nein, zu süß), Calpis (was soll das denn sein?), night cafe (nein, es ist ja schließlich helllichter Tag), Qoo (scheint für Kinder zu sein, auf der Dose ist eine hellblaue Comicfigur abgebildet), Pocari Sweat und ... Moment, Pocari Sweat? Wird hier der Schweiß von Pocaris (was auch immer das wieder sein mag) abgefüllt und verkauft? Eigentlich ist Herr Hoffman nicht mehr in der Stimmung für Experimente, aber die einfache blaue Dose mit dem weißen Schriftzug spricht ihn an. Er drückt die Taste.

Vorsichtig nimmt er die Dose aus dem Schacht. Ein Glück, sie ist kühl. Ein erster, vorsichtiger Schluck. Keine Kohlensäure und es schmeckt definitiv nicht nach Schweiß. Eigentlich sogar ganz lecker. Scheint vom Geschmack her eine Art Iso-Drink zu sein.

Durstig trinkt Herr Hoffmann die ganze Dose leer, während er weiter in Richtung U-Bahn-Station geht. Aaah, das war erfrischend. Mit der leeren Dose in der Hand schaut er sich nach einem Mülleimer um. Nichts. Ein paar Straßenecken weiter – noch immer nichts. Da Herr Hoffmann keine Lust hat, mit der leeren Dose in der Hand in der U-Bahn zu sitzen, wirft er diese schließlich achselzuckend weg.

Was ist diesmal schiefgelaufen?

Herr Hoffmann ist Deutscher. Zu Hause in Flensburg trennt er natürlich mit aller ihm angeborenen Akribie seinen Müll. Ja, er spült sogar die Joghurtbecher aus, bevor er sie in den gelben Sack wirft. Und niemals, wirklich niemals, würde er seine Getränkedose in Flensburg einfach auf die Straße werfen. Aber Herr Hoffmann ist eben auch der Meinung, dass es die Aufgabe der Stadt ist, ihm zu diesem Zweck Mülleimer in ausreichender Menge zur Verfügung zu stellen. Und das ist in Tôkyô eben nicht der Fall.

Trotzdem ist die Stadt bemerkenswert sauber. Produzieren die Japaner etwa keinen Müll? Oder gibt es geheime Verstecke für Mülleimer, die vor Ausländern streng geheim gehalten werden? Keineswegs. Gut, es braucht schon ein Weilchen, bis man kapiert hat, dass die Metallkästen mit den kleinen Löchern für Zigarettenasche gedacht sind, aber so richtig versteckt sind die nun nicht gerade. Und die Löcher sind auch so klein, dass gar kein anderer Müll hindurchpassen würde.

Und davon gibt es eine ganze Menge. In Japan kann es einem passieren, dass eine Verkäuferin den Kuchen, den man gerade gekauft hat, erst in Zellophan einwickelt, diesen dann in eine Schachtel stellt, die Schachtel mit Papier umwickelt und das Ganze dann in einer Einkaufstasche überreicht. Auf diese Weise sind viele Produkte doppelt und dreifach eingepackt. Die Packung mit den Reiscrackern enthält viele kleine Tütchen mit jeweils ein paar Crackern, Schokoladentäfelchen sind jeweils in der Packung noch einmal einzeln verpackt und so weiter. Und wohin mit dem ganzen Müll? Ganz einfach: Der Müll wird ordentlich zusammengefaltet, in ein Papierchen eingewickelt und in der hippen Designertasche heim getragen, wo er dann weggeworfen wird. Manche Kaugummis, die lose in der Plastikdose verkauft werden, liefern gleich ein praktisches Papierblöckchen mit, damit der gebrauchte Kaugummi klebefrei umwickelt werden kann. Und die kleinen Täschchen, die einige Japaner dabei haben, sehen nur aus wie edle Designer-Portemonnaies. In Wirklichkeit sind es tragbare Aschenbecher, in denen jeder seine ausgedrückten Kippen mit sich herumtragen kann.

Und warum gibt es keine Mülleimer? Ein Grund liegt darin, dass nach den Saringas-Attacken der Aum-Sekte auf die Tôkyôter U-Bahn 1995 viele öffentliche Mülleimer abgeschafft worden sind. Damals war das tödliche Nervengas in Mülleimern versteckt gewesen. Und die Japaner? Nahmen ihren Müll einfach mit nach Hause. Nun, das wäre natürlich eine elegante Lösung des Problems: Mülleimer weg – Gefahr durch weitere Anschläge gebannt, aber andererseits: Wer kann es der Regierung übel nehmen, wenn sie sich den ganzen Aufwand und die Kosten für die regelmäßige Leerung der Mülleimer spart, wo es doch auch so ganz wunderbar funktioniert?

Und die Menschen wissen sich zu helfen. In einigen Vierteln Tôkyôs entstehen mittlerweile wieder neue Mülleimer. Sogenannte Nachbarschaftsgemeinschaften sorgen dort dafür, dass Mülleimer an Bushaltestellen aufgehängt werden. Die regelmäßige Leerung übernehmen die Anwohner in Eigenregie ...

Doch damit allein ist es nicht getan. Da im eng besiedelten Japan die Deponieflächen knapp sind, sollen Bürger und vor allem die Industrie umdenken und weniger Müll produzieren. 75 Prozent des gesamten Mülls werden ohnehin gleich verbrannt. Das ist um einiges mehr als bei uns in Deutschland, wo nur circa 20 Prozent verbrannt werden. Aus diesem Grund wird der Müll in Japan vor allem in ›brennbar‹ und ›nicht brennbar‹ getrennt. Dabei haben die Japaner bereits einige Fantasie bewiesen, wenn es darum geht, Müll zu lagern. In der Bucht von Tôkyô sind durch Neulandgewinnung völlig neue Stadtteile entstanden. Und zwar durch die Aufschüttung von Land und Müll vor der Küste ...

Was können Sie besser machen?

Kommen wir zunächst noch einmal auf die Getränkeautomaten zurück. Ja, in Japan gibt es Automaten, die gekühlte und heiße Getränke aus der Dose anbieten. Und sie sind überall. An nahezu jeder Straßenecke in den Städten stehen sie, oft treten sie in Herden auf und präsentieren sich dichtgedrängt in einer langen Reihe nebeneinander. Sogar vor *konbinis*, die ja nun wirklich Getränke in Hülle und Fülle anbieten, stehen sie auffordernd bereit. Man trifft diese Spezies aber auch außerhalb ihres natürlichen Lebensraums ganz unverhofft an den verschiedensten Orten an. Mitten beim schönsten Waldspaziergang etwa leuchtet einem eine solche *›vending machine‹* entgegen. Oder auf dem Gelände eines Tempels – schließlich bekommen auch Götter mal Durst. Wen wundert es da noch, dass laut Statistik in Japan ein Automat auf 23 Menschen kommt?

Aber die Automaten können noch viel, viel mehr als nur Getränke anbieten. Man kann sie grob in drei verschiedene Kategorien einteilen:

1. Praktisch

Heißgetränke aus der Dose sind eine tolle Sache. Vor allem im Winter. Da kann man den heißen grünen Tee mit Milch und Zucker gleich auch als Handwärmer benutzen. Aber auch alkoholische Getränke können aus dem Automaten bezogen werden. Kühles Bier und warmer Sake – alles kein Problem im Automatenwunderland. Auch Batterien per Knopfdruck sind nicht zu verachten. Gerade vor Elektrogeschäften ist der Absatz garantiert. Apropos Elektro: Äußerst praktisch sind auch die Automaten im Eletronikviertel Akihabara, an denen man sein Handy aufladen kann, während man gemütlich shoppen geht. Natürlich gibt es auch Automaten, die Handy-Fotos direkt ausdrucken. Es fängt an zu regnen? Kein Problem, schnell einen Regenschirm am Nachbar-Automaten erworben und schon geht's los. Kein Regen, aber Hitze? Dann sorgt das Trockeneis aus dem Automaten im *konbini* dafür, dass alle Lebensmittel kühl zu Hause ankommen.

Für Hungrige dürften die Nudelsuppen-Automaten interessanter sein. Schnell eine Sorte aussuchen, dann die Lasche der Instant-Suppentasse öffnen und zurück in den Automaten stellen. Hier kommt heißes Wasser dazu und ein paar Minuten später gibt es eine leckere Mahlzeit. Statt Nudelsuppen kann man sich natürlich auch Eis, Popcorn oder Kaugummis für ein paar Münzen ziehen. Wer sein Essen lieber selber angelt, kann vom Haken bis zum Köder alles automatisch erwerben.

Eine Wohltat für Ausländer ohne Japanischkenntnisse sind die automatischen Kellner: Vor einigen Schnellrestaurants stehen Automaten, die die angebotenen Speisen in Form von Fotos oder aus Plastik nachgebildet zeigen. Der sprachfremde Reisende braucht dann nur noch auf den Knopf neben der Wunsch-Speise (was auch immer das ist, aber das Bild sieht lecker aus) zu drücken und bekommt als Gegenleistung zum eingeworfenen Geld einen Zettel. Mit diesem Zettel bekommt man dann im Restaurant das gewählte Essen – ganz ohne mehr Japanisch zu brauchen als vielleicht ein schnell gemurmeltes ›*arigato gozaimasu*‹ (Danke).

Auch bei Erdbeben können die Automaten freundliche Helfer sein. Der Katastrophenschutzautomat spendiert bei Erdbeben Gratis-Getränke. Statt Werbebotschaften laufen dann Nachrichten aus dem Einsatzzentrum über sein Display. Allerdings nur bei schweren Erdbeben. Bei im Schnitt vier Erdbeben pro Tag wäre das sonst auch ein bisschen viel verlangt.

2. Seltsam

Etwas seltsamer ist es dagegen schon, sich direkt sein komplettes Fertiggericht aus dem Automaten zu ziehen. Heraus kommt eine Box, in der alle Zutaten der gewählten Mahlzeit – sagen wir mal Curry-Reis – getrennt voneinander eingeschweißt sind. Schnell die Zutaten vermischen, die Box wieder schließen und das Band an der Unterseite ziehen. Und jetzt: Finger weg! Denn durch das Ziehen des Bandes wird eine chemische Reaktion ausgelöst, die in Sekundenschnelle heißen Dampf in die Box leitet und Ihr Essen in Nullkommanichts erhitzt. Gewöhnungsbedürftig ...

Doch auch frische Zutaten kommen im Automaten daher, Milch und Eier zum Beispiel. Keine Sorge, die Eier werden nach Münzeinwurf nicht einfach in den Auswurfschacht katapultiert, sondern vorsichtig in die unterste Etage gefahren. Wen wundert es da, dass es in Japan auch Automaten gibt, in denen man Reis kaufen kann.

Doch von Nahrungsmitteln mal abgesehen: Auch das Schicksal kommt im Automaten daher. In vielen Schreinen und Tempeln können Besucher eine Art Horoskop oder Zukunftsvorhersage kaufen. Entweder persönlich an kleinen, extra dafür eingerichteten Buden oder eben am Automaten. Doch das Schicksal ist auch am Tôkyô Dome käuflich: Hier gibt es Pferderennen-Wettautomaten. Und auch die eine oder andere Ehe werden Automaten schon gekittet haben. Wenn der *Salaryman* mit den Kollegen in der Karaoke-Bar den letzten Zug verpasst hat, kann er am nächsten Tag bei der Ehefrau punkten, indem er noch schnell frische Blumen aus dem Automaten zieht.

3. Verstörend

Gut, Kondome kann man auch in Deutschland aus dem Automaten ziehen, soweit also nichts Neues. Ein wenig verwunderlich ist es aber doch, dass in Japan verschiedene Variationen je nach Blutgruppe angeboten werden. Und was macht man dann mit den Kondomen? Anregungen liefern die ›*Porn Machines*‹, die Sexspielzeuge, einschlägige Literatur und Videos auf Lager haben. Und wem das noch nicht authentisch genug ist, kann gebrauchte Unterwäsche junger Schulmädchen aus dem Automaten ziehen. Zum Beweis für die Echtheit liegt jeweils ein Foto des Mädchens bei – wie praktisch …

Aber, Gott sei Dank, hat Herr Hoffmann ja den richtigen Automaten benutzt und nicht etwa aus Versehen gebrauchte Unterwäsche erworben. Zu seinem Glück sind Automaten mit solch einschlägigem Angebot häufig tagsüber durch einen dezenten Vorhang vor neugierigen Blicken geschützt. Aber seinen Getränkeautomaten hätte sich Herr Hoffmann schon ein wenig genauer ansehen können. Dann hätte er vermutlich bemerkt, dass die meisten Automaten eine Recyclingbox für Getränkedosen haben, und wäre seinen Müll ganz einfach losgeworden.

Falls Sie einmal unverhofft mit den Händen voller Müll in Tôkyô stehen, haben Sie noch eine andere Chance: Suchen Sie den nächsten *konbini* auf – häufig stehen dort Mülleimer. Aber denken Sie dran: Immer zwischen ›brennbar‹ und ›nicht brennbar‹ trennen ...

23 HERR HOFFMANN ERWARTET EINE KLARE ANTWORT

JA ODER JA?

Ein wenig neidisch blickt Herr Hoffmann zu dem Tourist am Tisch gegenüber, auf dessen Teller sich Toast und Rührei stapeln. Morgen wird er auch wieder das American Breakfast bestellen, denkt sich unser weltreisender Flensburger, während er einen Schluck seiner Misosuppe nimmt. Der gebratene Lachs ist zwar nicht schlecht, aber Suppe und Reis können einen ordentlichen Schinkentoast zum Frühstück nun doch nicht wirklich ersetzen. Während er vergeblich versucht, mit den Stäbchen aus dem Schüsselchen mit dem getrockneten Seetang ein einzelnes Stückchen *nori* heraus zu angeln, blättert er weiter in seinem Reiseführer.

Bei einem Foto von einem goldenen Tempel bleibt er hängen. Der Tempel spiegelt sich im Wasser eines Teiches, das Bild ist eingerahmt von dekorativen Kiefernzweigen. Ein Blick auf die Bildunterschrift verrät, dass es sich um den Kinkakuji, den goldenen Pavillon in Kyôto handelt. Herr Hoffmann blättert noch ein wenig weiter und erfährt, dass Kyôto von 794 bis 1868 Japans Hauptstadt war. Außer dem goldenen gibt es dort anscheinend noch einen silbernen Pavillon, der auf dem Foto allerdings gar nicht silbern aussieht *(Ginkakuji)*, eine Halle mit Hunderten prachtvoll geschnitzten Holzfiguren *(Sanjûsangendô)*, Museen, Pagoden, Steingärten und einen wunderschön gelegenen Tempel, der auf hohen Holzpfeilern direkt am Berghang zu schweben scheint *(Kiyomizudera)*. Schnell schaut Herr Hoffmann vorne im Reiseführer auf der Karte nach. Hmmm, Kyôto ist immerhin 400 Kilometer von Tôkyô entfernt. Trotzdem, sein Entschluss steht fest.

»Ich habe mir überlegt, dass ich auch mal ein paar Tage nach Kyôto fahren werde, ein paar Tempel ansehen und so«, teilt er kurz darauf Frau Watanabe mit, die ihn vor dem Hotel erwartet hat. Da Herr Uchida verhindert ist, wird sie bei dem wichtigen Vortrag heute als Übersetzerin dabei sein.

Sie nickt erfreut: »Ja, Kyôto sollten Sie sich wirklich ansehen. Jetzt im Frühling ist es besonders schön.«

Herr Hoffmann überlegt. »Anfang nächster Woche sind ja keine Vorträge. Am besten, ich fahre über ein verlängertes Wochenende dort hin.« Auf einmal hat er eine Idee: »Möchten Sie mich nicht begleiten? Zu zweit ist es bestimmt lustiger!«

Frau Watanabe stimmt zu, dass ein verlängertes Wochenende grundsätzlich eine gute Idee sei, und empfiehlt ihm, mit dem Shinkansen zu reisen. »Das geht am schnellsten.« Auf sein Angebot, ihn zu begleiten, geht sie mit keinem Wort ein.

Herr Hoffmann ist verwirrt. Hat sie nicht richtig zugehört? Oder denkt sie, er hätte nur aus Höflichkeit gefragt? Nachdem die beiden das Drehkreuz zur U-Bahn passiert haben und Frau Watanabe noch immer nur ganz allgemein von Kyôto spricht, wird es ihm zu dumm und er hakt noch einmal nach: »Was halten Sie denn davon, wenn Sie mitkommen? Vielleicht auch gemeinsam mit Ihrem Mann?«.

Seine Begleiterin zieht hörbar Luft durch die Zähne ein, lächelt kryptisch und schlägt vor, doch noch einmal über diesen Vorschlag nachzudenken.

Was ist diesmal schiefgelaufen?

Oh je, da hat Herr Hoffmann die arme Frau Watanabe aber ganz schön in die Enge getrieben. Natürlich kann sie sich nicht einfach spontan für ein verlängertes Wochenende ein paar Tage freinehmen, was würde da ihr Arbeitgeber, der Nakagawa Chemiekonzern, sagen? Außerdem hat sie im Jahr nur 15 Urlaubstage, von denen sie eigentlich nie alle ausnutzt. Nein, sie kann auf keinen Fall mitfahren, aber wie soll sie das dem *gaijin* klarmachen? Einfach »Nein« sagen? Aber das wäre doch viel zu unhöflich.

Das japanische Wort *iie* (nein) fristet ein trauriges Schattendasein. Im Gegensatz zu seinem großen Bruder *hai* (ja) wird es etwa so ungern in den Mund genommen wie eine tote Ratte. Während diese beiden Brüder in Deutschland gleichberechtigt sind, wird das *hai* in Japan klar vorgezogen. Es fällt in unzähligen Situationen, wird sogar im Gespräch vom Zuhörer in regelmäßigen Abständen erwartet. Das Problem ist nur: »Ja« ist nicht gleich »Ja«. Ein »Ja« in Japan kann daher bedeuten »Ja, so machen wir es«, aber ebenso gut einfach nur »Ja, ich habe verstanden«. Bei der zweiten Möglichkeit kann es durchaus sein, dass der scheinbar Zustimmende in Wirklichkeit eine ganz andere Meinung hat.

Nehmen wir an, ein typischer Japaner – nennen wir ihn mal Herrn Harada – ist in einem geschäftlichen Meeting gemeinsam mit seinem Chef. Dieser macht einen Vorschlag, den Herr Harada für komplett schwachsinnig hält. Natürlich wird er seinen Vorgesetzten nicht vor anderen Leuten bloßstellen und stimmt daher dem Vorschlag zu. Diese Unterscheidung von *honne* (Herrn Haradas wirklicher Meinung zu dem Vorschlag) und *tatemae* (der scheinbaren Zustimmung) ist (klar, neben den sprachlichen Barrieren natürlich) eines der zentralen Verständigungsprobleme bei einem Besuch in Japan. Nicht immer ist alles Gesagte auch wirklich so gemeint.

Und das »Nein«? Es heißt, dass es in Japan einige hundert Arten gibt, »Nein« zu sagen. Das direkte *iie* ist nur eine davon und gilt als schroff und unhöflich. Eine klare Ablehnung würde die Harmonie stören – und die gilt es unter allen Umständen zu bewahren. Geschäftsverhandlungen laufen aus diesem Grunde für europäische Verhältnisse oft ungewohnt ruhig ab und sind eher eine Art des Meinungsaustauschs als eine echte Diskussion. Auch bei Verkehrsunfällen geht es anders zu. Wer nun am Unfall schuld ist, spielt eine eher untergeordnete Rolle. Im Allgemeinen wird versucht, die Kosten für den entstandenen Schaden möglichst gerecht unter den Beteiligten aufzuteilen und einen für alle Beteiligten annehmbaren Kompromiss zu finden. Der Schuldige muss also nicht wie bei uns für alles alleine aufkommen. So bleibt auch hier die Harmonie gewahrt.

Also wählt der rücksichtsvolle Japaner statt eines direkten »Nein« zum Beispiel die Form des Ignorierens, wie es auch Frau Watanabe versucht hatte. Ein kompletter Reinfall, denn Herr Hoffmann hat auf eine klare Antwort gewartet und sogar noch mal nachgefragt. Nun war Frau Watanabe gezwungen, deutlicher zu werden und versuchte es mit einer anderen Möglichkeit der indirekten Absage. Das zögerliche Luft-zwischen-die-Zähne-ziehen und die ausweichende Antwort wären demnach für Japaner leicht als höfliches »Nein« zu erkennen gewesen. Nicht aber für Herrn Hoffmann ...

Was können Sie besser machen?

Sie können in Japan so oft »Ja« sagen, wie Sie wollen. Im Gespräch wird es sogar erwartet, dass Sie ungefähr jeden dritten bis vierten Satz mal ein »Ja« von sich geben, sonst hat Ihr Gegenüber Angst, der Ausländer kommt nicht mit und versteht nichts. Seien Sie nur nicht zu eifrig dabei. Ein *haihai* (jaja) gilt schon wieder als unhöflich.

Mit einem klaren »Nein« dagegen ist es aus oben beschriebenen Gründen noch schwieriger. Damit können Sie auch als Ausländer anecken und andere vor den Kopf stoßen. Formulieren also auch Sie eher vorsichtig und zurückhaltend. Am besten legen Sie sich schon im Vorfeld ein paar ausweichende Redewendungen zurecht, zum Beispiel »Ich werde es versuchen«, »Es könnte schwierig werden« oder »Da müsste man zuerst noch mal drüber nachdenken«.

Noch schwieriger ist es, ein »Nein« im Gespräch auch als solches zu erkennen. In einer fremden Sprache wie Englisch drücken sich

Japaner zwar etwas direkter aus als in ihrer Muttersprache, trotzdem sollten Sie sensibel für Andeutungen sein. Denn gerade Geschäftsreisende beklagen sich immer wieder, dass sie keine klaren Antworten von ihren Geschäftspartnern erhalten. Versuchen Sie also, zwischen den Zeilen zu lesen und geben Sie keine vorschnellen Erfolgsmeldungen an Ihren Arbeitgeber weiter, weil Sie fälschlicherweise ein »Ja, ich habe verstanden« als Zustimmung für Ihre Vertragsbedingungen interpretiert haben.

Übrigens hat Frau Watanabe am Ende dann doch schweren Herzens einfach »nein« gesagt. Immerhin, auf Englisch fällt ihr dies ein wenig leichter als auf Japanisch.

24 HERR HOFFMANN BEKOMMT BÖSE BLICKE

SELBSTMORD-ÄRGERNISSE UND EINE FAHRT IM SUPER-ZUG

Nervös schaut Herr Hoffmann auf seine Uhr. Schon seit fünf Minuten ist keine U-Bahn eingefahren, das ist wirklich ungewöhnlich! Und der Bahnsteig ist heute noch voller als sonst, dabei ist die Rushhour längst vorbei. Jetzt wartet er schon seit sechs Minuten auf die Bahn. Nicht, dass er noch zu spät zum Bahnhof kommt und seinen Zug nach Kyôto verpasst. Zusammen mit etwa 20 anderen Menschen steht Herr Hoffmann vorschriftsmäßig in Reih und Glied an der markierten Stelle, die anzeigt, wo sich die Türen der einfahrenden U-Bahn befinden werden. Etwa alle paar Meter haben sich an den anderen auf den Boden aufgemalten Markierungen ebenfalls Schlangen gebildet. Jetzt wird wieder etwas durchgesagt, natürlich auf Japanisch – was ist nur los? Die anderen Fahrgäste warten stoisch.

WAS HERR HOFFMANN NICHT WEISS ...

Die sonst so vorbildlich pünktliche Tôkyôter U-Bahn ist ins Stocken geraten, weil ein Selbstmörder ausgerechnet diesen Weg gewählt hat, seinem Leben ein Ende zu bereiten. Immerhin war er oder sie rücksichtsvoll genug, erst den morgendlichen Berufsverkehr abzuwarten. Und ganz bestimmt stehen die Schuhe des Toten irgendwo am Bahnsteigrand. Denn die nächste Welt mit Schuhen zu betreten wäre schließlich noch respektloser, als einen Stepptanz mit schlammverschmierten Gummistiefeln auf einer *tatami*-Matte zu vollführen. Zudem zeigt der Selbstmörder seinen Findern so unmissverständlich, dass sein Ableben kein Unfall, sondern eine geplante Handlung war. Da in Japan das Verhältnis zum Freitod nicht wie im christlichen Europa durch religiöse Schmähung getrübt wird, sind Selbstmorde gar nicht mal so selten. Rund 30.000 Japaner wählen jährlich in guter alter Tradition nach *seppuku* (dem ehrenvollen Freitod durch Bauchaufschlitzen) und Kamikaze-Fliegern diesen Weg. Zum Glück gibt's auch das passende Buch dazu, das sich immerhin über eine Million Mal in Japan verkaufte: In einem *Handbuch des Selbstmords* beschreibt der Autor TSURUMI Wataru verschiedene Wege des Suizids, wägt Für und Wider der verschiedenen Methoden ab und gibt zum Beispiel Tipps, von welchem Gebäude man am sichersten in den Tod stürzt.

Endlich fährt eine Bahn ein. Natürlich ist sie noch voller als sonst. Der Kampf um die Sitzplätze beginnt. Kaum sind sie durch die Tür, macht der ältere Herr hinter ihm Anstalten, sich an Herrn Hoffmann vorbei zu drängen. Aber da hat er die Rechnung ohne den Wirt gemacht! Geschmeidig wie ein Aal nutzt Herr Hoffmann die Lücke zwischen zwei *Office Ladys* und schlüpft auf den noch freien Sitzplatz, den offenbar der Alte angesteuert hatte. Aaaah, endlich sitzen. Siegessicher holt der Deutsche seinen Reiseführer aus der Tasche und blättert darin herum. Die vorwurfsvollen Blicke des älteren Japaners ignoriert er dabei.

Gerade noch rechtzeitig erreicht Herr Hoffmann so mit der U-Bahn den Tôkyôter Bahnhof. Zum Glück ist der Zug nach Kyôto nicht von dem Verkehrschaos betroffen. Während Herr Hoffmann das von Frau Watanabe besorgte Ticket in der Hand umkrallt und am Bahnsteig mit Blick auf die Uhr denkt »Jetzt müsste er gleich kommen«, rauscht auch schon der Zug ein. Auf die Sekunde. Jetzt bleibt nicht viel Zeit zum Einsteigen, denn der nächste Zug nach Kyôto wird schon in wenigen Minuten einfahren. Trotzdem ist dieser Zug nahezu ausverkauft und Herr Hoffmann ist froh um seine Sitzplatzreservierung. Mist, sein Sitz ist gegen die Fahrtrichtung. Hoffentlich wird ihm da nicht schlecht.

Irritiert blickt er sich um und stellt fest, dass seine Sitzbank die *einzige* gegen die Fahrtrichtung ist. Seine Sitznachbarin auf der anderen Seite des Gangs, eine freundliche Dame, sagt irgendetwas auf Japanisch. Herr Hoffmann blickt sie verständnislos an. Dann zeigt sie auf ein Fußpedal unter ihrem Sitz, entriegelt es und dreht ihren Sitz ebenfalls gegen die Fahrtrichtung. Und wieder zurück. Mit kindlicher Freude probiert nun auch unser reisender Held diese Erfindung aus und dreht seine Sitzbank so lange hin und her, bis eine ausgesucht freundliche Zugbegleiterin mit frischem Kaffee vorbei kommt.

Zufrieden streckt Herr Hoffmann die Beine aus – jetzt in Fahrtrichtung – und blickt aus dem Fenster auf die vorbeirauschende Landschaft. So lässt es sich reisen.

Was ist diesmal schiefgelaufen?

Die bösen Blicke des älteren Japaners hat Herr Hoffmann nun wirklich nicht ohne Grund kassiert. Schließlich gebietet es die Etikette, seinen Sitzplatz in der Bahn freiwillig jenen anzubieten, die ihn nötiger haben. Zum Beispiel also älteren Mitfahrern. Und das gilt durchaus auch im heimatlichen Flensburg, Herr Hoffmann!

Das alleine wäre noch nicht mal so schlimm gewesen – wer hat sich schließlich nicht schon mal insgeheim schlafend gestellt und darauf gewartet, dass jemand anderes dem klapperigen Mütterchen mit den schweren Einkaufstaschen den Platz überlässt? Aber Herr Hoffmann war auch noch ungeschickt genug, sich ausgerechnet auf den Platz zu setzen, der klar erkennbar für Bedürftige reserviert ist. Hier kann er sich auch nicht mit seinen mangelnden Japanischkenntnissen herausreden. Direkt über seinem Sitzplatz prangt ein großes Schild, das – Weiß auf Grün – eine Person mit Kleinkind, eine Schwangere, eine alte Person mit Gehstock und eine verletzte Person mit Gipsbein zeigt. Darunter der (englische!) Hinweis ›*Priority Seat*‹. In manchen Zügen ist dieser spezielle Sitzbereich sogar durch eine andere Farbgebung an Boden, Wand und Sitz hervorgehoben.

Zum Glück ist Herrn Hoffmann das nicht in Yokohama passiert. Da hätte er nämlich der Etiketten-Polizei in die Hände fallen können. Diese patrouilliert – in sichtbaren grünen Uniformen – in den Waggons, um sicherzustellen, dass die begehrten Sitzplätze auch wirklich an die fallen, die sie am nötigsten haben.

Richtig war es dagegen, dass unser Reisender auf den Rat von Frau Watanabe gehört und den Shinkansen nach Kyôto genommen hat. Schließlich gilt er als zuverlässigstes und sicherstes Verkehrsmittel in ganz Japan. Allein in Tôkyô verlassen pro Tag 300 Züge den Bahnhof und verbinden die Hauptstadt mit den anderen Metropolen des Landes. Und das im Minutentakt! Zwischen Tôkyô und Ôsaka fährt zum Beispiel alle sieben Minuten ein Shinkansen. Die Verspätungen liegen im Schnitt bei etwa 24 Sekunden – ein wahres Paradies für jeden, der schon mal auf einem deutschen Bahnhof 50 Minuten lang auf seinen Zug gewartet hat, weil die Bahn wie jedes Jahr im Herbst von feuchtem Laub auf den Schienen überrascht wurde. Verlieren die Bäume in Japan etwa nicht ihre Blätter?

Und schnell ist der Shinkansen auch. Mit Spitzengeschwindigkeiten von bis zu 300 km/h rast der Zug durch die Landschaft. So war der Shinkansen, der 1964 anlässlich der Olympischen Sommerspiele in Betrieb genommen wurde, der erste Hochgeschwindigkeitszug der Welt (die Franzosen legten 1981 mit dem TGV nach, wir Deutschen mit dem ICE sogar erst 1991). Gut, damals erreichte er noch nicht ganz die Spitzenzeiten von heute, aber immerhin. Die Japaner gönnten ihrem Schnellzug ein ganz eigenes Streckennetz, denn die alten Gleise waren so kurvig gelegt, dass der Zug seine wahre Geschwindigkeit nur auf einigen geraden Strecken hätte entfalten können. Viele Brücken und Tunnel verhalfen dem Schnellzug zu einer eigenen, geraden Strecke, die auch den Vorteil hat, dass keine langsameren Züge den Fahrtakt durcheinanderbringen können.

Doch auch der Shinkansen hat seine Achillesferse. Was Kryptonit für Superman ist und Godzilla für Tôkyô, sind für den Superzug: Erdbeben. Im Sinne der Sicherheit seiner Fahrgäste ist der Shinkansen nämlich mit einem modernen Erdbeben-Frühwarnsystem ausgestattet. Sobald eine festgelegte Beschleunigung der Erdoberfläche gemessen wird, schaltet sich automatisch der Strom ab und eine Notbremsung wird eingeleitet. Wenn durch ein Erdbeben also die Schienen verbogen werden und eine Entgleisung droht, sind die Fahrgäste auf diese Weise geschützt. Der Nachteil am System: In den letzten 20 Jahren löste es über 100 Mal eine solche Notbremsung aus – natürlich kam der minutiös getaktete Fahrplan sofort durcheinander und die Fahrgäste mussten stundenlange Verzögerungen auf sich nehmen. Und nur bei einem geringen Bruchteil dieser Bremsungen waren die Schienen tatsächlich verbogen und das zudem so geringfügig, dass keine Entgleisungsgefahr bestand.

Was können Sie besser machen?

Natürlich wären Sie niemals so ignorant wie Herr Hoffmann und würden Ihren Platz jederzeit freudestrahlend dem älteren Herrn freimachen. Aber auch das ist gar nicht so leicht. Würden Sie ihm diesen Platz nämlich anbieten, ist dieser in der unangenehmen Situation, nun in Ihrer Schuld zu stehen. Besser ist es, Sie stehen einfach auf, tun ganz unbeteiligt und gehen ein paar Schritte weiter. Dann kann der Betreffende sich aussuchen, ob er sich setzen will oder nicht.

Und falls Sie einmal mit dem Shinkansen fahren: Hier gilt das normale Ess-Verbot aus der U-Bahn nicht. Ganz im Gegenteil, zu einer richtigen Reise mit dem Zug gehört ein anständiges *o-bento* ganz einfach dazu. Kein Wunder, dass man diese leckeren, oft kunstvoll arrangierten Zwischenmahlzeiten auch direkt am Bahnhof kaufen kann.

25 HERR HOFFMANN STOPPT GOTTES-LÄSTERUNG

EINE ROTE MÜTZE SCHAFFT RELIGIÖSE MISSVERSTÄNDNISSE

Nanu, eine blonde Geisha? Verwundert schaut Herr Hoffmann der jungen Frau hinterher, die ein wenig unbeholfen auf den hölzernen *geta* an ihm vorbeitaumelt. Als sie dann aber mit großem Hallo auf Englisch von ihren Freunden begrüßt und fotografiert wird, geht ihm auf, dass sich hier anscheinend Touristen als Geisha verkleiden lassen können. Herr Hoffmann schüttelt den Kopf und geht weiter die belebte Gasse entlang. Immer bergauf. Dabei hatte er sich gestern auf dem Weg zum Fushimi Inari-Schrein geschworen, erst mal keine Berge mehr zu besteigen.

DER FUSHIMI-INARI-SCHREIN

Da übertreibt Herr Hoffmann aber ein wenig. Der Fushimi-Inari-Schrein, einer der bekanntesten und ältesten Shintô-Schreine in Kyôto, liegt zwar auf einem Hügel, aber beschwerlich ist der Anstieg nun wirklich nicht. Zumal der Weg von einem einzigartigen Panorama versüßt wird: Hier führen nämlich wahre Gänge aus unzähligen leuchtend rot lackierten *tôrii* direkt zum Schrein. Nur, warum kommen andere Schreine mit einem *tôrii* aus und hier gibt es solche Massen? Der Grund: Der Schrein ist der Reisgottheit Inari gewidmet, die gleichzeitig auch für Wohlstand zuständig ist. Kein Wunder, dass sich viele Firmen und Familien finden, die durch Spenden immer neue *tôrii* finanzieren. Mit der Wohlstandsgöttin will es sich schließlich niemand verscherzen.

Da er die fünfstöckige Yasaka-Pagode links liegen lässt, passiert er schon nach einer Weile die beiden Wächterfiguren am Eingang des Kiyomizudera, einem Tempel, den er schon auf dem Foto im Reiseführer gesehen hatte. Noch ein paar Treppen weiter und am Glockenturm vorbei und schon steht Herr Hoffmann auf der riesigen, sonnendurchfluteten, hölzernen Terrasse, die auf einer Konstruktion dunkelbrauner Holzbalken über einem Abhang schwebt. Sein scheinbar allwissender Reiseführer verrät, dass diese Holzbalken ohne einen einzigen Nagel zusammengefügt sind. Aber darüber möchte Herr Hoffmann gar nicht so genau nachdenken, schließlich geht es hier ganz schön steil runter. Dafür ist der Blick auf Kyôto spektakulär. Komisch sind nur die kleinen Papierzettelchen, die überall an Bäume und Sträucher gebunden sind. Darüber hat Herr Hoffmann sich schon häufiger gewundert.

Von der Terrasse aus führt eine Treppe hinab zu einer Quelle. Die Leute stehen Schlange, um mit einer Holzkelle mit langem Stiel Wasser aus dieser Quelle zu schöpfen. Ein Blick in den Reiseführer verrät warum: Wer aus dieser Quelle trinkt, wird hundert Jahre alt. Herr Hoffmann überlegt kurz. Eigentlich glaubt er ja nicht daran, aber andererseits werden die Japaner doch alle ganz schön alt, oder? Schaden kann es also nicht. Schließlich verdankt der Tempel seinen Namen dieser Quelle (*kiyomizu* bedeutet ›reines Wasser‹). Kurz entschlossen reiht er sich also hinter einer Frau mit traditionellem Gewand ein.

Kurz darauf macht der angehende Hundertjährige etwas abseits vom Tempel eine überraschende Entdeckung. Hier steht eine kleine

Steinfigur, der irgendein Scherzbold eine rote gestrickte Mütze aufgesetzt hat.

Herr Hoffmann kennt sich zwar mit japanischer Religion nicht so richtig aus und geht selber eigentlich nur zu Weihnachten in die Kirche, aber er würde sich trotzdem ärgern, wenn irgendjemand Jesus am Kreuz eine rote Mütze aufsetzen würde. Kurz entschlossen nimmt er der entweihten Statue die Mütze ab. Na also, schon viel besser. Ein paar Schritte weiter ist er sich allerdings nicht mehr so sicher. Hier sind noch mehr von den seltsamen Steinfiguren zu sehen und viele davon haben Mützen auf oder sogar Lätzchen umgebunden.

Was ist diesmal schiefgelaufen?

Ups, da hat Herr Hoffmann wohl ein wenig früh den Bewahrer von Recht und Ordnung raushängen lassen. Die kleinen Steinfiguren sind Jizô-Statuen. Zusammen mit der tausendarmigen Kannon gehört Jizô zu den beliebtesten Bodhisattva Figuren. Jizô nimmt sich der Seelen all derer an, die kein ordentliches Begräbnis bekommen haben, und führt diese ins Jenseits. Das gilt auch für *mizuko* (Wasserkinder), die abgetrieben wurden. Obwohl Abtreibung in Japan mit keinem großen Tabu belegt ist, werden die Wasserkinder doch als Geschöpfe mit Seele angesehen, denen man das Schicksal im Jenseits erleichtern kann, indem man den Jizô Spielzeug oder Lätzchen darbietet. Der Legende nach ist die Seele dann erlöst, wenn das leuchtende Rot des Stoffes verblasst ist ...

Gut, in Japan gibt es also seltsame Bräuche, Tempel und Schreine. Aber, ähm, welche Religion herrscht denn überhaupt in Japan vor? Auch hier ist wieder eine kleine Zeitreise in die Vergangenheit angebracht. Stellen wir also unsere Zeitmaschine der Einfachheit halber auf das Jahr Null nach christlicher Zeitrechnung. Während die heiligen drei Könige einem leuchtenden Stern entgegen wandern, beherrschen im späteren Japan die *kami* die spirituelle Welt. Diese Shintô-Götter gibt es in Massen und sie beseelen alles, angefangen bei den Bergen, über die Wälder bis hin zum Wind. Je nachdem, ob die *kami* den Menschen gut oder böse gesonnen sind, schenken sie diesen Gesundheit und Erfolg oder strafen sie mit Krankheiten oder Missernten. Diese Naturreligion, der Shintôismus hat keine genauen Regeln, kein zentrales Heiligtum, keine Schriften, nur mündliche Überlieferungen. Im Grunde geht es vor allem darum, die *kami* bei Laune zu halten.

Während der Yamato-Zeit (300–710) wird es spannend. Vom asiatischen Festland schwappt eine neue Religion auf die Insel, die sich kaum mehr vom Shintôismus unterscheiden könnte: der Buddhismus. Hier gibt es bereits ein festes Regelwerk, einen klar umrissenen Glauben, heilige Texte, Mönche und Nonnen und vor allem einen Religionsstifter.

Natürlich wird diese neue Religion erst einmal misstrauisch beäugt, gewinnt aber bald durch einflussreiche Befürworter an Bedeutung. Prinz Shôtoku erhebt den Buddhismus gar zur Staatsreligion, gründet buddhistische Tempel und Klöster. Das klingt schwer nach dem Ende des Shintôismus, doch etwas Seltsames passiert: Beide Religionen vermischen sich und existieren friedlich nebeneinander. Zwar kommen später noch Einflüsse aus dem Taoismus und Konfuzianismus hinzu, Shintôismus und Buddhismus sind aber bis heute die beiden zentralen Religionsformen in Japan geblieben.

Dieses Miteinander zweier Religionen zeigt sich in ganz pragmatischen Details: Wäre Herr Hoffmann hinter der Haupthalle des Kiyomizudera die Treppe hinauf gegangen, wäre er direkt zu dem kleinen Jishu-Schrein gelangt. Ein shintôistischer Schrein mitten auf dem Gelände eines buddhistischen Tempels? Eine erstaunliche Leistung an Toleranz, gerade wenn man bedenkt, dass Katholiken hierzulande der Empfang des Abendmahls in evangelischen Kirchen verboten ist.

Japaner aber müssen sich nicht einmal für eine der Glaubensrichtungen entscheiden, sondern können je nach Bedarf zwischen Tempeln und Schreinen hin- und herpendeln. Ganz allgemein werden dabei die shintôistischen Schreine vor allem bei Geburten oder

Hochzeiten besucht, in den buddhistischen Tempeln dagegen finden Begräbnisse statt.

Überhaupt ist der Umgang mit den Religionen sehr pragmatisch. So haben sich verschiedene Tempel und Schreine auf bestimmte Anliegen spezialisiert, die sie wie eine Art Dienstleistung ihrer Zielgruppe anbieten. Vor dem eben erwähnten Jishu-Schrein zum Beispiel sieht man regelmäßig junge Mädchen mit geschlossenen Augen auf einer imaginären Linie zwischen zwei etwa 18 Meter voneinander entfernten Felsen entlang laufen. Wer es schafft, ohne vom Weg abzukommen, wird bald ein erfülltes Liebesleben haben. Der Jishu-Schrein ist der Liebesgöttin geweiht. Der Butsumoku-ji auf der Insel Shikoku dagegen zieht vor allem diejenigen an, die für ihre Kühe und Pferde Schutz suchen. Im Tempel werden spezielle Glücksbringer für Tiere verkauft. Der Zentsû-ji (ebenfalls auf Shikoku) bietet dem Besucher einen ganz anderen Service: Wer an der Aufrichtigkeit eines Freundes zweifelt, muss diesen nur durch den Dunkelgang unter der Haupthalle schicken. Laut Legende bleibt dort jeder stecken, der nicht reinen Herzens ist.

Was aber tun, wenn ein ganz konkreter Wunsch vorhanden ist, zum Beispiel, die nächste Prüfung zu bestehen oder eine Operation gut hinter sich zu bringen? Kein Problem, in diesem Fall können die Gläubigen *ema*, kleine Holztäfelchen mit verschiedenen Motiven, erstehen. Auf die Rückseite dieser Tafeln wird dann der Wunsch geschrieben und diese im Tempel oder Schrein aufgehängt. Auf diese Weise weiß der angesprochene Gott dann wenigstens genau, was zu tun ist.

Wer ganz allgemein vorsorgen will, kauft lieber *o-mamori*. Diese kleinen Beutelchen aus Seide dienen als Glücksbringer für konkrete Situationen, zum Beispiel für Schutz im Straßenverkehr, und sollten immer mitgeführt werden. Besonders praktisch für die Kassen der Tempel und Schreine: Die *o-mamori* verlieren nach etwa einem Jahr ihre Wirkung und müssen neu erstanden werden.

Und die an Zweige gebundenen Papierzettelchen, über die Herr Hoffmann sich so gewundert hat? Diese *o-mijuki* sind eine Art Orakel, das dem Käufer etwas Gutes oder Schlechtes voraussagen kann. Durch das Anbinden dieser Zettel an einen Strauch oder Baum geht eine gute Botschaft in Erfüllung. Auf die gleiche Weise kann aber auch praktischerweise eine negative Weissagung abgewendet werden. Kein Wunder, dass an manchen Tempeln und Schreinen die Bäume weiß von angebundenen *o-mikuji* sind.

Wem das alles zu wenig an Götterverehrung ist, kann auch in die Vollen greifen und auf der Insel Shikoku einen rund 1.647 Kilometer langen Weg vorbei an 88 heiligen Stätten entlang pilgern. Allerdings sind die meisten Pilger heutzutage nicht mehr zu Fuß, sondern im Auto oder Reisebus unterwegs. Und wem auch das zu anstrengend ist, der kann sich per Internet einen Agenten mieten, der für etwa 150.000–300.000 Yen die Pilgerreise stellvertretend unternimmt. Dieses stellvertretende Pilgern (sei es durch Freunde, Verwandte oder eben eine Internet-Agentur) ist durchaus eine anerkannte und traditionelle Methode. Wer es moderner mag, kann mit dem Videospiel ›*O-Henro-san*‹ die Pilgerreise ganz bequem vom heimischen Sofa aus mit der Spielekonsole unternehmen.

Was können Sie besser machen?

Auch wenn Japan eines der wenigen Länder ist, wo zwei völlig unterschiedliche Religionen in friedlicher Harmonie koexistieren, muss man die religiöse Toleranz nicht zwangsläufig auf Herz und Nieren testen. Es gilt also mal wieder: Fremde Sitten und Gebräuche nicht vorschnell beurteilen, wenn man im Grunde keine Ahnung hat. Lassen Sie also Mützchen und Lätzchen einfach an Ort und Stelle.

26 HERR HOFFMANN VERPASST DAS THEMA

WIE BEI PARTYS: DIE WICHTIGSTEN KOMMEN ZUM SCHLUSS

›Und dieser Geröllhaufen ist jetzt also ein Medium auf dem Zen-Weg zur Erkenntnis‹, denkt Herr Hoffmann, als er von seinem Reiseführer aufschaut und auf eine kleine Fläche geharkter grauer Steinchen schaut. Auf der ummauerten Fläche des 500 Jahre alten Steingartens Ryôanji liegen angeblich 15 akkurat und bewusst platzierte Felsblöcke verteilt. Angeblich deshalb, weil es an dieser Attraktion so von Touristen und einheimischen Besuchern wimmelt, dass er bisher nur eine unverstellte Sicht auf vier Felsblöcke zur gleichen Zeit hatte. In der Ruhe des Bildes zu sich selbst finden? Zumindest an diesem sonnigen Tag genauso ein Ding der Unmöglichkeit, wie zu erkennen, ob die Felsblöcke nun eine Miniaturlandschaft aus Inseln im Meer, japanische Schriftzeichen oder eine badende Schönheit im Fluss darstellen sollen. Nachdem er zum wiederholten Male von einem der Mitglieder einer hellblaue Fischermützen tragenden Reisegruppe angerempelt wird und die prompten Entschuldigungen mit einem knappen Nicken annimmt, beschließt er den seiner Meinung nach tristen Ort zu verlassen. Einen besseren Eindruck vom wohl bekanntesten Zen-Steingarten hätte Herr Hoffmann sicherlich bekommen können, wenn er seinen Besuch nicht unbedingt versehentlich auf einen japanischen Feiertag gelegt hätte. Diese Feiertage sind über das Jahr verteilt, einen Höhepunkt stellt aber die sogenannte ›Golden Week‹ dar. Die ›Golden Week‹ ist eine Ansammlung mehrerer Feiertage zwischen dem 29. April und dem 5. Mai. Arbeitnehmer versuchen die Brückentage und Wochenenden möglichst freizubekommen, denn schließlich liegt diese Goldene Woche in einer Zeit mit idealem Reisewetter: meist sonnig und noch vor der Regenzeit und dem schwülen Sommer.

Als er die hellbraunen Plastikslipper am Ausgang wieder gegen seine Straßenschuhe tauscht, klingelt das Handy, welches ihm Frau Watanabe mitgegeben hatte – für den Fall, dass er im fernen Kyôto Probleme haben sollte. Herr Uchida ist dran, fragt nach dem Befinden, lässt sich erzählen, was Herr Hoffmann schon gemacht hat und gibt Empfehlungen, was sich der Reisende unbedingt noch anschauen sollte. Nach einer guten Viertelstunde rückt der knurrende Magen des Angerufenen in das Zentrum seiner Gedanken, als er plötzlich am veränderten Tonfall von Herrn Uchida hört, dass dessen Thema nicht mehr die Architektur des gewöhnungsbedürftigen Kyôtoer Hauptbahnhofs ist, sondern es Probleme bei der richtigen Mischung von Keton und Natriumborhydrid in dem von den japanischen und deutschen Chemikern gemeinsam durchgeführten Forschungsprojekt gibt. Hat sich das Problem während des Telefonats ergeben?

Was ist diesmal schiefgelaufen?

Nein, eher ist Herr Hoffmann Opfer einer japanischen Eigenart geworden, Wichtiges erst zum Ende eines Gesprächs zur Sprache zu bringen. Zu Beginn des Gesprächs wird im Allgemeinen durch Small Talk eine für alle Beteiligten angenehme Gesprächsatmosphäre aufgebaut. Man tastet sich so aneinander an, bevor man zu den harten Fakten kommt (siehe auch: ›Herr Hoffmann ist ein Macher‹). Erst allmählich wird die Brücke zum Kern der Unterhaltung aufgebaut, der – gemessen an der Gesamtgesprächszeit – ein Bruchteil des Gesprächsvolumens einnehmen kann. Anders als in Deutschland, wo man gerne das Wichtigste direkt zu Anfang einbringt.

Bei Telefonaten mit japanischen Geschäftskontakten kann man einen Anruf schon als Kontaktpflege abgetan haben, nur um zum Schluss des Gesprächs zu erfahren, dass z. B. eine Arbeit, die man geleistet hatte, Probleme macht. Wer wie Herr Hoffmann gewohnheitsmäßig zum Ende des Gesprächs hin die Konzentration etwas zurückfährt, läuft entsprechend Gefahr, die Kernaussage komplett zu verpassen.

Dies mag an der japanischen Sprache liegen, die strukturell so aufgebaut ist, dass das Wichtigste am Satzende kommt. Während im typischen deutschen Satz mit Subjekt-Prädikat-Objekt-Aufbau (z. B. Herr Hoffmann isst Reis) schon mit dem Verb deutlich ist, was läuft (Herr Hoffmann isst), kommt im Japanischen das Verb erst zum Schluss. Und mit ihm dann auch Angaben zur Zeit, dem Modus und Genus Verbi.

Das, was man am Anfang eines Bandwurmsatzes noch für das Thema hielt, kann zum Ende entsprechend durch das Verb und seine Flexion eine komplett andere Richtung bekommen oder sich gar als Frage oder Aufforderung zur Handlung herausstellen.

Der für Japaner praktische Nebeneffekt ist, dass in einem Gespräch oder Text alle aus den Umständen zu erschließenden Rahmenbedingungen wie handelnde Personen, Orte und Gegenstände auch komplett weggekürzt werden können.

Was können Sie besser machen?

Zuhören ist natürlich immer angebracht, wenn Sie sich bemühen, ein höflicher Mensch zu sein. Wenn Sie trotzdem unbedingt die Gedanken schweifen lassen müssen, machen Sie dies am Anfang der Unterhaltung und sammeln Sie Ihre volle Konzentration für den fortgeschrittenen Gesprächsverlauf oder den hinteren Teil einer Rede oder Aussage.

27 HERR HOFFMANN MACHT EINEN WITZ

HUMORISTISCHE TABU-ZONEN

Herr Hashimoto hatte wieder einmal recht gehabt. Der *gaijin* starrt gebannt aus dem Fenster. Sicher, die Aussicht auf das nächtliche Tôkyô von hier oben aus dem 52. Stock ist atemberaubend. Trotzdem versteht Herr Hashimoto nicht ganz, warum seit einiger Zeit alle ausländischen Geschäftspartner immer wieder darauf bestehen, unbedingt die New York Bar im Park Hyatt Hotel zu besuchen. (Was Herr Hashimoto nicht weiß: Viele Europäer und Amerikaner kennen diese Bar aus dem Film *Lost in Translation* und planen daher einen Besuch in ihren Aufenthalt mit ein. Herr Hoffmann hat den Film nicht gesehen – er ist kein ausgeprägter Cineast – und weiß daher nicht, dass Bill Murray und Scarlett Johansson aus demselben Fenster gesehen haben, wie er jetzt. Er freut sich daher einfach nur über die schöne Aussicht.)

Gemeinsam mit Frau Watanabe, Herrn Hashimoto und Herrn Morita sitzt Herr Hoffmann also nun nach seinem Kurztrip nach Kyôto in dieser edlen Bar, lauscht den Klängen der Live Jazz Band und trinkt schon seinen dritten Cocktail. Wenn Hannah und die Kinder ihn hier nur sehen könnten ...

Diese Bar gefällt ihm jedenfalls weitaus besser als das Shibuya Medical Prison, in dem er am Abend zuvor gelandet war. Aus irgendeinem Grund war das Personal dort als Ärzte und Krankenschwestern verkleidet gewesen und die karge Atmosphäre hatte auch eher an ein Gefängnis als an eine Bar erinnert. Nach dem bunten Gebräu aus dem Reagenzglas war er ja schon skeptisch gewesen, aber spätestens, als er sein Bier in einer Urinflasche serviert bekam, schwor sich Herr Hoffmann, nie wieder Frau Watanabes Sohn Kenji zu fragen, wo man denn schön ausgehen könne.

Hier ist das anders. Behaglich streckt Herr Hoffmann seine Beine aus – endlich wieder richtige Stühle! Nicht dieses zusammengekauerte Sitzen auf dem Boden. Und dann diese leckeren Cocktails ... Und eine gepflegte Unterhaltung unter Erwachsenen. Im Shibuya Medical Prison war er sich ganz schön alt vorgekommen.

Apropos Unterhaltung – worum geht es gerade? Schließlich ist er ja nicht nur zum Vergnügen hier. Ah, das Gespräch dreht sich um irgendeine Geschichte, die Frau Watanabe erlebt hat, als sie am Neujahrstag vor dem Kaiserpalast stand. Zeit für Herrn Hoffmann, sich wieder ins Gespräch einzuklinken. Am besten mit einem harmlosen Witz, um die Stimmung aufzulockern: »Na, seien Sie mal froh, dass Sie wenigstens einen Mann an der Spitze haben und keine Königin, so wie England. Ich meine, mal ehrlich, wie kann man eine Frau ein Land lenken lassen, wo sie doch nicht mal Autos lenken können? – Nichts für ungut, Frau Watanabe ...«

Herr Hoffmann bricht in schallendes Gelächter aus. Da ist er allerdings der Einzige. Drei starre Mienen blicken ihn an. Das Lachen von Herrn Hoffmann verstummt allmählich. Das Schweigen am Tisch ist eisig ...

Gut, der Witz war sexistisch und nicht besonders lustig. Beides problematisch, aber durchaus verzeihlich. Aber Witze über die Kaiserfamilie? Niemals!

Was ist diesmal schiefgelaufen?

Am Neujahrstag 1946 starb ein Gott – und wurde zum normalen Menschen. Der japanische Kaiser Hirohito legte formell seinen göttlichen Status ab. Bis dahin galt der *tennô* laut Verfassung als heilig. Schüler lernten bis zum Zweiten Weltkrieg, dass der Kaiser als lebendiger Gott verehrt wird, als oberster Priester des Shintô-Glaubens. Wenn der Wagen des Kaisers durch die Straßen fuhr, mussten die Bürger in den oberen Stockwerken die Fensterläden schließen, damit nur ja niemand auf den Kaiser herabblicken konnte. Passanten verbeugten sich ehrfürchtig in der Straßenbahn, wenn diese am Kaiserpalast vorbei fuhr – und nun das.

Begonnen hatte alles bereits ein paar Monate vorher mit der bedingungslosen Kapitulation Japans gegenüber den Alliierten: Hiroshima ist von der Atombombe verwüstet und der anfängliche Siegesrausch der Japaner weitgehend verflogen. Am 09. August fällt die zweite Bombe auf Nagasaki. Noch in derselben Nacht versammeln sich die sechs Mitglieder des obersten Kriegsrates, um die wichtige Frage zu entscheiden: Kapitulation – ja oder nein? Doch es entsteht eine Patt-Situation. Drei gegen drei. Der Kaiser selbst muss die endgültige Entscheidung treffen – nach eigener Aussage ist dies erst die zweite politische Entscheidung seines Lebens. Und es wird auch die Letzte bleiben, denn der Kaiser stimmt für die Kapitulation. Die einzige Bedingung: Die Stellung des Kaisers müsse unangetastet bleiben. Die Amerikaner reagieren verhalten. Das müsse man dann mal sehen ... Die Regierungsform solle später ›durch den freien Willen des japanischen Volks bestimmt‹ werden. Hirohito willigt trotzdem ein.

Ein paar Tage später, es ist der 15. August. Trotz des heißen, schwülen Sommertages haben viele Menschen ihre Festtagskleidung angelegt, denn ein noch nie da gewesenes Ereignis steht bevor. Der Kaiser selbst wird eine Ansprache über das Radio halten. Bis zu diesem Tag hat das Volk noch nie seine Stimme gehört, doch nun wird der direkte Nachfahre der Sonnengöttin Amaterasu zu ihnen sprechen. Bis vor Kurzem hatten sich noch Kamikaze-Flieger für Kaiser und Vaterland in den Tod gestürzt, nun verkündet der *tennô* im Radio die Niederlage. Für viele Japaner ein herber Schlag ins Gesicht. In den Wochen vor der Unterzeichnung der Kapitulation begehen zahlreiche Offiziere *seppuku*, rituellen Selbstmord. In der Nacht vor der Radioansprache stürmen einige sogar den Kaiserpalast, um die Schallplatte mit der vorbereiteten Rede zu zerstören. Vergeblich. Japan kapituliert und wird demokratisch. Der *tennô* bleibt zwar im Amt, verzichtet aber weitgehend auf seinen Herrschaftsanspruch – und die Göttlichkeit. Das Verbleiben im Amt ist nicht unbedingt auf die Freundlichkeit der Alliierten zurückzuführen. Eigentlich war geplant, Hirohito als Kriegsverbrecher vor Gericht zu stellen, aber die amerikanischen Besatzer entschieden sich dann anders. Mit Hirohito an der Spitze – so ihr Kalkül – würden die Japaner sich ohne viel Gegenwehr in die Niederlage fügen. Und so war es dann auch. Das Volk hielt dem Kaiser die Treue und leistete keinerlei Widerstand.

Obwohl die Kaiserfamilie damit heute rein formal eine ähnliche Bedeutung hat, wie etwa das britische Königshaus, bleibt der *tennô*-Kult dennoch weiter in den Köpfen vieler Japaner verankert. Während der Buckingham Palace im August und September – wenn die Queen ihre alljährliche Reise nach Schottland antritt – für die Öffentlichkeit zugänglich ist, ist dies in Japan völlig undenkbar. Das gesamte Gelände des Kaiserpalastes in Tôkyô ist für Besucher gesperrt. Nur an Neujahr dürfen die Besucher ausnahmsweise zumindest die üppigen Außenanlagen des Palastes nach strengen Sicherheitskontrollen betreten. Hinter Absperrbändern wartet die Masse dann auf die Kaiserfamilie, die sich in regelmäßigen Abständen auf dem Balkon dem Volk zeigt.

Auch beim Thema Essen ist die Kaiserfamilie dem Volk nicht gleichgestellt: Zu ihrer eigenen Sicherheit darf sie keinen *fugu*, den giftigen Kugelfisch, essen. Und am Tod des Kaisers Hirohito am 7. Januar 1989 (nein, er ist nicht an einer Kugelfisch-Vergiftung gestorben) nahm die gesamte Bevölkerung Anteil. 111 Tage dauerte sein Todeskampf – und 111 Tage harrten Reporter geduldig vor dem Palast aus, Betriebsfeiern und Hochzeiten wurden verschoben, Politiker sagten ihre Auslandsreisen ab. Und erst nach dem Tod Hirohitos wurde auch in Japan die Rolle des Kaisers im Zweiten Weltkrieg öffentlich debattiert – und sein Verhalten sogar zum Teil kritisiert. Denn bei ihrem Vorstoß nach China ließ das Verhalten der japanischen Armee es durchaus an Höflichkeit mangeln. Die kaiserlichen Truppen metzelten hunderttausende Zivilisten nieder, in den besetzten Gebieten kam es zu Hinrichtungen und Folterungen. Die zentralen Angriffspläne trugen allesamt die Unterschrift des Kaisers.

Das heißt aber noch lange nicht, dass man über die Kaiserfamilie Witze reißen könnte. Und gerade bei der Geschlechterfrage liegen die Nerven noch immer blank. Das Problem: Der japanische Kronprinz Naruhito hat keine Nachkommen. Jedenfalls keine, die zählen. Denn sein reizendes Töchterchen Aiko darf den Thron laut kaiserlichem Dekret von 1947 nicht besteigen. Was fehlt, ist ein Sohn. Das war nicht immer so, denn innerhalb der über tausendjährigen Regentschaft der Kaiserfamilie gab es immerhin acht Kaiserinnen. Grund genug, die Traditionen über Bord zu werfen und eine kleine Revolution zu starten, dachte sich da der frühere Ministerpräsident KOIZUMI Junichirô und plante, nicht nur Frauen als Thronfolger zuzulassen, sondern sogar eine weibliche Erbfolge zu ermöglichen. Das gab es bis dato noch nicht. Eine Kaiserin auf dem Chrysanthementhron? Eine grausame Vorstellung für eingefleischte Traditionalisten. Da kam es nur recht, dass der Zufall es so wollte, dass Prinzessin Kiko, die Frau des jüngeren Bruders des Kronprinzen, schwanger wurde – und einen Sohn bekam. Nun ja, so richtig zufällig wird die damals 38-jährige Prinzessin nach elfjähriger Babypause nicht plötzlich wieder die Familienplanung aufgenommen haben. Aber was tut man nicht alles für den Erhalt der Traditionen. Durch die Geburt des kleinen Hisahito erstarben zumindest die liberalen Diskussionen über eine mögliche Kaiserin. Jedenfalls fürs Erste. Denn Kaiser Akihito und Kronprinz Naruhito gelten als liberal und Reformen durchaus nicht abgeneigt. Und immerhin haben die beiden göttliche Vorfahren ...

Was können Sie besser machen?

Der Papst ist gestorben. Als er vor dem Himmelstor steht, öffnet sich dieses und Petrus fragt ihn: »Wer bist du und wo kommst du her?«

Der Papst antwortet: »Ich bin der Papst der katholischen Kirche aus Rom.«

Da mischt sich der Heilige Geist ein, der alles mit angehört hat: »Ach, du bist das! Du erzählst doch immer diese schmutzigen Geschichten über mich und Maria!«

Würden Sie diesen Witz bedenkenlos in einem katholischen Kloster erzählen? Na also. Halten Sie sich einfach generell mit Witzen oder humoristischen Bemerkungen zur Kaiserfamilie zurück.

28 HERR HOFFMANN IST SPONTAN

KIRSCHBLÜTE: EIN LAND IM AUSNAHMEZUSTAND

Frau Watanabe telefoniert. Währenddessen verbeugt sie sich immerzu leicht und stößt alle paar Sekunden ein zustimmendes hai oder andere kurze Silben aus, um ihrem Gesprächspartner durch diese zustimmenden Geräusche *(aizushi)* zu signalisieren, dass sie aufmerksam zuhört.

Herr Hoffmann ist sich nicht sicher, worum es bei dem Gespräch geht, es scheint aber irgendetwas mit Kirschblüten zu tun zu haben, denn während des Telefonats sieht Frau Watanabe immer wieder zum Fernseher. Dort läuft dasselbe wie seit einigen Tagen. Ein Wetterbericht reiht sich an den Nächsten und in allen geht es irgendwie darum, wann die Kirschbäume denn nun in Tôkyô blühen werden. Zwischen zwei Wetterberichten diskutieren Experten, wie viel Prozent der Blüten bereits geöffnet sind oder es werden Bilder von weiter südlich wachsenden Kirschbäumen gezeigt, die bereits blühen. Ganze Heerscharen von Biologen und Gärtnern scheinen nichts anderes zu tun, als die Blüten der offiziellen Maßstabsbäume am Yasukuni-Schrein tagelang zu beobachten. In öffentlichen Parks sind sogar große Anzeigetafeln angebracht, die die Bevölkerung über den aktuellen Blütegrad informieren.

Herr Hoffmann versteht es einfach nicht. Wenn in Europa der Verlauf von Weihnachten davon abhinge, wie viel Schnee fällt – es könnte gar nicht mehr Rummel darum gemacht werden, wie hier um die *mankei*, die voll ausgeprägte Kirschblüte.

Frau Watanabe hat nun endlich aufgehört zu telefonieren. Die langen Beratungen scheinen zu einem Ergebnis geführt zu haben. Freudestrahlend teilt sie ihm mit, dass das *hanami* wie geplant morgen stattfinden könne.

»Ähm, hana-was?«

»*Hanami.* Das bedeutet so viel wie ›Blüten schauen‹. Wir treffen uns mit ein paar Freunden und sehen uns gemeinsam die Kirschblüten an. Dabei essen wir etwas, trinken zusammen ...«

»Eine Art Picknick also?«

Frau Watanabe nickt: »Picknick, ja.«

»Aber ...«, nach der Hitzewelle hat es inzwischen merklich abgekühlt und Herr Hoffmann erinnert sich schaudernd, wie er vor ein paar Nächten auf dem Rückweg von der Bar ins Hotel gefroren hatte, »... es ist doch viel zu kalt dafür! Wir könnten uns doch auch die Kirschblüten anschauen und danach irgendwo essen gehen, wo es warm ist.«

Frau Watanabe reagiert verhalten. »Ja, das ist eine Möglichkeit ...«

Was ist diesmal schiefgelaufen?

Während in Deutschland kaum eine Kontaktanzeige ohne das schmückende Attribut ›spontan‹ auskommt, könnte man in Japan auf diese Weise vermutlich lange auf Partnersuche gehen. Denn Spontanität bedeutet Chaos und somit eine Störung der Harmonie. Beides ist in Japan nicht erwünscht.

Und überhaupt – wer braucht schon das passende Wetter, wo doch die Kirschblüte offiziell den Frühlingsanfang einläutet? Man geht doch schließlich auch nicht zum Strand, wenn es warm ist, sondern sobald der Sommer angefangen hat.

Auch im Geschäftsleben sind Überraschungen unerwünscht. Meetings werden lange im Voraus angekündigt und vorbereitet.

Wer dann spontan unangekündigte Themen anspricht, macht sich nicht gerade übermäßig beliebt.

Zum Glück ist Herr Hoffmann diesmal sensibel genug, Frau Watanabes zurückhaltende Antwort richtig als ›nein‹ zu deuten und lenkt schnell ein. Er wird sich morgen also bei gerade mal fünf Grad über null die Nieren verkühlen und dabei blühende Bäume anschauen, in Gottes Namen!

Tatsächlich ist die Kirschblüte und damit das Ende des Winters eines der wichtigsten, vielleicht sogar das wichtigste Fest in Japan überhaupt. Häufig wird es intensiver gefeiert als Neujahr. (Geben Sie's zu: Einen Moment lang haben Sie gedacht ›Und was ist mit Weihnachten?‹, bevor Ihnen eingefallen ist, dass Japan ja gar kein christliches Land ist. Ach, das ist Ihnen gar nicht eingefallen? Na, zum Glück hat's ja keiner gemerkt ...)

Die Vorbereitungen sind schon Wochen im Voraus im Gange und da die Kirschblüte stark temperaturabhängig ist, wird der Wetterbericht akribisch verfolgt. Hartgesottene Kirschblüten-Fans reisen sogar der Blüte vom südlichen Okinawa bis ins nördliche Hokkaidô hinterher. Schließlich ist die ganze Pracht nur ein paar Tage lang zu sehen, bis ein Regenguss die Blüten abwäscht oder sich die ersten grünen Blätter unschön zwischen die weiß-rosa Blütenwolken schieben. Die Kirschblüte gilt daher als Symbol für Vergänglichkeit, das menschliche Leben und früher für den Ehrentod eines Samurai.

Wie so vieles in der japanischen Kultur geht das Kirschblüten-Schauen ursprünglich auf einen Import aus China zurück. Während der Nara-Periode (710–784) übernahmen die Japaner die Tradition der Bewunderung der Pflaumenblüte. Aus Pflaumen- wurden bald Kirschblüten. Holzschnitte aus der Edo-Zeit (1603–1868) zeigen bereits *hanami*-Feste.

Wie wichtig das Ereignis ist, zeigt sich schon daran, dass Frau Watanabe extra einen Tag Urlaub genommen hat, um das Fest mit der Familie zu feiern. Natürlich wird sie auch mit den Kollegen noch einmal ein *hanami* veranstalten – schließlich würde es nicht gern gesehen, wenn sie sich aus der Gruppe ausschlösse – aber heute hat sie sich einen ihrer Urlaubstage ganz für private Zwecke genommen. Das mag zwar nicht besonders klingen, bedenkt man aber, dass dem durchschnittlichen Arbeitnehmer in Japan gerade mal zehn bis 20 Urlaubstage pro Jahr zustehen, wird einem die Bedeutung des *hanami* schon bewusst. Als zusätzliche Unterstreichung der Wichtigkeit: Auch wenn die Japaner zehn bis 20 Urlaubstage theoretisch zur Verfügung haben, werden in der Regel aus Loyalität zur Firma nicht mehr als neun bis 14 Urlaubstage wirklich genutzt!

Davon ahnt Herr Hoffmann nichts, als er sich am nächsten Morgen in Richtung Ueno-Park aufmacht, wo ihn Frau Watanabe an der Haltestelle abholen wird, damit er sich nicht wieder verläuft. Schon auf dem Weg dorthin erkennt er die graue Stadt kaum wieder: An jeder Ecke blüht auf einmal ein Kirschbaum! Die ganze Stadt scheint in zartrosa Wolken gehüllt zu sein. Die Stadt ist auf einmal so grundlegend verwandelt, wie seine Heimatstadt Flensburg durch den ersten Schnee verzaubert wird.

Kein Wunder, dass Herr Hoffmann überwältigt ist – schließlich stehen allein in Tôkyô rund 140.000 Kirschbäume. Und jeder davon trägt etwa 350.000 Blüten. Nicht umsonst ist die Zierkirsche die offizielle Pflanze Tôkyôs. Der Cherry Blossom Association (CBA) ist das jedoch noch nicht genug. Ihr hehres Ziel: Innerhalb von zehn Jahren will die einflussreiche CBA eine Million weitere Kirschbäume in Japan pflanzen.

Am Ueno-Park angekommen, traut Herr Hoffmann seinen Augen kaum: Es ist so gut wie kein Fleckchen Wiese zu sehen, denn ganz Tôkyô scheint sich hier versammelt zu haben. Aus irgendwelchen geheimen Verstecken haben sie alle blaue Plastikplanen oder bunte Plastikdeckchen hervorgezaubert, die sie nun unter den blühenden Bäumen ausgerollt haben. Dabei ist der Ueno-Park nur einer von verschiedenen *hanami*-Hot Spots. Die über 1.000 Bäume am Shinjuku Gyoen oder der von Kirschbäumen gesäumte Sumida-Fluss werden ebenso viele Besucher angezogen haben.

»Wie sollen wir hier noch einen Platz finden?«, fragt Herr Hoffmann entgeistert. Frau Watanabe lächelt, denn natürlich hält ihr Sohn

Kenji schon seit vielen Stunden einen gut gelegenen Platz frei. In japanischen Firmen fällt diese Aufgabe natürlich den Neulingen zu, einige Hardcore-Kirschblüten-Fans sollen sogar schon im Park übernachtet haben, um ein besonders schönes Fleckchen zu ergattern.

Während sie sich durch die fröhlich plaudernde Menschenmasse zu ihrem Platz drängen, werden bereits rund herum Mobiltelefone gezückt, um die Kirschbäume oder die Blüten auf Fotos festzuhalten und so vor der Vergänglichkeit zu bewahren. Wie durch ein Wunder findet Frau Watanabe Kenji und die anderen aus der Gruppe und lobt sofort den besonders schönen Platz. Herr Hoffmann kann keinen Unterschied entdecken, zieht aber folgsam wie alle anderen seine Schuhe aus, bevor er die Plastikdecken betritt, und nimmt kurz darauf auf einer bedruckten Plane Platz. Diese zeigt einen gelben Godzilla, der inmitten von Wolkenkratzern umherturnt.

Aha. Schon heißt es zusammenrücken, denn Yukiko, die Freundin von Kenji, hat nun ihr mit Kirschblüten-Aufklebern verziertes Handy für ein Gruppenfoto gezückt. Die etwa zehnköpfige Gruppe lächelt, danach verstaut Yukiko das Handy wieder in einer winzigen Handtasche in Handygröße, die ebenfalls mit Kirschblüten verziert ist. Herr Kobayashi, der links von Herrn Hoffmann sitzt – ein ehrenvoll wirkender Mann um die sechzig – bietet ihm freundlich ein paar Fisch-Spieße an. Auf der roten *bentô*-Dose aus Plastik sind weiße Häschen und – natürlich – Kirschblüten abgebildet. Ein anderes junges Mädchen (vielleicht eine Nichte?) trägt mit Kirschblüten verzierte Haarspangen und auch ihre Fingernägel sind entsprechend beklebt. Immerzu stößt sie ein begeistertes »*sakura kirei!*« aus: »schöne Kirschblüten!«

Frau Watanabe hat inzwischen ein Päckchen geöffnet, von dem Herr Hoffmann zuerst dachte, dass es pinkes Konfetti sei. Nun aber bemerkt er, dass es sich wohl um Papier-Blütenblätter handelt. Allerdings muss er zugeben, dass es sehr hübsch aussieht, als Frau Watanabe diese verstreut. Und es stört auch gar nicht, dass ein paar dieser künstlichen Blätter auf der *okonomiyaki* (einer Art Eierpizza) und den gebratenen Nudeln landen.

Auch Frau Watanabes Mann hat sich vorbereitet – wenn auch auf seine Art. Zum Schutz vor Heuschnupfen trägt er eine Papiermaske vor Nase und Mund, die er nur lüftet, um immer wieder einen ordentlichen Schluck des warmen Sake zu trinken. Ein paar Meter weiter scheint der Sake-Konsum schon weiter fortgeschritten zu sein, denn dort trägt bereits einer der Herren im mittleren Alter voller Stolz eine Art Zauberhut, der allerdings den Mt. Fuji darstellen soll. Selbstverständlich sind auch dort Kirschblüten angeheftet. Der warme Sake schmeckt Herrn Hoffmann besser als gedacht und das Essen ist auch köstlich.

»*Where do you come from?*« Herr Kobayashi hat inzwischen genug getrunken, um sich an eine Unterhaltung auf Englisch heranzuwagen.

»*From Flensburg. In Germany!*«, freut sich Herr Hoffmann über das Interesse.

Schnell stellt sich heraus, dass Herr Kobayashi auch schon einmal in Deutschland war, wenn auch nur für ein paar Tage und leider nicht in Flensburg. Aber er hat auf seiner Reise sogar ein deutsches Wort gelernt: »Äppelwoi!« Begeisterung wallt auf, als Herr Hoffmann zu erkennen gibt, dass ihm dieses Wort ebenfalls geläufig ist. Schnell muss die ganze Runde auf ›Äppelwoi‹ anstoßen. Zum Glück hat Herr Hoffmann sich nicht die Erfahrung seiner Italienurlaube zugute gemacht und mit einem herzlichen ›Chinchin‹ angestoßen. Auf Japanisch ist das eines der Worte für ›Penis‹.

Ein paar weitere Äppelwoi-Toasts im Dienste der Völkerverständigung später ist auf einmal der Sake alle. Gemeinsam mit Herrn Kobayashi schlüpft Herr Hoffmann in seine Schuhe, um an einem der umliegenden Stände schnell etwas nachzukaufen.

Langsam wird es dunkel. Kenji hat einen Ghettoblaster eingeschaltet, ein paar Meter weiter beginnt eine Gruppe zu singen. Die Kirschblüten werden inzwischen angestrahlt und sehen in dem geisterhaften Licht fast noch schöner aus als am Tag. Zum wiederholten Mal stößt die Gruppe nun auf ›Äppelwoi‹ an, und obwohl er ansonsten kaum ein Wort versteht, kommt es Herrn Hoffmann so vor, als habe er sich heute blendend unterhalten. Glücklich lehnt er sich zurück, schaut er in den Abendhimmel und sieht zu, wie leise die ersten Blütenblätter zu Boden fallen.

Was können Sie besser machen?

Versuchen Sie, in Japan nicht allzu spontan zu sein. Besonders im Geschäftsleben kommt es nicht besonders gut an, wenn ein Einzelner versucht, der Gruppe seine Ideen aufzudrängen. Denn – Sie erinnern sich – in Japan zählt die Gruppe stets mehr als das Individuum. Aus demselben Grund werden Sie bei geschäftlichen Meetings auch kein Feedback bekommen. Keiner soll aus der Gruppe hervorgehoben werden. Und mal ehrlich: Oft genug ist es eher unwahrscheinlich, dass Ihr spontaner Einfall der ganzen Gruppe zugutekommt – und nicht nur Ihnen.

Ach ja, und zieren Sie sich nicht wie Herr Hoffmann. Sie sollten sich Japan zur Zeit der Kirschblüte auf keinen Fall entgehen lassen.

29 HERR HOFFMANN HAT HUNGER

PACHINKO – SELTSAM UND SEHR, SEHR LAUT

Ohrenbetäubender Lärm. Herr Hoffmann taumelt ein wenig zurück, als er neugierig die Tür des großen Gebäudes mit den leuchtenden Reklametafeln und den bunten Flaggen öffnet, geht dann aber doch hinein. Der Saal ist riesig – und nicht unbedingt gemütlich. Die Klimaanlage kühlt das Innere auf frostige 18 Grad herab. Auf dem schmucklosen Linoleumboden stehen mehrere Hundert Automaten, die ein bisschen aussehen wie Waschmaschinen auf LSD. Sehr bunt und irgendwie seltsam. Diese Maschinen bilden lange Reihen, vor jeder Maschine ist ein kleiner Drehstuhl installiert, etwa 60 Zentimeter Platz hat jeder Sitz zu den Seiten hin. Grelles Neonlicht flackert von der Decke. Und dann dieser Lärm ... Im ganzen Laden läuft laute Musik, dazu sagt jemand per Mikrofon irgendwelche Informationen durch, die Maschinen piepsen beinahe pausenlos. Aber das Schlimmste ist dieses enervierende Klackern.

Herr Hoffmann, der sich eigentlich nur etwas zu essen kaufen wollte, geht nun – vom Forscherdrang gepackt, denn dies könnte sich als gute Geschichte für die nächsten Skat-Runden in Flensburg entpuppen – ein wenig näher an eine der seltsamen Maschinen heran. Dabei stößt er mit dem Fuß beinahe an eine hellgrüne Plastikschale, die auf dem Boden steht. Die ganze Schale ist gefüllt mit silbernen Metallkugeln, die ziemlich genau so aussehen, wie die Kugeln, die bei dem in den 80er-Jahren beliebten Manager-Spielzeug an Fäden hintereinander aufgereiht angestoßen werden können, nur etwas kleiner. Möglichst unauffällig schaut Herr Hoffmann nun dem Mann zu, der vor der Maschine sitzt und dem vermutlich auch die Kugeln gehören.

Aha ... In der Maschine befinden sich auch silberne Kugeln. Bei genauerer Betrachtung scheint es sich um eine Art Spiel zu handeln, das so ähnlich funktioniert wie ein senkrechter Flipper. Die Kugeln werden herausgeschossen und fallen dann über verschiedene Nägel nach unten. Das also verursacht dieses laute Klackern. Herr Hoffmann überlegt gerade, ob er auch mal spielen soll, da bemerkt er, dass ihn der Spieler vor ihm schon eine Weile ungehalten beobachtet. Schnell tritt Herr Hoffmann einen Schritt zurück und stößt dabei mit dem Fuß gegen den Plastikkasten mit den Kugeln. Hals über Kopf verlässt er die lärmende Halle. Ah, richtig ruhig ist es hier. Und da vorne ist ja auch der Supermarkt, zu dem er eigentlich wollte.

Kurz darauf ist Herr Hoffmann wieder auf eisige Klimaanlagen-Temperaturen heruntergekühlt, diesmal aber in ruhigerer Umgebung. Hier im Supermarkt ist die Musik um einiges leiser als in der seltsamen Spielhalle. So, nun braucht er dringend eine Kleinigkeit zu essen, nur was? Das Obst lässt er schon mal links liegen. Zum Sattwerden braucht er jetzt mehr als eine eckige Melone oder ... Moment, eine eckige Melone? Tatsächlich! Da steht eine Wassermelone in Form eines Würfels. Sehr seltsam. Und direkt daneben kleine Plastikbecher mit jeweils einer einzelnen Erdbeere. Für 420 Yen das Stück. Herr Hoffmann rechnet schnell nach. Aber das wären ja über 3,80 US-Dollar (oder etwa 3,30 Euro) für eine Erdbeere ... Auch Kirschen kann man hier in kleinen Becherchen kaufen, immerhin nicht einzeln, sondern im Zehnerpack. Kopfschüttelnd geht Herr Hoffmann weiter. Hier ist überhaupt vieles doppelt und dreifach verpackt. Vielleicht etwas Süßes? Aha – Kitkat-Schokoriegel gibt es hier auch in den Geschmacksrichtungen Kastanie, grüner Tee, Erdbeere und Kirschblüte. Lieber doch etwas Herzhaftes. Im Kühlregal liegen natürlich jede Menge Tentakel und anderes Meeresgetier herum – wen wundert's? Und auf der Packung dort ist tatsächlich ein Wal abgebildet, vor einer japanisch-roten Sonne. Nun ja, das muss nun auch nicht sein. Hier stehen einige Fertiggerichte, die lecker aussehen, aber wie soll er die hier warm machen? (Tatsächlich haben viele Supermärkte eigens zu diesem Zweck eine Mikrowelle, an der sich Kunden ihre Fertiggerichte aufwärmen können. Aber die hat Herr Hoffmann beim Reinkommen leider nicht gesehen.)

Ah, das wäre doch etwas! Herr Hoffmann nimmt zwei etwa handflächengroße, grüne Dreiecke aus dem Kühlregal. Das scheint Reis in getrocknete Algen eingewickelt zu sein – eine Art Sushi vielleicht? Immerhin, das kennt Herr Hoffmann schon. Außerdem kostet eines dieser Dreiecke mit 100 Yen nur ein Viertel so viel wie eine einzelne Erdbeere. Diese Dreiecke – *onigiri* – gibt es mit verschiedenen Füllungen und sie werden von den Japanern gerne als kleiner Snack zwischendurch gegessen. Kinder nehmen sie zum Beispiel anstelle eines Pausenbrotes mit in die Schule.

Wenig später packt er eines der Dreiecke aus. Wie immer ist natürlich weit und breit kein Mülleimer auf der Straße zu sehen. Aber diesmal ist Herr Hoffmann ja schon ein wenig schlauer und steckt die Plastikfolie brav in die Hosentasche. Dann beißt er in das Reis-Dreieck hinein. Die Mayonnaise-Thunfisch-Füllung passt perfekt zu dem Geschmack der äußeren *nori*-Blätter. Lecker. Gut gelaunt packt Herr Hoffmann direkt noch das zweite Dreieck aus und isst es, während er gemütlich in Richtung Yoyogi-Park schlendert.

Was ist diesmal schiefgelaufen?

Mit dem Essen in der Öffentlichkeit ist das so eine Sache in Japan. Beim Kirschblütenpicknick ist es eine Selbstverständlichkeit, auch auf Zugfahrten darf gegessen werden. Und ein Eis auf der Straße zu essen ist auch keineswegs anstößig. Aber ansonsten ist das Essen aus der Hand beim Gehen verpönt. Sogar Kaugummi kauen wird nicht gern gesehen. Neben Automaten, die Speisen anbieten, stehen daher häufig ein paar Tische, an denen gegessen werden kann.

Aber gut – es war nun auch nicht besonders höflich, dem Waschmaschinen-Spieler so nah auf die Pelle zu rücken und ihn über seine Schulter hinweg zu beobachten. Aber da Herr Hoffmann dies im Sinne der Völkerverständigung getan hat, wollen wir es ihm mal nicht übel nehmen. Aber was hat es mit diesem seltsamen Spiel auf sich?

Bei dem vertikalen Flipper handelt es sich um Pachinko, einer der wenigen Hits in Japan, der im Gegensatz zu Karaoke, Manga oder Videospielen in jeder anderen Kultur auf völliges Unverständnis und Desinteresse stößt. Besonders vielversprechend sieht es aber auch nicht aus: Da hocken die – meist männlichen – Spieler stundenlang einsam und ohne erkennbare Gefühlsregung vor ihrer Maschine und starren die fallenden Kugeln an. Einige Pachinko-Automaten haben sogar kleine Displays installiert, auf denen Filme oder das TV-Programm laufen. Das spricht nicht unbedingt für den Spaß, den Pachinko bietet.

Und dennoch ist in Japan rund ein Viertel der Bevölkerung im Pachinko-Fieber. Diese 30 Millionen Spieler sorgen für einen Umsatz von satten 250 Milliarden Euro pro Jahr. Damit ist Pachinko das beliebteste Spiel in Japan und beherrscht 40 Prozent der japanischen Freizeitindustrie (inklusive Bars und Restaurants). Pachinko ist ein riesiger Markt, der mehr Umsatz macht als die japanische Autoindustrie und dreimal so viele Menschen ernährt wie die Stahlindustrie.

Was also ist das Geheimnis von Pachinko? Vielleicht ist in den silber glänzenden Kugeln doch mehr Spielspaß verborgen, als der erste Blick vermuten lässt? Das Spielprinzip ist relativ einfach: Kugeln werden auf das Spielfeld geschossen und fallen dabei durch ein Labyrinth aus kleinen Pins und Kanälen. Die meisten klackern einfach durch und der Spieler sieht sie nie wieder. Einige aber fallen in Speziallöcher, wodurch neue Kugeln gewonnen werden können.

Mit einem Hebel oder Drehregler kann der Spieler bestimmen, wie schnell die Kugeln auf das Feld geschossen werden.

Das war's eigentlich schon. Gut, es gibt natürlich ein paar Feinheiten und verschiedene Typen von Maschinen *(hanemono, deji-pachi, kenrimono* und *pachi-suri)* mit unterschiedlich großen Gewinnchancen etc., aber im Großen und Ganzen sind die Einflussmöglichkeiten der Spieler tatsächlich ähnlich begrenzt wie beim Einarmigen Banditen.

Spielspaß alleine kann es also eigentlich nicht sein – so urteilt der unbeteiligte Beobachter schnell. Wobei man zugeben muss, dass es eigentlich eine Menge Freizeitvergnügungen gibt, deren Unterhaltungswert sich erst beim Ausprobieren und nicht beim Zuschauen erschließt (Fingerhakeln, Baseballkarten sammeln, Eisstockschießen, Sex), aber zumindest das Autorenteam hat Pachinko auch beim Ausprobieren nicht in seinen Bann ziehen können, was möglicherweise daran lag, dass wir nicht einen Yen gewonnen, dafür aber etliche verloren haben. Und das innerhalb von Sekunden ... Aber Pachinko bietet dem glücklichen Spieler tatsächlich noch etwas anderes als Spaß: Geld! Nun ist das Glücksspiel bis auf wenige Ausnahmen, wie z. B. das Wetten bei Pferderennen, verboten, die Pachinko-Industrie umgeht dieses Verbot aber relativ geschickt. Die gewonnenen Kugeln (wenn denn welche gewonnen werden) dürfen laut Gesetz nicht wieder in Geld umgetauscht werden, wohl aber in Sachpreise. Diese Sachpreise können dann praktischerweise wieder gegen Geld umgetauscht werden. Allerdings nicht in der Pachinko-Halle selber, sondern meist in dunklen Gassen auf der Rückseite der Hallen. Hier warten hinter kleinen Fenstern in der Wand die Aufkäufer *(kaiba)* – und da mischen die Yakuza kräftig mit. Um die japanische Mafia aus dem System herauszuhalten, gibt es heute Bestrebungen, nun doch den Spielhallen selber den Umtausch in Bargeld zu ermöglichen.

Pachinko ist also nicht nur Spaß, sondern auch eine bequeme Möglichkeit, mit Nichtstun Geld zu verdienen. Rund 34.000 *pachi-pros*, Berufsspieler, sollen denn auch in Japan unterwegs sein.

Das glaubt man erst, wenn man morgens noch vor der Öffnung der Pachinko-Hallen eine Schlange von Menschen vor den Türen warten sieht. Denn die wahren Profis setzen sich nicht einfach an irgendeine Maschine. Da die Anordnung der Pins darüber bestimmt, wie hoch die Gewinnchancen sind, lohnt es sich, am Vorabend einige Recherchen darüber aufzustellen, welche Maschinen besonders viele Kugeln ausspucken. Da viele Pachinko-Hallen die Anordnung der Pins nicht täglich, sondern nur alle drei bis vier Tage ändern, beginnt am nächsten Tag ein Sturm auf die besten Maschinen.

Die Pachinko-Industrie verdient also sehr gut, doch die Einnahmen könnten noch besser sein. Das Problem: Noch immer wird Pachinko vor allem von Männern gespielt. Aus diesem Grund gibt es in einigen Hallen nun spezielle ›Ladies' Days‹ (an denen Männer keinen Zutritt haben), edle Preise wie zum Beispiel Designer-Taschen, spezielle Angebote zur Kinderbetreuung und nicht zuletzt eine Werbekampagne mit Nicolas Cage.

Herr Hoffmann hat nach seinem einmaligen Besuch übrigens nie wieder eine der Hallen betreten und daher kein Spiel gewagt. Ist vielleicht auch besser so. Denn wie jedes Glücksspiel kann auch Pachinko süchtig machen ...

Was können Sie besser machen?

Jetzt haben wir Sie mit so vielen Informationen über Pachinko zugeschüttet, dass Sie vielleicht schon ganz vergessen haben, worum es eigentlich ging. Daher noch einmal zur Erinnerung: Essen Sie nach Möglichkeit nicht beim Gehen aus der Hand. Aber *onigiri* sollten Sie ruhig einmal probieren ...

30 HERR HOFFMANN IN DER MÄDCHEN-ZONE

WAS PASSIERT HINTER DEN VORHÄNGEN DER PINKEN AUTOMATEN?

»*I wish I could fry like a bird*«, liest Herr Hoffmann im Vorbeigehen auf dem T-Shirt eines jungen Mannes mit rotblond gebleichten Haaren. Seltsam ... schon wieder so ein komischer T-Shirt-Spruch. Erst gestern hatte er auf dem Shirt eines Mädchens »*My faborite things*« gelesen, und neulich war er an einem Laden namens »*Horseshit*« vorbeigekommen (hierbei handelt es sich um Engrish-Phänomene, mehr dazu weiter unten). Herr Hoffmann schüttelt den Kopf und will gerade die Straßenseite wechseln, um zu seiner U-Bahn-Station zu kommen, als er auf einmal an einer riesigen Spielhalle vorbeikommt. Diese Spielhalle ist ganz anders als die komische Halle mit den Waschmaschinen-Automaten, in die er neulich hineingeraten ist (wer's überblättert hat: ›Herr Hoffmann hat Hunger‹). Laut ist es hier auch, aber es gibt viel mehr junge Menschen, auch ganze Familien. Neugierig betritt Herr Hoffmann die blinkende Halle, deren breite Glastüren einladend geöffnet sind.

Eine Gruppe Jugendlicher steht um einen Jungen herum, der wilde Hüpfer und Verrenkungen vollführt. Anscheinend geht es darum, bestimmte blinkende Felder auf dem Boden innerhalb einer bestimmten Zeit und in einem bestimmten Rhythmus zu treffen. Ein hübsches Manga-Mädchen mit rosa Haaren und Hello-Kitty-beklebten Fingernägeln tanzt die Folge auf dem Monitor vor. Der Junge schlägt sich gut, anscheinend hat er das schon häufiger gespielt. Seine Freunde feuern ihn lautstark an. Gleich nebenan steht ein junger Mann vor zwei riesigen Trommeln und spielt darauf – natürlich auch eine vom Videospiel vorgegebene Abfolge. Das Ganze hört sich richtig gut an. Herr Hoffmann ist widerwillig beeindruckt. »Mit ein bisschen Übung könnte ich das auch ...«, murmelt er, sieht aber dann doch davon ab, es mal selber auszuprobieren.

Ah, aber das könnte er mal testen! An einem Automaten steht ein Mädchen mit zwei Rasseln und rasselt im selben Takt wie ein riesiger Pandabär auf dem Monitor. Das sieht einfach aus. Herr Hoffmann kramt ein paar Münzen hervor, lächelt das rasselnde Mädchen und ihre Freundinnen siegessicher an und legt los. Wenige Sekunden später ist sein Geldeinsatz verspielt, ohne dass er auch nur einen einzigen Punkt erspielt hätte. Die Mädchen neben ihm kichern. Nun ja, dieses Rassel-Spiel ist bestimmt mit Abstand das schwierigste hier. Betont unbeteiligt legt Herr Hoffmann die Rasseln wieder zur Seite und schlendert in die entgegengesetzte Ecke der Spielhalle.

Hier gibt es seltsame Dinge zu beobachten. Zwei Männer um die 40 vergnügen sich bei einer Art Angel-Spiel. Einer schleudert gerade seinen Köder möglichst weit in einen See, der auf einem großen Monitor dargestellt wird. Herr Hoffmann schüttelt den Kopf. Ist reales Angeln nicht schon langweilig genug? Gleich daneben steht ein Mädchen auf einem Laufband, das zu einer Art Gassi-gehen-Automat gehört. In der Hand hält sie die Hundeleine ihres Plastikhundes. Auf dem Monitor verfolgt sie die spannenden Geschehnisse von Waldis Spaziergang. Da kann Herr Hoffmann sich aber auch eine lustigere Beschäftigung vorstellen.

Apropos lustig. Aus dem Seitengang dringt einiges Gekicher. Da scheinen spannendere Automaten zu stehen. Herr Hoffmann biegt in den Gang ein und sieht eine ganze Reihe von bunten (meist pinken) Automaten, die alle mit einer Art Vorhang verhängt sind. Was hier wohl vor sich geht? Unter dem einen Vorhang kommt gerade ein Mädchen hervor und läuft Herrn Hoffmann dabei fast in die Arme. Erschrocken sieht sie ihn an.

ENGRISH

Tatsächlich kann der Japan-Tourist – genauso wie Herr Hoffmann – leicht das eine oder andere lustige Beispiel für das sogenannte ›*engrish*‹ finden. Da die Buchstaben ›L‹ und ›R‹ in vielen asiatischen Sprachen phonetisch eng beieinander liegen, ist die Verwechselung dieser beiden Buchstaben ein beliebter Fehler. Also nicht wundern, wenn eine CD mit den besten Hits von ›Eric Crapton‹ angeboten wird ... Hinzu kommt, dass englischsprachige Sätze oder Sprüche auf T-Shirts etc. vor allem einen exotischen Eindruck vermitteln sollen. Die eigentliche Botschaft ist zweitrangig. Daher werden diese Sprüche meist flüchtig oder gar nicht Korrektur gelesen. Andererseits – wer weiß schon, wie viele Europäer mit fehlerhaften oder völlig sinnfreien Tätowierungen japanischer Schriftzeichen herumlaufen?

Was ist diesmal schiefgelaufen?

Warum ist Herr Hoffmann hier nicht willkommen? Um was mag es sich bei den geheimnisvollen Automaten handeln? Spielen sich hier etwa zwielichtige Dinge ab?

Eigentlich sah die Spielhalle ja ganz harmlos aus. Seit in den 70er-Jahren die ersten Videospielhallen für ›Space Invaders‹ auftauchten, sind die Spielhallen zwar immer bunter und immer lauter geworden, aber sie bieten eigentlich keinen Grund, Herrn Hoffmann nicht warm und herzlich zu empfangen. Im Gegensatz zu Deutschland haben Spielhallen in Japan zudem einen ganz anderen Stellenwert. Sie gelten viel mehr als Treffpunkt für Jung und Alt, für Frauen und Männer, ganze Familien gehen gemeinsam dorthin und Jugendliche treffen sich dort so selbstverständlich wie anderswo zum Kino oder Shopping.

Was aber geschieht nun in dem Gang mit den pinken Automaten? Auffällig ist auf den ersten Blick die große Menge an jungen Mädchen, die hier in kleinen Grüppchen unterwegs sind. Sie quetschen sich alle zusammen hinter den Vorhang eines der Automaten und posieren dort gemeinsam. Nun werden verschiedene Hintergründe ausprobiert, wird das Licht eingestellt oder die Farbe geändert. Sobald der Countdown läuft, schauen sie alle vom Monitor weg und hoch in die Kamera: Ein Foto wird geschossen!

Wer nun aber an heimische Passfotoautomaten denkt, hat weit gefehlt. *Purikura*, eine der liebsten Freizeitbeschäftigungen jugendlicher Mädchen, ist mit dem Foto längst nicht abgeschlossen. Der Begriff ist aus einer Evolution des Begriffes ›*Print Club*‹ entstanden, den die Japaner zuerst so aussprachen, dass ihn garantiert kein Europäer mehr versteht: ›*purinto kurabu*‹. Hieraus wurde dann im weiteren Verlauf kurzerhand die Abkürzung ›*purikura*‹ geschaffen. Voilà, fertig ist das neue Wort.

Aber zurück zu unseren Mädchen im *purikura*-Automaten. Nachdem das Foto geschossen ist, geht die Arbeit erst richtig los. Jetzt können Blümchenrahmen hinzugefügt, Herzchen integriert oder allen ein kleines Krönchen, Hasenohren oder eine andere, lustige Kopfbedeckung aufgesetzt werden. Mit einem Stift werden Botschaften geschrieben oder gleich eigene Elemente ins Bild gezeichnet – die Möglichkeiten sind schier unbegrenzt. Schließlich werden die Fotos gedruckt, obwohl ... richtige Fotos sind es eigentlich nicht. Aus dem Drucker kommen große Bögen, die viele kleine Foto-Aufkleber enthalten. Besonders überraschende Ergebnisse liefert dabei das Speed-*puri*, bei dem man nur eine Sekunde Zeit hat, sich in Position zu stellen, dann kommt schon das Foto. Mit bereitliegenden Scheren werden die Aufkleber nun auseinander geschnitten und gerecht unter den Anwesenden verteilt. Viele Mädchen haben richtige Sammelalben, in die die Fotos dann als Erinnerung geklebt werden. Aber natürlich kann man *purikura* auch verschenken, tauschen, auf sein

Handy schicken lassen und von dort aus ins Blog hochladen, twittern, und, und, und ... Eine neue Entwicklung ist *videkura*, wo kleine Videoclips aufgenommen und per Handy oder Internet verschickt werden können. Und natürlich gibt es inzwischen auch Apps, mit denen man *purikura*-Fotos ganz einfach selber auf dem Smartphone machen und sich die Spielhalle sparen kann.

Aber warum darf Herr Hoffmann dort nicht mitmachen? Tatsächlich ist in einigen Spielhallen das Betreten des *purikura*-Bereichs für Männer untersagt, manchmal auch nur für Männer, die alleine kommen. Ein Pärchen darf dann durchaus den gemeinsamen Abend mit einem *purikura* krönen. Aber ein Mann alleine erregt Verdacht. Der Grund: Früher nutzten viele Mädchen die *purikura*-Automaten dazu, ihre Fotos samt Telefonnummer an eine Art schwarzes Brett zu kleben. Dies war dann ein Zeichen für Männer, dass diese Mädchen Interesse an einer *enjo kôsai* haben, einer Art Beziehung nicht ganz ohne finanzielle Hintergedanken. Das ist zwar inzwischen verboten, aber die *purikura*-Zonen sind trotzdem noch beliebte Orte für Männer mittleren Alters, um junge Mädchen, nun ja ... kennenzulernen. Da ist der arme Herr Hoffmann also ganz schön in Misskredit geraten. Hätte er bloß die großen Verbotsschilder lesen können ...

Was können Sie besser machen?

Sie haben es sich sicher schon gedacht: Als Mann sind Sie in weiblicher Begleitung auf der sicheren Seite, wenn Sie sich denn überhaupt in die *purikura*-Zone wagen wollen. Denn mal ehrlich – für die meisten Männer ist die Vorstellung, ihr Foto mit niedlichen Accessoires zu verzieren, ungefähr so reizvoll wie das Ziehen der Weisheitszähne ohne Betäubung. Frauen dagegen müssen nur auf eine Sache achten: Es gibt ein Zeitlimit für das Bearbeiten der Bilder, meist nur wenige Minuten. Am besten haben Sie daher jemanden dabei, der Japanisch spricht – oder Sie lassen sich einfach davon überraschen, dass der Automat Ihre Fotos auf einmal druckt. Egal, ob Sie schon fertig sind oder nicht ...

31 HERR HOFFMANN MISSACHTET DAS *KI*

EIN FALL FÜR GEDANKENLESER: BEFINDLICHKEITEN ANDERER IM AUGE BEHALTEN

Ein seltsames Brüllen erfüllt die Nacht. Herr Hoffmann und einige der anderen Fahrgäste schauen aus dem Fenster der Hochbahn, deren Waggons sich wie Perlen an einer Kette nahe der Bucht von Tôkyô auf ihrer Strecke entlang schlängeln. Nichts zu sehen. Waren das Geräusche eines Sturms?

Plötzlich kreischen die Bremsen des Zugs, der innerhalb weniger Hundert Meter zum Stehen kommt. Nun wachen auch die letzten Passagiere auf, die bisher friedlich auf ihren Plätzen dösten. Ein grau melierter Mann mit einer Tageszeitung in der Hand steht auf und schaut auf das Lichtermeer der Megacity. Beängstigende Ruhe, bis auf einmal ein lautes Grollen zu hören ist und der gesamte Zug vibriert. Vorboten eines Erdbebens? Das Donnern und Beben hört auf, nur um sich kurz darauf mit immer kürzeren Pausen zu wiederholen.

Herr Hoffmann beobachtet, wie im vorderen Abschnitt einige Schulmädchen aufspringen und aufgeregt durcheinanderredend mit ihren Handykameras in die Nacht hinaus fotografieren. Noch bevor der deutsche Chemiker sich darüber aufregen kann, dass bei Aufnahmen in die dunkle Nacht hinaus ein Blitzlichtgewitter nicht viel hilft, sieht er, was die Mädchen fotografieren: ein riesiges, graugrünes und an den Hüften etwas pummeliges Wesen, einem Dinosaurier nicht unähnlich! Das ist doch ...

»*GOJIRAAAA!*«, brüllt der Graumelierte und rüttelt verzweifelt an der geschlossenen Tür.

Das ist also Godzilla, die durch atomare Strahlung mutierte Urzeit-Echse. Kein Zweifel. Und das Ziel seines Zerstörungslaufs ist wie immer Tôkyô, genauer gesagt erst mal der Zug, in dem Hoffmann sitzt und der dem Koloss auf seinem zerstörerischen Weg zum Tôkyô Tower genau im Weg steht. Eher noch hätte er damit gerechnet, dass er dadurch umkommt, dass sich versehentlich ein Sumoringer auf ihn draufsetzt ... aber durch ein Riesenmonster?

Nur noch weniger hundert Meter trennen den turmhohen Giganten vom gestoppten Zug mit seiner panisch kreischenden Menschenfracht. Egon Hoffmann schließt die Augen, lässt seinen bisherigen Japantrip Revue passieren und hört dann das monotone Rattern der Bahn auf den Schienen. Von Godzilla weit und breit keine Spur ...

Wüssten Sie, was Sie täten, wenn Sie in Tôkyô in der U-Bahn säßen und noch etliche Stationen von Ihrem Fahrtziel entfernt wären? Herr Hoffmann hätte sich über Anregungen gefreut, denn da er sich nichts zu lesen mitgenommen hatte und die für ihn entschlüsselbaren Anteile der überreich in dem Zug hängenden Werbung schnell gelesen waren, begann er sich rasch zu langweilen. Er hätte ebenfalls gerne ein Mobiltelefon gehabt, um, wie augenscheinlich alle anderen Fahrgäste, im Internet zu surfen, Kurznachrichten zu schreiben oder die Familie anzurufen. Diese begann er jetzt, wo die Fülle an ablenkenden neuen Reizen etwas abgenommen hatte, mehr und mehr zu vermissen.

HOMO MOBILIS

Der japanische Inselstaat ist der Ursprungsort des *Homo mobilis*, eben jener Untergattung moderner Mensch, die ohne ihr Mobiltelefonwerkzeug lebensunfähig erscheint. Im Jahr 2017 hatten geschätzte 107 Millionen Nutzer ein sogenanntes Smartphone oder ein nicht durch Apps erweiterbares Featurephone – bei insgesamt 126 Millionen Einwohnern. Verlockend erscheint dem mobilen Techniknutzer die Möglichkeit, bei den oft sehr langen Pendelstrecken mit einem eigenen Entertainmentangebot die Welt einer mit Menschen vollgepfropften Bahn komplett ausblenden zu können.

Herr Hoffmann döste, angeregt durch das monotone Klackern des Zuges auf den Gleisen, schnell ein und fand sich im Traumland und in einem Zug der Yurikamome-Linie in Richtung Odaiba wieder, eine Linie, die er am Abend zuvor ebenso kennengelernt hatte, wie die Schrecken der japanischen Riesenmonster-Filme in ihrer etwa 4.000ten Wiederholung.

Beim Aussteigen lächelt er noch dem grau melierten Herren zu, der freundlich zurücklächelt. Wenn er wüsste, dass ihm in Hoffmanns Tagtraum von Godzilla der Kopf abgebissen wurde, würde er wahrscheinlich etwas weniger fröhlich lächeln.

GODZILLA

Wer kennt es nicht, dieses manchmal den Menschen helfende, meistens aber ihr Hab und Gut zerschmetternde Riesenreptil aus mittlerweile 33 Monsterfilmen? 1954 in *Godzilla – König der Monster* von Regisseur HONDA Inoshirô (für viele auch bekannt als der ›japanische Ed Wood‹) offenbar als Parabel zu den nur wenige Jahre zuvor auf Japan abgeworfenen Atombomben angedacht, fand der Film nicht überall direkt begeisterte Fans. Der Deutsche Filmdienst: »Bisher sahen wir nur japanische Spitzenwerke, in *Godzilla* begegnet uns offenbar der japanische Durchschnittsfilm.« Verglichen mit den Meisterwerken des seinerzeit hierzulande schon bekannten KUROSAWA Akira mochte dieser Film mit einem Schauspieler, der im Gummiriesenechsenkostüm Modellnachbauten von Tôkyô zerstampft, in der Tat eher durchschnittlich gewirkt haben. Doch der aufwendig produzierte Film war, nicht zuletzt wegen seiner hervorragenden Ausschlachtbarkeit für Merchandisingartikel, ein riesiger Erfolg in Japan, sodass die Produzenten in den japanischen Toho-Studios noch unzählige weitere Gojira- und andere Monsterfilme drehten. Der Erfolg schwappte sogar in den Siebziger Jahren nach Deutschland, wo Riesenmonsterfilme der Werbewirksamkeit wegen auch schon mal auf bekanntere Monsterpersönlichkeiten umetikettiert wurden (wie zum Beispiel King Kong und Frankenstein). Den bisher letzten Kampf von Godzilla und anderen Riesenmonstern gab es in *Shin Gojira* (2016), indem es allerdings weniger um das Riesenmonster, als um schleichend agierende und ratlose Bürokraten ging, die ihm beikommen wollen – eine direkte Bezugnahme auf das Katastrophenmanagement von Regierungsvertretern nach Fukushima.

An der Haltestelle Ebisu der Hibiya-Linie stehen – allesamt zu früh – bereits die bekannten Herrschaften des Chemiekonzerns Nakagawa. Frau Watanabe, Herr Morita und Herr Uchida sowie deren Chef Hashimoto, all die in den letzten Wochen lieb gewonnenen Leute, die ihm Japan und Tôkyô bei unzähligen Ausflügen und mit ihren Geschichten nähergebracht hatten.

Der Weg der Gruppe führt vorbei an der Sumitomo Mitsui Bank zu einem Laden namens ›NOS Ebisu‹. Auch wenn die Neuankömmlinge durch ihr Eintreten den Altersdurchschnitt deutlich anheben, scheint das niemanden wirklich zu stören. Weder die bereits zuvor anwesenden noch die nachgerückten Gäste. Nachdem der reisende Chemiker den modern aufgemachten Laden näher begutachtet hat, fällt ihm Herrn Moritas Krawatte auf. Seiner augenscheinlichen Lieblingsfarbe taubengrau ist er treu geblieben, doch hat er heute zu einer Krawatte mit einem beeindruckenden Motiv gegriffen: Es sieht so aus, als dreschten zwei Kinder mit Stöcken grimmig auf etwas Felliges ein. Oder soll das einen Heuhaufen darstellen, der von den Kindergestalten so martialisch bearbeitet wurde? ›Seltsam‹, denkt er noch, als ihn das Anreichen der Speise- und Getränkekarte aus seinen Überlegungen reißt.

Ein kurzer Blick zeigt ihm, dass außer den Überschriften nichts auf Englisch in der Karte vermerkt ist. Herr Uchida bietet umsichtig an, direkt das Passende für den Landesgast mitzubestellen, was er bei Eintreffen des Kellners mit seiner wild gefärbten Stachelfrisur auch gleich ohne weitere Rückfrage tut. Auch wenn *kushiyaki* (mit Kräutern und Gewürzen marinierte Grillspezialitäten, die mit verschiedenen Gemüsen, Fisch und Fleisch auf Stäbchen gereicht werden) und der *rubîmosukâto*-Cocktail (falls Sie es daheim nachmischen wollen: 1/5 Campari, 4/5 Cinzano Wermut, etwas Eis, fertig ist der feuerrote, gerade an warmen Tagen recht erfrischende ›Ruby Moscato‹) bei selbstbestimmter Order nicht Herrn Hoffmanns erste Wahl gewesen wären, genießt er den launigen Abend im Kreise der japanischen Kollegen. Und dass denen dies ähnlich ergeht, kann er später alleine schon an Herrn Moritas alkoholgerötetem Kopf, Herrn Hashimotos neu gelernten und fortwährend wiederholten deutschen Trinkformeln wie ›Prost‹ und ›Ab dafür‹ sowie an Frau Watanabes mädchenhaftem Kichern erkennen.

Doch auch der schönste Abend neigt sich irgendwann dem Ende. Hashimoto-*san* lässt es sich nicht nehmen, die ganze Gruppe einzuladen und während er auf die Toilette verschwindet, um einen Großteil der konsumierten Cocktails im ›NOS Ebisu‹ zurückzulassen, beobachtet Herr Hoffmann Herrn Morita, als er in ein weißes Gerät bläst, das aussieht wie ein übergroßes Digitalfieberthermometer.

»Alkoholspiegelprüfer?«

»Etiquette Checker«, kommt sofort die Antwort. »Praktisch, wenn man ein Rendezvous hat. Oder zurück nach Hause zur Frau muss. Ist ein 2-in-1-Gerät und misst Mundgeruch und Alkohol. Sehen Sie?« Auf dem grünen Display sind ein paar Zahlen sowie ein angedeuteter Kreis zu sehen. »Level 4 von insgesamt 6 Leveln. Eins ist ganz frisch, sechs eher betrunken.«

Während Herr Hoffmann seine Jacke überstreift, sieht er, wie der zurückgekehrte Hashimoto-*san* den Sitz seiner Krawatte in der Spiegeltrennwand überprüft. Frau Watanabe tippt irgendetwas in ihr Mobiltelefon, Herr Morita ist immer noch hochkonzentriert mit seinem Atemtester beschäftigt. So beschließt der Deutsche, schon einmal nach draußen zu gehen, um bereits etwas frische Luft zu schnappen.

Als die anderen ein paar Minuten später rauskommen, schauen sie ihn allesamt komisch an und seine Mitteilung, die Nachtluft sei heute herrlich klar, bekommt er nur mit einem dünnlippigen, kommentarlosen Nicken quittiert.

Was ist diesmal schiefgelaufen?

Oh je, Mutters Weisheit ›Was du nicht willst, dass man dir tut, das füg auch keinem anderen zu‹ kann natürlich nur dann greifen, wenn man weiß, was man überhaupt falsch gemacht hat. In diesem Fall ist Herr Hoffmann, ohne darauf zu achten, dass alle dabei sind, einfach schon mal aus dem Lokal herausgelaufen. Nicht schlimm, oder? Schließlich können die Nachzügler ja durch die gleiche Tür das Lokal verlassen und die Zeche war auch bezahlt, sodass kein Spüldienst droht, oder? ›Doch schlimm‹ sagen feinfühlige Japankenner, denn hier wurde das *ki* derjenigen, die zurückgelassen wurden, grob missachtet.

Ok ... Wer oder was genau wurde missachtet?

Auf dieses potentielle Fettnäpfchen aufmerksam gemacht, mussten auch die Autoren noch einmal genau nachfragen. Das *ki* ist schwer vollumfänglich zu erklären, oder wenigstens zu definieren. Manchen Definitionen zufolge ist *ki* zwingend erforderlich zur Schaffung einer Einheit von Geist und Körper. Man kann sich *ki* dabei als eine Art spirituelle Energie vorstellen, die überall im Universum unterwegs ist und entsprechend auch in uns fließt. Ist alles im Gleichgewicht: super. Fehlt ein Stück des *ki*-Kuchens, zum Beispiel weil ein anderer sich nicht ausreichend um unsere Bedürfnisse und damit unseren ›Energiefluss‹ Gedanken gemacht hat, dann ist Hängen im Schacht, wie man sich bei einer auf Harmonie bedachten Gesellschaft wie Japan denken kann. Übrigens: Auch in anderen asiatischen Ländern ist dieses *ki* als *qi* (China) oder *gi* (Korea) bekannt. Das philosophische Konzept datiert in die frühesten Zeiten aufgezeichneten chinesischen Denkens zurück. Die früheste nachweisbare Nutzung ist in dem Werk *Die Analekten des Konfuzius* aus dem Jahr 479 v.Chr. Der Titel sagt Ihnen nichts? Nicht schlimm, dem sonst recht gut sortierten Amazon auch nicht.

Ohne Esoterikworthülsen wird *ki* unscharf als Gefühl, Emotion, Motivation oder ›Ideen, die noch nicht klar sind, die aber später klar werden‹ beschrieben. Kurzum: *ki* alleine kann mit allem und nichts übersetzt und erklärt werden. In unserem Fall entspricht *ki* aber am ehesten dem, was wir als Empathie kennen. Wem es daran mangelt, dem passiert es leicht, dass er das *ki* seiner Mitmenschen missachtet.

Dass es sich aber lohnt, auf andere zu achten, deutet schon eine alltägliche, japanische Redensart beim Verabschieden an: ›*ki o tsukete kudasai*‹. Ins Deutsche übersetzt heißt das soviel wie ›Passen Sie bitte auf sich auf‹ (wörtlich aber ›Geben Sie bitte auf das *ki* acht!‹). Und wenn Sie uns fragen, ob wir noch mehr über *ki* erzählen können, antworten wir freimütig: »*ki ga nai*« (»wir haben keine Lust«). Auch wenn wir damit vielleicht Ihr *ki* mit Füßen treten.

Was können Sie besser machen?

Versuchen Sie sich in andere hinein zu versetzen, um unschöne Gefühle in ihrem Umfeld sowie peinliche Situationen zu vermeiden. Stellen Sie sich dabei einfach vor, welche Gedanken Ihnen durch den Kopf schießen würden, wenn z. B. die Gruppe, mit der Sie den ganzen Abend unterwegs waren, nicht den Augenblick Zeit hätte zu warten und schon einmal ohne Sie weitergezogen ist. Und bei einer Sache können Sie sich sicher sein: Zeigen Sie Einfühlungsvermögen, wird man dies in Japan garantiert bemerken und überaus zu schätzen wissen.

32 HERR HOFFMANN PARFÜMIERT SICH

EIN POTPOURRI AUS DUFT UND BETRÜBNIS

Der Tennô muss ein entspannter Typ sein, da ist sich Egon Hoffmann sicher. Noch morgens, als er aus dem Fenster seines Zimmers im Fairmont Hotel auf die nahen, üppig grünen Palastgärten geblickt hatte, stellte er sich den japanischen Kaiser bei seinem Alltag vor. Morgens erst einmal von dem Futon rollen (der in seinen Augen japanischste aller Japaner schläft bestimmt auf einer solchen Matte), über die *tatami*-Matten zum Fenster seines mit prachtvollen Ziegeln gedeckten Palastes schreiten, dieses aufstoßen und beherzt »*Yatta!*« in sein Kaiserreich hinaus jauchzen. Dann zündet sich das Staatsoberhaupt bestimmt erst einmal eine Zigarre an, während er glücklich auf die größte zusammenhängende Parkanlage der Stadt blickt, die seinen Kaiserpalast umrandet.

Mit einer schnellen Kopfbewegung schüttelt Herr Hoffmann die Bilder von mit Bescheidenheit und Eleganz genossenem, hochwohlgeborenem Luxus aus seinem Knopf. Denn er bemerkt, dass sich seine Vorstellung des kaiserlichen Lebens mit dem in Hugh Hefners Playboy-Villa zu durchmischen beginnt. Nach dem Ablichten der in Japan meistfotografierten Brücke, der steinernen Nijubashi, die als Haupteingang zum irdischen Wohnsitz des Kaisers dient, führt er seine heute beturnschuhten Füße über den riesigen Kiesplatz östlich des Palastes in Richtung Tôkyô International Forum. Die betont kühle Glas- und Stahlkonstruktion erinnert ihrer stromlinienförmigen Form wegen irgendwie an einen Schiffsrumpf und mag bei Architekturenthusiasten für feuchte Augen sorgen – bei solchen Enthusiasten wie zum Beispiel dem Autoren des Reiseführers von Herrn Hoffmann, der den Besuch des Kongresshallennutzbaus als so dermaßen zwingend dargestellt hatte, dass Egon Hoffmann jetzt gar nicht anders kann, als nun doch etwas enttäuscht zu sein.

17 Fotos, einen Schlenker durch das mit Edelboutiquen gespickte Viertel Ginza und einen kalten, erbarmungslos überzuckerten Automatenkaffee später, steht der weit gereiste Chemiker vor dem sonderbar alt und europäisch anmutenden Tôkyôter Hauptbahnhof. Noch gut 20 Minuten bis zu der verabredeten Zeit, an der er sich hier mit der rührend hilfsbereiten Frau Watanabe treffen will, um mit ihr das altehrwürdige Kabukiza-Theater zu besuchen.

TÔKYÔTER HAUPTBAHNHOF

Der Tôkyô *eki* ist eines der wenigen architektonischen Relikte der Meiji-Zeit, einer Zeit, in der man sich bei den Bauten gerne an westlichen Vorbildern orientierte. Der vordere Teil des Bahnhofs, von Architekt KINGO Tatsuno entworfen, wurde 1914 eröffnet und in den folgenden Jahren durch Anbauten erweitert. Die Bomben des Zweiten Weltkriegs zerstörten große Teile des Gebäudes, wie z.B. ein großes Glaskuppeldach. Statt zuvor drei Stockwerke wurden nur zwei Etagen der westlichen Fassade wieder aufgebaut, große Teile konnten gar nicht mehr gerettet werden und wurden in den folgenden Jahren in modernerem Stil neu errichtet.

Zeit genug, um das Eau de Cologne aufzufrischen. Er geht in den Steinbau und bremst knapp vor einem Japaner seines Alters in einem schlichten grauen Anzug. Dieser betet mantraartig eine Entschuldigung herunter, durchschneidet mit der Handkante die Luft und verneigt sich dabei leicht. Als sich Herrn Hoffmanns Reaktion lediglich auf ratloses Kopfkratzen beschränkt, umkreist der eilige Büroarbeiter unter weiteren Entschuldigungen und leichten Verneigungen den Deutschen und eilt schlurfenden Schrittes von dannen.

Herr Hoffmann weiß nicht, dass die beobachtete Geste noch aus der Zeit stammt, in der Krieger durch die Landschaft wanderten. Mit der Handbewegung machten sie klar, dass die Hand kein Schwert trug und man tatsächlich nur vorbei und keinen Kampf wollte. Weder Herrn Hoffmann, noch die Autoren wissen hingegen, warum so viele, vorwiegend männliche Japaner das Hochheben der Füße beim Gehen so stark vernachlässigen. Gegebenenfalls ist unser nächstes Buch eine anthroposoziologische Studie mit dem bewusst provozierend gewählten Titel *Japan – das Land der Schlurfer*. Vielleicht ist es auch eine Art verschämtes Balzritual, das könnten wir dann in einem Buch verarbeiten, in dem es um Liebe und Sex in Japan geht... Aber zurück zum historischen Bahnhof in Tôkyô.

›Verrückter Kerl‹, grübelt Herr Hoffmann noch über den fußfaulen Businessmenschen nach, als er die Herrentoilette betritt. Nach einem kurzen Blick in zwei der Kabinen keimt die Frage in ihm auf, wie es in einem Land, welches so auf Harmonie und Reinheit eingeschworen zu sein scheint, so ekelerregend verwahrloste, öffentliche Toiletten geben kann. Er beschränkt sich daher auf die Handlung, wegen der er eigentlich herkam, und sprüht eine ordentliche Dosis seines Deodorants unter das Hemd. Ummantelt von einem Aroma, das vor seinen Augen Moschusochsen auf saftig-grünen Wiesen unter Fliederbüschen und Pflaumenbäumen an eisklaren Bächen im irischen Hochland grasen lässt, wendet er sich von dem schrecklichen Hort sorglos abgeführter Stoffwechselendprodukte ab und tänzelt leichten Schrittes zurück zum Bahnhofseingang.

Hier wartet bereits seine Verabredung, wie viele Japaner auf die Tugend der Pünktlichkeit schwörend und daher etwas zu früh. Strahlend geht er auf sie zu, zieht sich besinnend schnell seine zum Gruß ausgestreckte rechte Hand zurück und verneigt sich daher in der gelernten Art und angemessenen Dauer vor seiner Stadtführerin. Diese verzieht für einen Sekundenbruchteil und kaum merklich das Gesicht und geht dabei unwillkürlich einen kleinen Schritt zurück. Erschrocken kontrolliert Hoffmann den ordnungsgemäßen Zustand von Hose und Hemd, richtet seine Frisur und mustert seine Kleidung nochmals auf augenscheinliche Makel. Was war los? Was hatte die gutmütige Mitarbeiterin des japanischen Partnerunternehmens so erschrocken? Nach einem Check der Atemqualität hinter hohler Hand kommt der Weitgereiste zum Schluss: die Turnschuhe. Turnschuhe sind unangemessen!

DER BEZIRK GINZA

Ginza verdankt seinen Namen nicht der Tatsache, dass hier täglich unzählige Silberlinge über den Ladentisch wandern (*gin* = jap. Silber) – auch wenn dies angesichts der hohen Dichte an nationalen und internationalen Premiumschneidern und -juwelieren wie Comme de Carçon, Hermès, Prada und Tiffanys angemessen wäre. 1612 war an diesem Ort die staatliche Silbermünzenprägeanstalt errichtet worden. Im Jahr 1869 wurde dann der gesamte Bezirk nach der Prägeanstalt benannt. Nach einem verheerenden Feuer infolge des großen Bebens von 1923, das auch diesen Teil der Stadt dem Erdboden gleichmachte, entschied man sich, Ginza nach dem Vorbild der Flaniermeilen europäischer Metropolen wie Paris neu aufzubauen.

Was ist diesmal schiefgelaufen?

Sneaker unangemessen? Quatsch, Herr Hoffmann. Auch wenn viele Männer selbst in ihrer Freizeit gerne Anzug tragen und nicht wenige Kinder sogar in den Ferien in ihren Schuluniformen herumlaufen, sieht man natürlich auch im japanischen Stadtbild unzählige Männer und Frauen, die in Jeans und Sportschuhen ihren

Angelegenheiten nachgehen. Stein des Anstoßes war vielmehr das frisch aufgetragene Deo. In Japan ist man – und hier greift wieder die Erklärung mit einer auf Harmonie und Gleichheit orientierten Nation – deutlich empfindlicher in Hinblick auf Körpergerüche. Das gilt nicht nur für die Bösen, sondern auch für die Guten. Wer riecht, dringt uneingeladen und ohne Chance auf Gegenwehr in den persönlichen Distanzraum anderer Menschen ein. Gerade in der Enge japanischer Großstädte mit beschränkten Möglichkeiten des Rückzugs ein Affront.

Tatsächlich ist der Themenkomplex ›Körpergeruch und Japan‹ so umfangreich, dass man auch hierüber ein eigenes Buch schreiben könnte – wenn es nur eine Leserschaft geben würde, die für ein solches Buch zu begeistern wäre. Körperausdünstungen werden im Lande des Tennô – der übrigens im Jahr 2000 öffentlich dem Rauchen abgeschworen hat – selten als natürlich wahrgenommen und so finden sich in wissenschaftlichen Studien ernsthaft Berichte über Menschen, die zum Arzt gehen, weil sie sich von ihrem eigenen Körpergeruch gestört fühlen. Der Wunsch an den Arzt ist, diesen Geruch zu entfernen. Unseres Wissens gibt es allerdings auch in Japan keine Möglichkeiten, medikamentös oder operativ – vom Entfernen der Schweißdrüsen mal abgesehen – dagegen vorzugehen.

Parfüm und Deodorant wird anders genutzt und wahrgenommen als in der westlichen Welt. Das zeigt sich schon an den Marktzahlen: Während Japan zwar den weltweit zweitgrößten Markt für Kosmetik darstellt, ist er einer der kleinsten für Düfte. Der Großteil aller Umsätze entfällt auf Hautpflegeprodukte und Make-up.

Nur 15 Prozent der Yen werden für Duftprodukte ausgegeben, im Jahr 2017 insgesamt 4,34 Milliarden Yen. In Europa liegt die Verteilung dieser Drogerieausgaben bei 50:50. Bei dem Besuch der Parfümabteilung eines Isetan-Kaufhauses – in Hinblick auf die Verkaufsfläche in etwa mit Läden wie Douglas vergleichbar – stellt man schnell fest, dass Japaner nicht grundsätzlich Parfüm von der Insel verbannen wollen. Im Gegenteil: Alle großen und kleinen Designernamen sind vertreten und werden von Produkten lokaler Parfümeure flankiert, die ihre Kreationen eigens für den Inselmarkt geschaffen haben.

Das Fehlen von Test-Flakons in den Regalen zeigt, dass gerade frisch aufgetragenes Parfum nicht gern gerochen wird. Stattdessen liegen bereits vorparfümierte Duftstreifen aus, um den Kunden die starken Kopfnoten frisch aufgesprühten Parfüms zu ersparen.

Bevorzugt werden sehr, sehr leichte, klare und frische Aromen. So leicht, dass schon nach wenigen Stunden die letzte Feinunze Duftaroma verflogen ist. Entsprechend liegen moschusschwere Düfte wie Senkblei in den Regalen.

Doch wie kann das sein? Erinnert man sich nicht an Scharen japanischer Touristen, die sich bei einem Deutschlandbesuch mit einer Lebensration ›4711 – Echt Kölnisch Wasser‹ eindecken? Nun, Parfüm ist nicht per se unpopulär in Japan. Es wird nur anders konsumiert. Zum einen ist es gerade als Geschenk extrem beliebt. Je limitierter, desto höher ist die Wertschätzung. Das Geschenk muss nicht als Duft getragen werden. Ein Dior- oder Chanel-Flakon macht sich auch im Regal sehr gut. Auf der Haut wird Parfum dann eher in therapeutischen Dosen und höchstens als olfaktorischer Akzent eingesetzt.

Der sparsame Umgang mit Duft auf dem Körper hat historische Gründe. Nach allgemeinem Verständnis verdanken wir den Indern nicht nur Bollywood, Curryspeisen und das Shampoo, sondern auch das Parfüm. Vor über anderthalbtausend Jahren kam im Herzen Indiens in einer kleinen Stadt namens Kanauj der geschickte und bewusste Umgang mit dem Vermischen von Wohlgerüchen auf. Einige Jahrhunderte später waren Düfte von Seefahrern und religiösen Wanderern in die gesamte bekannte Welt getragen worden.

Während im Westen Menschen begeistert ihre Körper bedufteten und mancherorts darüber auch die Notwendigkeit zum Bad vernachlässigten, erhielten im Osten nicht Menschen, sondern Räume Wohlgeruch. Duft war Teil religiöser Rituale des Buddhismus, welcher im sechsten Jahrhundert in Japan Einzug hielt. Der Shintôismus ist, was dies angeht, seit jeher deutlich duftkonservativer: Reinheit wird mit der Abwesenheit von Gerüchen gleichgestellt. Und ab dem 14. Jahrhundert erfreuten sich gesellige Runden dann an *kôdô*-Duftspielen, bei denen allerdings wiederum nicht Menschen parfümiert wurden, sondern Gegenstände und Räume.

Den Body mit kostbaren Wässerchen zu beträufeln und zu bespritzen wird und wurde daher landläufig eher als Körperverschmutzung wahrgenommen und nur in behutsamer Weise verfolgt. Gut für das soziale Miteinander, dass die überwiegende Mehrheit der Japaner von Natur aus so gut wie keinen Körpergeruch zu haben scheint.

Kleine Randbemerkung für alle, die auf der Suche nach erfrischenden Gesprächsthemen für die nächste Skatrunde, einen Jagdausflug oder eine überlange Autofahrt mit Arbeitskollegen sind: *Kôdô* (*kô* = Duft, *dô* = Weg) ist am ehesten mit der Teezusammenkunft *chadô* zu vergleichen. Während sich hierbei die Anwesenden an der Kunstfertigkeit der Teezubereitung, aller Begleitumstände, wie der Dekoration des Raumes, und an den sorgfältig ausgewählten Gästen, Trinkgefäßen oder dem Blumenarrangement wie Ikebana erfreuen, steht bei *kôdô* der Duft als solcher im Mittelpunkt. Die Anwesenden lassen hierbei ein Behältnis mit Duftstoffen kreisen, erleben den Geruch und üben sich in Meditation, um die Wirkung zu verinnerlichen. Der Duftweg gehört zu den sterbenden, traditionellen Künsten, der nur noch von wenigen Meistern praktiziert und an Schüler weitergegeben wird. Wenn Sie gar nicht auf der Suche nach erlesenen Konversationstrüffeln waren, hilft Ihnen diese wertvolle Erkenntnis gegebenenfalls als Startup-Idee weiter.

Was können Sie besser machen?

Folgen Sie dem japanischen Beispiel und nutzen Sie Duft nur, wenn die Gefahr droht, dass es für Sie und Ihr Umfeld unverzichtbar sein könnte. Halten Sie sich dabei unbedingt an leichte und frische Zitrusdüfte und vermeiden sie schwere, süßliche oder allzu herbe Parfüms. Setzen Sie ihren Duft nie mit der Absicht ein, nach der

Anwendung auch danach riechen zu wollen. Wenig hilft hier viel. Alles andere wird definitiv als so aufdringlich und unhöflich wahrgenommen, wie der maßlose Verzehr von Knoblauch und Zwiebeln vor dem Besuch einer finnischen Sauna.

33 HERR HOFFMANN VERTEILT GESCHENKE

NORDDEUTSCHER KITSCH UND SCHLAFENDE MENSCHEN IN DER U-BAHN

Die Stadt rauscht an den Fenstern der Yamanote-Linie vorüber. Herr Hoffmann ist ein wenig nervös und kontrolliert zum bestimmt fünften Mal, ob sich der kleine Plan, den Frau Watanabe ihm gezeichnet hat, auch wirklich in der Innentasche seines Sakkos befindet. Heute wird er zum ersten Mal Frau Watanabe zu Hause besuchen. In einer kleinen Tüte zwischen seinen Beinen raschelt bei jeder Kurve das Gastgeschenk, das er noch daheim in Flensburg besorgt hatte. Auf Anraten von Herrn Klöppke übrigens, der ja schon mal in Japan war und diesen Umstand auch bei jedem Meeting, jeder Party einreiben musste, dieser Wichtigtuer.

Zuerst hatte er sich dagegen gewehrt, dass Hannah wieder ihre ganzen Verpackungskünste mit glitzerndem, raschelndem Papier und unzähligen Schleifchen aufgefahren hatte. »Ich muss das Ding in meinem Koffer um die halbe Welt tragen. Können wir das nicht einfach in Packpapier einschlagen?«

Doch Hannah hatte nur den Kopf geschüttelt: »Sollen die Japaner uns für Barbaren halten, die kein Geschenk einpacken können? Außerdem hat Herr Klöppke gesagt ...«

»Ach, hör mir bloß mit dem auf.«

Seit er jedoch neulich im Mitsukoshi-Kaufhaus gesehen hat, wie aufwendig die Sake-Flasche als Gastgeschenk für Herrn Hashimoto verpackt wurde, ist er ganz froh um Hannahs Bemühungen.

Die Bahn legt sich in die nächste Kurve, das Paket zu seinen Füßen raschelt, und auf einmal fühlt Herr Hoffmann etwas Schweres auf seiner Schulter. Der junge Mann, der neben ihm sitzt, hat sich gegen ihn gelehnt – nanu? Gerade will er sich beschweren, als er bemerkt, dass der junge Mann schläft. Vorsichtig versucht Herr Hoffmann, ihn wieder in eine aufrechte Sitzposition zu schieben, aber vergeblich. Schnell schaut er sich um – starren ihn die anderen schon an? Nein, eigentlich nicht. Viele lesen Comics oder tippen auf ihren Handys herum, die anderen sehen eher teilnahmslos aus, weiter vorne ist noch jemand eingeschlafen.

Plötzlich, wie durch ein Wunder, wacht der Typ kurz vor der Tsukiji-Station auf und steigt aus, als wäre nichts gewesen. Herr Hoffmann schüttelt den Kopf. (Tatsächlich gibt es *Earlarm* – Ohrclips, die man wie einen Wecker einstellen kann, um die richtige Station nicht zu verpassen. Aber viele wachen wie durch Zauberhand rechtzeitig von alleine auf. Macht der Gewohnheit bei Vielpendlern.)

Dank der Karte, die Frau Watanabe ihm gezeichnet hat, findet er den Weg zu ihrer kleinen Wohnung ohne Probleme. Noch während er die Schuhe auszieht, erzählt er seiner Gastgeberin gleich von dem Erlebnis in der Bahn.

»Ach, das kommt öfter vor. Ist doch praktisch, wenn man die Zeit so nutzen kann. Am besten ignorieren Sie es einfach, wenn jemand an ihrer Schulter einschläft.«

Na toll. Ein seltsames Land.

»Ach, das hätte ich beinahe vergessen: Hier ein Geschenk für Sie!« Stolz überreicht Herr Hoffmann das sorgfältig ausgewählte Mitbringsel. Da er lange danach gesucht hat, ist er gespannt, wie Frau Watanabe die Schneekugel mit dem norddeutschen Leuchtturm gefällt. Beidhändig und mit einem Lächeln nimmt sie das liebevoll eingepackte Geschenk entgegen. Noch eine kurze Verbeugung, dann stellt sie es auf eine kleine Kommode und bittet ihren Gast ins Esszimmer.

Erleichtert registriert Herr Hoffmann, dass die Watanabes westlich eingerichtet sind (er wird sich also nicht an ein fußknöchelhohes Tischchen kauern müssen) und dass Herr Watanabe den guten alten Handschlag einer Verbeugung zur Begrüßung vorzieht. Aber irgendetwas stimmt nicht ... Ach ja, das Geschenk. Es steht noch immer unausgepackt herum. Und niemand macht auch nur die geringsten Anstalten, es in nächster Zeit zu öffnen. Ein unhöfliches Volk, diese Japaner!

Was ist diesmal schiefgelaufen?

Natürlich ist Frau Watanabe höflich wie immer. In der Regel öffnen Japaner ihre Geschenke nämlich nicht vor den Augen der Gäste, sondern danach. Eigentlich ganz praktisch, auf diese Weise müssen sie Enttäuschungen über ein mieses Geschenk nicht verbergen. Bei einem Geschenk aus einem fernen Land kann das auch anders laufen. Hätte Herr Hoffmann ein paar Andeutungen gemacht, worum es sich bei dem Geschenk handelt, hätte Frau Watanabe bestimmt gefragt, ob Sie es bereits öffnen dürfe. Apropos Andeutungen: Beim Überreichen der Geschenke (übrigens beidhändig) spielen Sie diese so gut wie möglich runter, um die Erwartungen zu dämpfen. Also so ähnlich, wie es unser ›ist nur eine Kleinigkeit‹ ja auch tut.

Ohne Geschenk zu einem Besuch aufzutauchen, ist übrigens grob fahrlässig. Allerdings ist es in der Regel nicht damit getan, einfach ein Geschenk im Gegenzug für eine Einladung anzunehmen. Denn der Beschenkte steht nun in der Schuld des Schenkers und muss in einer angemessenen Frist von ein paar Monaten mit einem Gegengeschenk *(o-kaeshi)* kontern, das ungefähr halb so teuer ist wie das ursprüngliche Geschenk. Aus diesem Grund wird auch gerne Geld verschenkt. Da fällt es wenigstens leicht, den angemessenen Wert des Gegengeschenks auszurechnen. Bleibt dieses Gegengeschenk aus, kann es durchaus auch schon mal explizit eingefordert werden. Auf diese Weise steht dauernd jemand in der Schuld von irgendjemandem. Das wiederum kommt dem japanischen Bestreben nach Harmonie zugute, denn wer dankbar sein muss, muckt nicht auf. So zumindest die grobe Idee dahinter.

Anlässe für Geschenke gibt es jede Menge. Geldgeschenke sind zum Beispiel innerhalb der Verwandtschaft bei Geburten, Krankheiten, Reisen, Schuleintritt, dem zwanzigsten Geburtstag oder dem Antritt einer Stelle angebracht. Auch bei Hochzeiten (und bei Beerdigungen) wird Geld geschenkt. Die Summe ist von der Beziehung zum Brautpaar (oder eben dem Verstorbenen) abhängig. Damit dieses sich auch merken kann, wer wie viel geschenkt hat und was man nun wem ›schuldet‹, wird bei größeren Veranstaltungen detailliert über die geschenkten Summen Buch geführt. Bei Hochzeiten bekommen die Gäste übrigens nicht selten direkt ein Gegengeschenk, etwa einen Teller oder eine Teetasse.

Für Kinder ist Neujahr ein ganz wichtiges Datum, denn zu diesem Fest bekommen sie von allen Verwandten Geld geschenkt. Vermutlich ist der Januar der bedeutendste Monat für die japanische Spielwarenindustrie.

Weitere Anlässe für Geschenke sind *ochugen* im Juni und *oseibo* im Dezember. Dann werden Verwandte, Ärzte und Geschäftspartner beschenkt und die Firmenangestellten schwimmen auf einmal in einer Flut aus Tüten voller geschenkter Lebensmittel, die sich im Büro häufen.

Süßigkeiten sind dabei übrigens immer ein Geschenk für Frauen, niemals für Männer. Mit einer Ausnahme: Am Valentinstag verschenken Frauen Schokolade an Männer. Am besten selbstgemachte, wobei ›selbstgemacht‹ im Grunde nur heißt, dass die Schokolade geschmolzen, eventuell mit Gewürzen wie z. B. Zimt angereichert und in spezielle Formen gegossen wird. Und die Männer werden dann die Schokolade tapfer hinunterwürgen – ob sie nun Süßes mögen oder nicht –, um die Damenwelt nicht zu verletzen. Aber kein Geschenk ohne Gegengeschenk: Zum Ausgleich gibt es seit kurzem nun den ›White Day‹ am 14. März. An diesem Datum sind die Männer dran und müssen den Frauen Geschenke machen.

Was können Sie besser machen?

Falls Sie nach Japan reisen sollten, nehmen Sie kleine Geschenke mit. Das müssen Sie nicht unbedingt beherzigen, wenn Sie eine Pauschalreise in einer westlichen Reisegruppe gebucht haben. Aber falls Sie geschäftlich oder privat mit Japanern zu tun haben, ist die Wahrscheinlichkeit sehr hoch, dass man Sie beschenken wird. Und da wollen Sie ja nicht dumm dastehen, weil Sie sich nicht revanchieren können ...

Doch es würde sich nicht um Japan handeln, wenn es nicht nur für die Übergabe, sondern auch für die Auswahl des Geschenkes Regeln gäbe. Historisch gesehen waren die ersten Geschenke der Geschichte Japans auf edlem Papier verfasste, kurze Gedichte, die mit schönen, dazu passenden Blüten zusammengebunden waren. Das würde heute natürlich zu viel Aufwand machen. Japaner schenken einander häufig sehr praktische Dinge. Geld, Socken, Lebensmittel, Getränke, so etwas in der Art. Da so viele Geschenke gemacht werden, ist dies auch fast die einzige Möglichkeit. Denn wenn man jedes Mal Schneekugeln mit Nordsee-Leuchttürmen verschenken würde, wäre die Wohnung bald zugeräumt. Und Wohnraum ist schließlich kostbar in Japan. Aber auch Markenartikel werden gerne verschenkt. Der Vorteil dabei: Beim späteren Rückschenken kann man auf diese Weise ziemlich genau abschätzen, wie viel das Geschenk gekostet hat und was man dem anderen schuldig ist.

Trotzdem hat Herr Hoffmann in dieser Hinsicht alles richtig gemacht. Am besten ist es, Sie bringen irgendeine Spezialität aus Ihrem Heimatland mit. Schokolade, Lebkuchen oder Wein passen da sehr gut, wenn Sie die kulinarische Schiene bedienen wollen, aber auch regionaler Kitsch kommt gut an. Denn in Japan gibt es neben dem Gastgeschenk bei Einladungen *(temiyage)* auch das Souvenir nach einer Reise *(omiyage)* als feste Einrichtung. Sie können beides wunderbar kombinieren. Als Bayer können Sie zum Beispiel gut einen Bierkrug mitbringen, als Berliner eine kleine Nachbildung des Brandenburger Tors und als Norddeutscher … nun ja, Herr Hoffmann hat es schon richtig gemacht.

Widerstehen Sie als Schweizer aber der Idee, ein Schweizer Messer zu verschenken. Japanische Touristen kaufen diese zwar selber leidenschaftlich gern, aber Scheren und Messer zu verschenken symbolisiert eine Trennung. Ungünstig sind auch Geschenke, die Abbildungen von Füchsen oder Dachsen aufweisen, die stehen für Hinterhältigkeit. Gut, spontan will einem auch kein Geschenk einfallen, wo diese Gefahr besteht. Aber falls Sie zufällig über das Verschenken einer Reproduktion eines Kupferstichs einer stürmischen Fuchsjagd aus dem 18. Jahrhundert nachgedacht haben, seien Sie gewarnt.

Geschenke, die aus vier Teilen bestehen, zum Beispiel vierteilige Gläsersets, haben auch so ihre Tücken. Die Zahl vier *(shi)* klingt nämlich ausgesprochen genauso wie ›Tod‹. Aus demselben Grund sollten Sie japanische Gäste auch nicht im Hotelzimmer vier einquartieren – in japanischen Hotels fehlt diese Nummer, so wie bei uns dem 12. Stockwerk oft die 14. Etage folgt.

Aber was Sie auch verschenken, fast noch wichtiger als das eigentliche Geschenk ist die Verpackung. Bei Geldgeschenken gilt ohnehin: Nie ohne Umschlag. Aber auch sonst – etwas ohne Verpackung zu verschenken, gilt als unhöflich. Je wichtiger einem also der Empfänger ist, desto aufwendiger sollte das Geschenk verpackt sein. Aber nicht in schwarz-weißem Geschenkpapier – das bringt nämlich Unglück.

34 HERR HOFFMANN WIRD RAUS-GEWORFEN

JE SPÄTER DER ABEND DESTO MÜDER DIE GÄSTE

»Mmmmh, wirklich sehr lecker«, lobt Herr Hoffmann das von Frau Watanabe zubereitete Essen. Besonders angetan hat es ihm die Schüssel mit *tempura*, in Teig frittierter Fisch und Gemüse. Das Eintunken in die Soße erfordert zwar ein wenig Geschick mit den Stäbchen, aber inzwischen ist Herr Hoffmann schon recht gut darin geworden. Das noch immer unausgepackte Gastgeschenk hat er inzwischen überwunden und stößt fröhlich mit der dritten Dose Kirin-Bier mit Herrn Watanabe an. Kenji, der Sohn der Watanabes, trinkt dagegen eine sehr seltsam aussehende Limonade mit Wassermelonen-Geschmack, wenn Herr Hoffmann die Zeichnung auf der Flasche richtig deutet. Kurz vor dem Essen hatte Kenji noch stolz seinen iDog Clip vorgeführt, ein kleines Gerät, das mit ein wenig Fantasie an den Kopf eines Hundes erinnert. Ganz verstanden hatte Herr Hoffmann den Sinn des Ganzen nicht, aber anscheinend kann man seinen MP3-Player mit dem iDog verbinden, der dann Musik spielt und dabei im Takt mit den Ohren wackelt und farbig leuchtet. Soso. Zum Glück hatte Frau Watanabe Kenji dann gebeten, das Gerät zum Essen wegzulegen, was dieser auch anstandslos getan hatte. Da könnten sich Tina und Olli mal ein Beispiel dran nehmen.

Kurz nach dem Nachtisch, der sich zur großen Enttäuschung unseres Pudding-liebenden Deutschen als ein Potpourri aus drei Weintrauben und zwei Scheibchen Orange entpuppt, trinkt Herr Watanabe seine Kirin-Dose mit einem Zug leer und beendet das Essen mit einem *»gochisôsama deshita«* (Es war ein Festmahl). Dann steht er auf und bedankt sich bei Herrn Hoffmann für seinen Besuch. Dieser blickt ihn irritiert an. Wird er etwa gerade rausgeworfen?

Was ist diesmal schiefgelaufen?

Nanu, hat Herr Hoffmann seine Gastgeber etwa beleidigt? Nein, nein, alles in Ordnung. Allerdings sollte er den Wink von Herrn Watanabe nun verstehen und sich schleunigst verabschieden. Während in Deutschland die Gastgeber für gewöhnlich so lange ausharren müssen, bis die Gäste endlich auf die Idee kommen, sich langsam mal auf den Heimweg zu machen, ist es in Japan üblich, dass der ranghöchste Gastgeber den Abend nach dem Essen beendet. Schließlich sind japanische Wohnungen eng und die meisten müssen wegen der langen Anfahrtszeiten zum Büro am nächsten Morgen schon sehr früh aufstehen.

Auch Geschäftsessen in Restaurants enden auf diese Weise oftmals sehr abrupt für die unvorbereiteten ausländischen Gäste. Auch hier beendet der ranghöchste Gastgeber den Abend, während der rangniedrigste Mitarbeiter für einen reibungslosen Ablauf des Essens sorgen muss. Er kümmert sich daher oftmals um die Bestellung, die Reihenfolge der Speisen und die Bezahlung.

Was können Sie besser machen?

Achten Sie beim Essen in der Gruppe darauf, dass Sie nicht zu früh, aber auch nicht zu spät fertig sind. Wenn Sie als Erster die Mahlzeit intus haben, wirkt es so, als hätten Sie nicht mit Genuss gegessen. Wenn der Gastgeber die Stäbchen beiseitelegt, ist dies auch für Sie ein Zeichen, langsam zum Ende zu kommen. Sobald Sie verabschiedet werden, sollten Sie dann auch wirklich gehen und Ihre Urlaubsanekdote für das nächste Treffen aufsparen – auch wenn sie noch so lustig ist.

Nach einem Geschäftsessen dagegen kann es sein, dass dieses zwar abrupt beendet wird, die Gruppe dann aber trotzdem noch in eine Bar oder zum Karaoke weiter zieht. Da ziehen Sie natürlich mit, keine Frage.

35 HERR HOFFMANN ÄRGERT SICH

MENTALES NITROGLYZERIN IN GEFÄHRLICHER UMGEBUNG

Japan ist ein riskantes Land. Dutzende Erdbeben, Tsunamis, Vulkanausbrüche und Straßenbahntüren machen den Inselstaat zu einem lebensfeindlichen Territorium. Alles in Japan ist *abunai*, alles ist gefährlich. Rolltreppen, die Schiebetür des Supermarkts, Wintersport, Schwimmen im Meer oder Schwimmbad und natürlich das Autofahren – alles potenzielle Killer. Vor den schonungslosen Tücken des Alltags warnen überall Schilder und Durchsagen vom Band. Immerhin kann man sich gegen manche Widrigkeiten des katastrophengepeinigten Inselstaats effektiv schützen: mit Helmen. Diese machen nicht nur das Leben auf der Baustelle etwas weniger heikel, sondern ermöglichen auch Polizisten und Sanitätern in ihren Einsatzfahrzeugen – denn ausgezogen werden die Helme auch dort nicht – ein Mindestmaß an effektivem Gefahrenmanagement am eigenen Leib.

Das muss auch Herr Hoffmann erfahren, als er mit bereits enormer Verspätung zu einem Meeting mit Herrn Yamaguchi, dem Forschungsleiter des Nakagawa Chemiekonzerns eilt. Die Grundvoraussetzungen eines gemeinschaftlichen Projektes sollen abgesteckt werden, ein äußerst wichtigstes Planungsmeeting also, bei dem eine

Verspätung als Affront gewertet werden könnte und die bisher harmonische Zusammenarbeit in Gefahr brächte. Die nächste Bahnstation am Horizont gerade sichtbar, beginnt die Baumwolle seines weißen Hemdes bereits die ersten Schweißperlen zu verdauen. Schwüle Hitze bei stark bedecktem Himmel. Und dann, nur noch wenige Hundert Meter bis zur erlösenden Haltestelle, schreitet ein Arbeiter mit Hartplastikhelm, Schutzanzug mit Reflektorstreifen und einem Plastikstab in der Hand, der an das Jedi-Schwert seines Sohnes Oliver erinnert, in seinen Weg und stoppt seinen Lauf mit in die Luft gemaltem Halbkreis des Stabs.

Kein Durchkommen, kein Pardon. Die Worte, die Herr Hoffmann von dem ruhig sprechenden Arbeiter hört, sind Entschuldigungsfloskeln und dieses vermaledeite *abunai*, das auch bei jedem Schließen der Straßenbahntüren auf ein Neues durchgesagt wird.

Ursprung der akuten Gefahr: ein Lastwagen, der im Schritttempo rückwärts aus einer Einfahrt rollt und noch mindestens 60 Meter entfernt ist. Das würde er locker schaffen, versichert Herr Hoffmann auf Englisch, die ganze Zeit nach einem alternativen Weg suchend und dabei nur die extrem stark befahrene Straße zu seiner Rechten findend. Wenn er sich vor ein Auto wirft, hat er wenigstens eine gute Ausrede zu spät zu kommen, schießt es ihm durch den Kopf. Er entscheidet, doch den Weg an dem weißbehandschuhten Helmträger vorbei zu wagen. Dieser hebt jedoch seinen Jedi-Stab seitlich auf Herrn Hoffmanns Bauchhöhe. »*Sumimasen, abunai desu*«, sagt der Mann mit ausdrucksloser Miene, nun aber in deutlich angehobener Lautstärke. Der Helm bleibt durch einen Kinngurt stabil an seinem Platz fixiert.

Erschreckend gewalttätige Bilder schießen Herrn Hoffmann durch den Kopf. In einigen von ihnen prügelt er mit dem neonfarben umwickelten Stab auf den Baustellenwinker ein und steckt ihm diesen direkt in den ... lautes Quietschen und plötzlicher Schmerz. Eine alte Frau auf ihrem augenscheinlich noch älteren Fahrrad hatte Herrn Hoffmann und den Baustellenarbeiter trotz seiner üppigen Signalfarbenpracht offensichtlich nicht gesehen und war beinahe ungebremst in den Deutschen hineingerauscht. Die Frau lächelt und entschuldigt sich unter tiefen Verbeugungen, der Arbeiter sowie etwa ein Dutzend Passanten beäugen das Geschehen mit scheinbarer Gleichgültigkeit. Der Lastwagen ist immer noch gut 50 Meter entfernt, die frische Anzughose mit Dreck verschmiert und die Zeit tickt davon.

»In welchem Irrenhaus bin ich denn hier gelandet?«, legt Herr Hoffmann auf Englisch los: »Ein Hampelmann versperrt mir den Weg, weil in einer halben Stunde ein Laster kommt. Und eine Lebensmüde mit ihrem quietschenden Drahtesel will mich umbringen! Dieses Land ist grauenvoll.« Er schaut in die sich weiter vergrößernde Menge von Passanten, seine Sicht ist von Schweißtröpfchen und Schmerztränen getrübt: »Hier ist alles grauenvoll!«

Was ist diesmal schiefgelaufen?

Hmm, welche kluge Lehre können wir aus diesem Vorfall ziehen? Zunächst einmal, dass Japan ein gefährliches Land ist. Herr Hoffmann hätte gewarnt sein können, allerorten stehen Schilder, auf denen im munteren Cartoonstil ein Radfahrer einem Fußgänger in dessem Territorium, dem Fußgängerweg, in die Hacken fährt. Japanische Radfahrer klingeln selten, das wäre unhöflich. Stattdessen verfügen viele Räder über enervierend quietschende Bremsen, mit denen die Fahrer auf sich aufmerksam machen und so das dringende Warnsignal zum zur Seite springen geben.

Davon abgesehen haben wir den sonst so fröhlichen Herrn Hoffmann die Geduld verlieren sehen. Jeder kann mal aus dem emotionalen Gleichgewicht geraten, zumindest in Europa. Im auf Harmonie ausgerichteten Japan sieht das allerdings anders aus. Gefühlsausbrüche, gleich in welche Richtung, sind nur gegenüber den Eltern und der eigenen Familie und dann auch nur abseits der Öffentlichkeit in Ordnung. Ein Wutanfall wie der von Herrn Hoffmann ist für Umstehende sehr peinlich und bescherte dem Reisenden einen kompletten Gesichtsverlust.

Was verbirgt sich hinter diesem Ausdruck »das Gesicht verlieren«, den wir vor allem aus Samurai-Filmen kennen? In erster Linie der komplette Verlust der eigenen Würde sowie des Ansehens und Respekts der anderen. Während sich die europäische, eher egozentristische Denke mit einem ›Sollen die anderen doch denken, was sie wollen‹ tröstet, ist ein Gesichtsverlust bei gemeinschaftsdenkenden Japanern schon deutlich dramatischer: Wer erst einmal einen Gesichtsverlust erlitten hat, kriegt in Japan so schnell nicht wieder seine Beine auf den Boden, ist gesellschaftlich unten durch. Öffentliche Wertschätzung ist das höchste, intersoziale Gut. Wer unangenehm auffällt, isoliert sich, ist nicht mehr Teil der Gruppe.

Nicht nur laute Emotionsäußerungen sind verpönt: Zum Gesichtsverlust könnte es auch kommen, wenn Sie jemandem etwas schenken, dieser packt es aus und muss nun verbergen, dass er den singenden Nussknacker am liebsten direkt in den fröhlich lodernden Kamin werfen möchte. Okay, das letztgenannte ist natürlich etwas, was Sie schon längst wissen, wenn Sie dieses Buch ganz Oldschool von vorne nach hinten durchlesen und ›Herr Hoffmann verteilt Geschenke‹ nicht überblättert haben.

Was können Sie besser machen?

Selbst wenn Ihnen egal sein sollte, was andere von Ihnen denken, sollten Sie versuchen, die Harmonie zu bewahren und über manche Dinge einfach mal hinwegzusehen. Auch dann, wenn sie ärgerlich oder nervig sind. So müssen auch andere ihretwegen keinen Gesichtsverlust erleiden. Und mal ehrlich: Ist es nicht viel schöner, sich vorzustellen, was man dem begriffsstutzigen und zeitraubenden Angestellten des ehemaligen Staatsunternehmens Japan Railways mit seinem Streckenplanbuch alles so antun könnte, als ihm die Wut ins Gesicht zu schreien? Schonender für die Stimmbänder ist es allemal.

Und wenn Ihnen doch einmal ein herber Lapsus passiert, der Ihr Gesicht im übertragenen Sinne am seidenen Faden herunterbaumeln lässt, zeigen Sie Scham, entschuldigen Sie sich und vertrauen Sie darauf, dass man Ihnen als Ausländer so einiges mehr verzeiht als einem Japaner. Oder um es mit einem alten japanischen Sprichwort zu sagen: *Saru mo ki kare ochiru* – Auch ein Affe fällt mal vom Baum.

36 HERR HOFFMANN BEOBACHTET EINEN VERBOTENEN KUSS

IM ULTIMATIVEN TREND-VIERTEL, TREFFPUNKT: TREUER HUND

»Oh, schon so spät!« Nach einem Blick auf ihre Uhr schaltet Yukiko schnell den kleinen Hello-Kitty-Tisch-Staubsauger aus, der automatisch ihren Schreibtisch von Krümeln säubert. Schnell steckt sie noch ihren Schlüsselbund mit dem *mopod* in die teure Designertasche, die genau auf ihr Outfit abgestimmt ist. Das *mopod* ist eine kleine Plastikkuppel, in der ein kleines Äffchen steht. Kurz bevor ihr Handy zu klingeln beginnt, fängt das Äffchen kreiselnd an zu tanzen und das *mopod* blinkt. So kriegt Yukiko jeden Anruf mit, auch wenn ihr Handy lautlos geschaltet ist.

Jetzt muss sie sich aber beeilen, wenn sie zum Treffen mit Kenji noch pünktlich sein will. Die beiden haben sich im Stadtteil Shibuya an der Hachiko-Statue verabredet. Um genau 17:23 Uhr. Das ist auch die einzige Möglichkeit, sich in den Menschenmassen in Shibuya zu finden, denn an der Statue treffen sich alle. Wer sich da wie die meisten zur vollen Stunde verabredet, ist schon verloren.

Das Denkmal ist dem treuen Hund Hachiko gewidmet, der an dieser Stelle angeblich zehn Jahre lang Tag für Tag auf sein Herrchen gewartet hat. Leider vergeblich, denn der war längst tot. Eine traurige Geschichte – aber wo könnte man besser auf seine hoffentlich noch lebendigen Freunde warten als hier?

Zum Treffpunkt nimmt Yukiko die U-Bahn. Natürlich, was auch sonst. Sie hat schließlich kein Auto, nicht mal einen Führerschein. Wozu auch, ohne Stellplatz für ein Auto bekommt sie eh keine Zulassung. Und einen Stellplatz kann sie sich nicht leisten, denn Platz ist teuer im dicht besiedelten Tôkyô. Kein Wunder, dass Parkhäuser und Tiefgaragen daher oft nicht mit dem Auto befahren werden können. Stattdessen stellt man den Wagen in einer Art Aufzug ab, der die Fahrzeuge dann platzsparend übereinanderstapelt. Ebenfalls platzsparend ist der Trend, Fahrschulen auf Dächern einzurichten, zum Beispiel auf dem Dach eines Kaufhauses oder Supermarktes. Weiße Linien markieren hier Straßen, Zebrastreifen und Parkplätze, dazu sind echte Kreuzungen samt Ampeln aufgebaut und an einer Rampe kann das Anfahren am Berg geübt werden. Fahrstunden für Motorradfahrer werden nicht angeboten, damit diese nicht bei einem Sturz von der Maschine auch noch direkt vom Dach fallen.

Aber ein Zuckerschlecken ist es mit Sicherheit nicht, wenn die Fahrschüler dann endlich in den wahren Verkehr von Tôkyô geschickt werden, der bei weitem schlimmer ist als ein französischer Kreisverkehr mit sieben Spuren in der Rushhour. Nein, da nimmt Yukiko doch lieber die Bahn – auch wenn das bedeutet, dass sie sich einen Sitzplatz mühsam erkämpfen muss und ihr Sitznachbar mit großer Wahrscheinlichkeit in ihrem Manga mitlesen wird. Aber das Mitlesen stört sie kaum, das macht sie selber schließlich auch manchmal. Unangenehmer sind da schon die U-Bahn-Grabscher, die sich die Fülle zunutze machen und Frauen oder Mädchen schnell mal unter den Rock fassen. Oft können diese im Gedränge den Täter gar nicht ausmachen. Da helfen nur die speziellen Frauenwaggons oder eine spezielle Handy-Software. Per Knopfdruck auf das Handy warnt eine Lautsprecherstimme den Grabscher und die anderen Fahrgäste. Yukiko hatte auch schon einmal darüber nachgedacht, sich diese Software zuzulegen, aber seit sie nicht mehr zur Schule geht und keine Schuluniform mehr trägt, ist es besser geworden.

Zusammen mit unzähligen anderen Menschen überquert Yukiko nun die westlich vom Bahnhof gelegene, riesige Kreuzung mit sechs Zebrastreifen, auf der gegen Abend bis zu 15.000 Menschen pro Ampelphase die Straßenseite wechseln. Diese Fußgängerströme werden immer wieder gern von westlichen Medien aufgegriffen und machen die Kreuzung von Bahnhofsstraße und Center-gai somit zu einer der bekanntesten Kreuzungen der Welt. Kurz darauf ist sie am Denkmal des treuen Hundes, gerade noch rechtzeitig. Zum Glück erkennt sie Kenji sofort in der Masse und gibt ihm zur Begrüßung einen Kuss. Er sieht sie überrascht an, und erst da sieht Yukiko, dass Kenjis Mutter und der *gaijin* vom Kirschblütenpicknick nur wenige Schritte entfernt stehen. Wie peinlich!

Was ist diesmal schiefgelaufen?

Frau Watanabe schüttelt empört den Kopf, während Kenji mit Yukiko schnell im Getümmel verschwindet. Herr Hoffmann ist verwirrt. Gerade eben war er mit einer glänzend gelaunten Frau Watanabe und ihrem Sohn Kenji am Meiji-Schrein gewesen und durch das beeindruckend große *torii* (den shintoistischen Torbogen) geschritten – und nun das. Hat er wieder etwas falsch gemacht, ohne es zu bemerken? Aber nein, diesmal scheint es nicht seine Schuld zu sein, denn Frau Watanabe schimpft halblaut über die vorlaute Jugend. Bei genauerem Hinhören scheint sie sich über Yukikos keuschen Begrüßungskuss zu ärgern. Sehr seltsam.

Tatsächlich denken viele Japaner wie Frau Watanabe und finden Küsse, Umarmungen und sogar Händchenhalten in der Öffentlichkeit anstößig. Gerade das Küssen gilt als Teil des Vorspiels und wird daher nicht gern gesehen – auch nicht auf der Filmleinwand. Tatsächlich sieht man in Japan zwar Pärchen, die öffentlich Liebesbekundungen austauschen, in der Regel handelt es sich dabei aber um Touristen oder gemischte Paare, von denen ein Teil nicht aus Japan kommt.

Natürlich ist das öffentliche Küssen nicht wirklich verboten und es gibt durchaus auch japanische Paare, die sich öffentlich küssen. Aber es wird – nun ja – einfach nicht besonders gern gesehen. So viel Prüderie verwundert gerade in einem Stadtteil wie Shibuya, der rein optisch schon ziemlich an Ridley Scotts Zukunftsvision für *Blade Runner* erinnert, nur dass es nicht dauernd regnet. Allerlei Leuchtreklamen, haushohe Plakatwände und riesige Videoleinwände, auf denen Werbespots laufen, schaffen eine immerwährende Bild- und Soundatmosphäre. Dicht an dicht drängen sich hier auf engem Raum die Clubs, Designer-Shops, Plattenläden, Boutiquen und riesigen Kaufhäuser, die sich gleich über mehrere Gebäude erstrecken. Und Menschen. Wohl kaum an einem anderen Ort trifft man auf so viele gut aussehende und sämtlich teuer gekleidete Menschen. Unbeeindruckt vom Sturz des Yen geben junge Japaner hier das Geld der Kreditkarten ihrer Eltern mit beiden Händen aus. Hier entstehen die Trends und hier werden Trends ausprobiert. Shibuya wirkt wie ein riesiges Versuchslabor der Werbeindustrie: Was hier funktioniert, wird in den Rest der Welt gestreut.

Dabei war Shibuya noch vor knapp 30 Jahren ein Stadtteil wie jeder andere. Doch dann hängte OHTA Hiroshi, Geschäftsführer einer HMV-Filiale, über einer der Ecken mit CD-Regalen ein Schild auf: J-Pop. Zum ersten Mal galt japanische Popmusik als cool. Schnell begeisterten sich Musiker, Journalisten und auch immer mehr Fans für den neuen Trend. Junge Musiker strömten in den Stadtteil, rund um den HMV-Laden entstanden innovative Keller-Clubs, bald eröffneten junge, japanische Designer ihre Läden und das kaufende Publikum folgte.

Östlich vom Bahnhof Shibuya liegt der Hügel mit den *rabu-hoteru*, den Love Hotels. Hier können sich Pärchen für ein paar Stunden oder eine ganze Nacht neben ein wenig Ruhe und Intimität auch gleich eine ganze Welt kaufen. Auf Wunsch mit Whirlpool im Bad, im riesigen Herzchenbett mit Rutsche oder im Themenzimmer, das zum Beispiel wie ein Raumschiff oder ein U-Bahn-Waggon gestaltet ist. Gerade für junge Paare, die noch bei ihren Eltern wohnen, eine verlockende Alternative zu den dünnen und hellhörigen Wänden. Und hier – hier darf dann auch endlich geküsst werden.

DER MEIJI-SCHREIN

Der Meiji-Schrein, einer der größten in Tôkyô, besteht aus zahlreichen Gebäuden, die traditionell aus Zedernholz erbaut sind. Nicht ganz so traditionell ist allerdings das Alter des Schreins. Ursprünglich wurde er 1920 zu Ehren von Kaiser Meiji erbaut, fiel dann aber Bombenangriffen im Zweiten Weltkrieg zum Opfer und wurde 1958 erneut aufgebaut. Dass die Tempel und Schreine sehr viel weniger alt sind als sie aussehen, kommt in Japan übrigens ziemlich häufig vor. Einige werden sogar planmäßig in regelmäßigen Abständen neu aufgebaut. Für uns Deutsche mit unseren Stadtmauern und Burgen mag das ein wenig gewöhnungsbedürftig sein, die Japaner sind in der Hinsicht eher pragmatisch veranlagt.

Was können Sie besser machen?

Herrn Hoffmann ist ja diesmal eine Blamage erspart geblieben. Sie können in Japan nun auf die dortigen Befindlichkeiten Rücksicht nehmen (falls Sie denn zu zweit unterwegs sind) und sich in der Öffentlichkeit zurücknehmen. Falls Ihnen das zu blöd ist, wird man Ihr Verhalten vermutlich ganz einfach als Yankee-Unart abtun und Sie ganz bestimmt nicht darauf ansprechen, keine Sorge.

37 HERR HOFFMANN IST EIN MACHER

KURZSTRECKENLÄUFER IM BUSINESSMARATHON

Ein weiterer Vormittag im Nakagawa Chemiekonzern, bei dem Frau Watanabe und die Herren Yamaguchi, Morita, Uchida und Hoffmann über die Ausgestaltung des internationalen Forschungsprojektes debattieren. Zum inzwischen fünften Mal. Bisher viel reden und wenig gemeinsame Aktion.

Schweigend starren die Besprechungsteilnehmer auf ein Flipchart, welches in der pedantisch geraden Schrift Yamaguchi-*sans* aufzeigt, welche Aktivposten die Parteien in die Partnerschaft einbringen könnten. Die heutige Sitzung ist nahezu identisch verlaufen wie die bisherigen: Frau Watanabe holte den deutschen Besucher am Empfang ab und führte ihn in den Meetingraum, in den innerhalb von Sekunden die anderen Teilnehmer strömten. Dann eine gute Viertelstunde Small Talk und Erörterung, was wer allgemein so macht und was man zusammen machen könnte. Mit einem Schwerpunkt auf dem Konjunktiv.

Herr Hoffmann schaut auf die Uhr: Kurz vor halb eins. Wie bei den letzten Malen würde bestimmt gleich nach einem auffallend unaufdringlichen Klopfen die Tür aufgehen, Herr Tanaka hineinkommen und mit leiser Stimme etwas auf Japanisch sagen, was wohl mit Mittagessen zu tun hat – denn genau das folgte in der Regel auf seinen Auftritt.

Herr Uchida vollendet die exakte Kopie von Herrn Yamaguchis Flipchart in seinem Notizbuch und blickt zu Herrn Hoffmann, als dieser aufsteht, lauter als geplant mit der flachen Hand auf den hochglanzlackierten Konferenztisch schlägt und auf Englisch zusammenfasst: »Ja, hervorragend. Dann haben wir ja jetzt alles geklärt. Danke auch an Herrn Morita, der den Prozess der Reduktion von Natriumborhydrid so hervorragend erklärt hat. Sehr plastisch«, er schaut in die Runde und bemerkt, wie Herr Morita auf seine Kopie der Stellwand-Aufzeichnungen starrt. »Kein Grund zur Bescheidenheit, das war wirklich super. Ich würde sagen, jetzt steht fest, was jeder tun kann: Herr Yamaguchi kümmert sich um die Dokumentation des Aufbaus der Versuchsreihe, Herr Morita führt den Alpha-Teil durch, wir in Deutschland den Beta-Teil und die Gegenprobe. Und Sie, Frau Watanabe, sorgen dafür, dass wir keinen interkulturellen Missverständnissen aufsitzen, einverstanden?«

Was ist diesmal schiefgelaufen?

Upps, schon ist es passiert. Da kann auch Frau Watanabe nichts mehr machen. Aber wie hat sich Herr Hoffmann diesmal im Fettzuber gesuhlt? Sie ahnen es sicher schon: Es war nicht an ihm, Entscheidungen zu fällen. Traditionell übernimmt dies in Japan der Älteste oder die Gruppe.

Und das Gruppendenken war auch gleich noch für den zweiten Fauxpas des teutonischen Chemikers verantwortlich: Dadurch, dass das Individuum der Gruppe untergeordnet ist, wird vermieden, Einzelne durch Lob, zum Beispiel für besondere Leistungen, von den anderen abzuheben. Das stört die Harmonie und ist für alle Zuhörer peinlich und unangenehm – den Gelobten eingeschlossen.

Was können Sie besser machen?

Geschäftemachen in Japan ist eine Sache für sich. Auch wenn sich dortige Firmen schon längst an westliches Gebaren angepasst haben – Globalisierung macht auch vor Konferenzkultur nicht Halt – gibt es nach wie vor Besonderheiten, deren Beachtung Ihnen zumindest einen Bonus spendiert.

Wenn Sie im Hinterkopf behalten, Individuen auszublenden und stets an das Wohl und die Harmonie der Gruppe zu denken, sich in Hinblick auf expressive Gesten und Körperkontakt zurückhalten und Vorschläge anderer bei Missfallen nicht direkt oder gar aggressiv ablehnen, sind Sie schon auf dem richtigen Weg. Und klar, an eine aussagekräftige Visitenkarte denken Sie natürlich auch. Ohne die sind Sie nackt. Aber das hatten wir ja schon (Vgl. ›Herr Hoffmann stellt sich vor‹).

38 HERR HOFFMANN LIEST MANGA

VON ASTRO-BOY BIS ZU GEFESSELTEN SCHULMÄDCHEN

Fassungslos starrt Herr Hoffmann auf das Geschöpf, das vor ihm steht. Es hat lange blaue Haare, weiße Fellpuschel an den Händen und, äh ... Katzenohren? Herr Hoffmann überlegt noch kurz, ob das vielleicht gar keine Kopfschmerztablette war, die er vor einer halben Stunde genommen hat, da unterbricht das blau-weiß-puschelige Ding sein Grübeln, indem es ihn irgendetwas fragt. Auf Japanisch natürlich – Herr Hoffmann könnte also nicht sagen, ob es nach seiner Meinung zur weltpolitischen Lage oder der korrekten Zubereitung einer Lammkeule gefragt hat. Sehr wahrscheinlich ist beides nicht.

Immerhin – bei genauerer Betrachtung handelt es sich bei seinem Gegenüber anscheinend doch nicht um ein gewagtes genetisches Experiment, sondern um ein etwa 17-jähriges Mädchen in einem engen, hautfarbenen Kostüm, das an einigen (wenigen) Stellen mit weißen Fellbahnen überzogen ist. Noch während Herr Hoffmann sich in seiner Erinnerung an jenen schrecklichen Tag zurückversetzt fühlt, an dem er nichts ahnend an einem Rosenmontag am Kölner Hauptbahnhof ausstieg und prompt im Karnevalstrubel versank, bekommt das blau-weiße Kätzchen Gesellschaft. Ein Junge mit seltsam zackigen Haaren und einem Schwert – ja, einem Schwert – steht nun daneben und erkundigt sich ebenfalls auf Japanisch nach Krisengebieten oder Lammkeulen oder was auch immer. Verdammt, ist das denn hier gar kein Buchladen?

Herr Hoffmann schüttelt irritiert und verärgert den Kopf, lässt die beiden einfach stehen und verschwindet seitwärts in den nächsten Gang der langen Regale. Und es ist doch ein Buchladen – auch wenn dort drüben ein pink gekleidetes Mädchen neben einer über zwei Meter großen Colaflasche heitere Popsongs singt – schließlich sind die Regale geradezu vollgestopft mit Büchern ... Na ja, mit Comicbüchern vielmehr. Manche davon sind so dick wie Telefonbücher, andere haben eher Taschenbuchformat. Die seltsam verkleideten Gestalten, die irgendwie verdammte Ähnlichkeit mit den großäugigen Figuren auf den Buchumschlägen haben, scheinen die Verkäufer zu sein – oder eine Art Alleinunterhalter. Oder beides.

Doch noch etwas ist ungewöhnlich. Nicht alle Menschen hier kaufen Comics. Andere stehen mit prall gefüllten Plastiktüten voll mit Comicbüchern Schlange, geben diese Comics ab und bekommen Geld dafür ... Während Herr Hoffmann noch rätselt, ob er in einem Paralleluniversum gelandet ist, in dem Sahnetorten schlank machen und die Leute im Geschäft Ware gegen Geld tauschen oder ob es sich einfach nur um einen riesigen Secondhand-Comicladen handelt, steht er plötzlich vor einem Regal voller Spielzeug: Bunte Plastikpüppchen Marke ›Blythe‹ mit riesigen Köpfen und maßgeschneiderten Kleidchen, Gold schimmernde Roboter-Teddys, rosafarbene Plastikbienen im Karateanzug und jede Menge bizarr bewaffnete Roboter.

Herr Hoffmann hat den häufig wiederholten Satz seiner Kinder ›Bring uns was mit, Papa!‹ zwar noch im Ohr, fühlt sich angesichts der Fülle des Angebots allerdings ein bisschen überfordert. Es gibt hier DVDs, Videospiele, nahezu jede jemals erdachte Comicfigur als Plastikpuppe und natürlich Comics, Comics und Comics. Außerdem ist er nicht sicher, ob Tina sich wirklich über blaue Sailormoon-Pantoffel freut, deren Spitze das lächelnde Gesicht eines kleinen Jungen mit Matrosenanzug ziert. Und ob Olli für einen Handy-Anhänger mit einer Figur der Serie *The Prince of Tennis* zu begeistern ist? Oder für diese Plastikfigur einer ... nein, die ist zu knapp bekleidet. Schnell wieder weglegen! Und dieses alte King-Kong-Comicheft für 600.000 Yen – er hat den Wechselkurs nicht genau im Kopf – kommt ihm auch recht teuer vor. Um wenigstens irgendetwas zu kaufen, nimmt Herr Hoffmann schließlich wahllos ein Heft in die Hand. Zwei nett lächelnde Schulmädchen sind auf dem Cover zu sehen, da kann man nicht viel falsch machen.

Kurz darauf sitzt Herr Hoffmann erschöpft in der U-Bahn – diesmal hat er tatsächlich einen Sitzplatz ergattert – und freut sich, dem Getümmel im Comicladen entkommen zu sein. Herr Hoffmann war übrigens im Mandarake – der 1987 eröffnete Laden kauft und verkauft tatsächlich, wie Herr Hoffmann bereits vermutet hat, gebrauchte Manga – und allerlei Zubehör wie Karten, Poster, Kostüme, Filme und vieles mehr. Heute zählt die Ladenkette mit elf Filialen zu den größten Manga-Umschlagplätzen der Welt.

Neugierig holt er nun das Comicbuch aus der obligatorischen Plastiktüte, die es zu jedem Kauf ungefragt dazu gibt. Gerade will er das Buch aufschlagen, da erinnert er sich daran, dass Frau Watanabe erzählt hat, dass Comics hier von hinten nach vorne und von rechts nach links gelesen werden. Also fängt er hinten an zu blättern ...

Um Himmels willen, was ist denn das? Die freundlich lächelnden Mädchen vom Cover lächeln auf einmal gar nicht mehr – und besonders mädchenhaft verhalten sie sich auch nicht. Anscheinend ist jeder weibliche japanische Teenager mit riesigen Brüsten ausgestattet und verbringt dazu noch die meiste Zeit des Tages gefesselt. Schon nach wenigen Seiten schnellen Durchblätterns hat er mehr weiße Höschen unter kurzen Röcken gesehen als in seinem gesamten bisherigen Leben. Schamrot klappt Herr Hoffmann das Buch wieder zu und versteckt es schnell wieder in der Plastiktüte. Jetzt hat er sich schon wieder blamiert ...

Was ist diesmal schiefgelaufen?

Nun ja, so schlimm ist es nicht. Hätte Herr Hoffmann sich in der U-Bahn weiter umgesehen, anstatt sich in ein tiefes Loch im Erdboden zu wünschen, hätte er zwei Dinge bemerkt. Erstens sitzen um ihn herum eine Menge Menschen verschiedener Altersstufen, die ebenfalls in Manga blättern. Und zweitens blättert auch ein junger Mann schräg gegenüber in einem Heft mit Abbildungen von recht knapp bekleideten Mädchen – und niemand scheint daran Anstoß zu nehmen.

Dabei ist Pornographie in Japan gesetzlich verboten. Lange Zeit war die Darstellung von Schamhaaren strafbar. Dieses Gesetz führte allerdings dazu, dass die Akteurinnen vieler Ero-Manga ganz einfach aus immer jüngeren Mädchen bestanden, denen noch gar keine Schamhaare wuchsen. Heute untersagt Artikel 175 explizit die Darstellung von Genitalien. Aus diesem Grund sind die entsprechenden Körperteile in der Regel mit Balken verdeckt, gepixelt oder werden ganz einfach weiß gelassen. Trotzdem erscheinen Inhalte mit einer Mischung aus Sex und Gewalt oder die Darstellung von Nacktheit in Manga für Kinder in den Augen von Herrn Hoffmann ... nun ja, gewöhnungsbedürftig.

Jaja, sexlastige Comicheftchen, Automaten die gebrauchte Unterwäsche verkaufen und Lüstlinge, die auf Rolltreppen wehrlosen Schulmädchen unter den Rock fotografieren – als eifriger Konsument deutschen Privatfernsehens kann man da schon mal entrüstet den Kopf schütteln über diese Japaner. Ganz so einfach ist es natürlich nicht, denn die Berichterstattung im Westen ist natürlich – immerhin gilt ja: *Sex sells* – ein wenig einseitig. So macht der Anteil der Manga mit erotischen Inhalten nur einen Teil des gesamten Spektrums aus. Auch die oft unter Generalverdacht stehenden Anime haben nur zu fünf Prozent einen ausschließlich erotischen Inhalt. (Gut, die meisten von Ihnen werden es sicherlich schon wissen, aber zur Sicherheit wiederholen wir es gerne noch mal: Japanische Comics werden als *Manga* bezeichnet, japanische Zeichentrickfilme hingegen als *Anime*. Der Zeichentrickfilm *Chihiros Reise ins Zauberland* ist übrigens in Japan der erfolgreichste Film aller Zeiten und hängte 2002 sogar Hollywood-Kassenschlager mühelos ab.)

Moment. Bevor wir uns nun genauer den diversen Manga widmen, ist doch noch ein kleiner Exkurs fällig: Wie sind Manga überhaupt entstanden? Drehen wir dazu die Zeit mal um ein paar Hundert Jahre zurück, bis wir uns im 12. Jahrhundert befinden.

Eine in dieser Zeit entstandene Bildrolle, die *chôjûgiga* (in etwa: ›Lustige Tiergeschichten‹) zeigt Frösche, Hasen, Affen und andere Tiere mit menschlichen Verhaltensweisen und gilt als frühes Zeugnis der japanischen Bildergeschichte. Ein paar Jahrhunderte später, in der Edo-Zeit (1615–1868), mausert sich das kleine Fischerdörfchen Edo zu einer immer größer werdenden Stadt, die später einmal den Namen Tôkyô tragen wird. Deren Bürger vertreiben sich die Zeit nicht nur mit dem Besuch des immer beliebter werdenden *kabuki*-Theaters, sondern auch mit Holzschnitt-Drucken, die historische Geschichten, Anekdoten, Sehenswürdigkeiten oder *kabuki*-Stars zeigen. Unter anderem kursieren auch sogenannte *toba-e* und *kibyôshi*. Das sind Bildergeschichten aus 20 oder mehr Seiten, die als erste Vorformen der modernen Manga gelten. Hier finden sich die ersten durchgängigen und zum Teil als Serie verfassten Bildgeschichten. Die Aneinanderreihung von Einzelbildern und die Einführung von Sprechblasen kommen Mitte des 19. Jahrhunderts unter dem Einfluss der Europäer hinzu.

Einen wirklichen Boom erleben die Manga dann nach dem Zweiten Weltkrieg. Zu verdanken ist dies vor allem einem Mann. In Japan gilt er als *manga no kami*, als Gott des Manga und er ist bereits zu seinen Lebzeiten eine Legende: TEZUKA Osamu (1928–1989). Wenig legendenhaft stellt sich Tezuka in seinen als Manga verfassten Memoiren dar, indem er sich selbstironisch als kleinen, knollennasigen Mann mit Hornbrille zeichnet. Dennoch gilt er als Begründer der heute populärsten Form der Manga in Japan, der Story-Manga (Bildergeschichten, die fortlaufend über viele Hefte erzählt werden.)

Sein fast 20.000 Seiten dickes Werk *shintakarajima* (Die neue Schatzinsel) ist das erste nach dem Zweiten Weltkrieg veröffentlichte Manga in Buchform und sprengt – wen mag es wundern – die bis dato übliche Manga-Länge um ein Vielfaches. Gleichzeitig setzt Tezuka stilistische Maßstäbe, indem er erstmals intensiv Perspektiven- und Einstellungswechsel einsetzt. Diese wichtigen Stilmittel gelten noch heute als typisch für Story Manga.

Der entscheidende Durchbruch gelingt Tezuka dann 1963 mit seiner ersten Fernsehserie, deren Geschichte auf seinem Manga *tetsuwan atomu* beruht. Die gleichnamige Zeichentrickserie überzeugt unter dem Namen *Astro Boy* auch amerikanische und europäische Kinder von den Vorzügen von Füßen mit Düsenantrieb und einem im Po installierten Maschinengewehr. Auch sein Manga *jungle taitei* ist sehr erfolgreich und wird als Zeichentrickserie *Kimba, der weiße Löwe* ebenfalls zu einem Exportschlager.

Neben der Bereicherung zahlreicher Fernseh-Nachmittage von Kindern auf der ganzen Welt verdanken wir Herrn Tezuka sogar noch ein völlig neues Genre: Die Serie *ribon no kishi* (Der Schleifen-Ritter) erzählt die Geschichte einer jungen Prinzessin, die als Ritter verkleidet zahlreiche Abenteuer erlebt und ihren Anspruch auf die Thronfolge verteidigt. Der erste Manga speziell für Mädchen ist geboren. Auch seine Serie ›Black Jack‹ beschreitet neue Wege. Tezuka kann hier das Wissen seines Medizinstudiums verwerten und eine Menge medizinischer Details unterbringen. Die Charaktere – allen voran die Hauptfigur, ein Arzt ohne Lizenz zum Praktizieren – sind nicht einfach in Gut und Böse unterteilt, wie es in den Manga für Kinder der Fall ist. Black Jack gilt daher als einer der ersten Manga für eine erwachsene Zielgruppe. 1989 stirbt der bekannteste Mangazeichner der Welt nur wenige Wochen nach dem japanischen Kaiser Hirohito. Sein Tod löst beim Volk eine ebenso große Trauer aus wie der Verlust des Kaisers. Er hinterlässt ein umfangreiches Gesamtwerk von 150.000 veröffentlichten Manuskriptseiten, 700 veröffentlichten Manga und über 60 Anime.

Die wenigen Menschen, die die Abenteuer von Astro Boy oder Kimba nicht mit verfolgt haben, kennen aber zumindest das kleine Mädchen Heidi, das hoch oben mit seinem Großvater in einer Berghütte lebt. Obwohl das Setting kaum deutscher (oder vielmehr: schweizerischer) sein könnte, stammen auch diese Zeichnungen aus japanischer Tuschefeder.

An dieser berühmten Serie hat niemand geringerer mitgemischt, als einer der wichtigsten Anime-Künstler der Welt: MIYAZAKI Hayao (geboren 1941). Im Ausland bekannt sind vor allem seine Filme *kaze no tani no nausicaa* (*Nausicaä – Aus dem Tal der Winde*, 1984), der blutrünstige *mononoke-hime* (*Prinzessin Mononoke*, 1997), der damals der erfolgreichste japanische Film aller Zeiten war, um später von Miyazakis *sen to chihiro no kamikakushi* (*Chihiros Reise ins Zauberland*, 2001) abgelöst zu werden.

Düstere Filme wie *Akira* (1988) und *kôkaku kidôtai* (Ghost in a Shell, 1995) hatten durch ihren Erfolg im Ausland schon zuvor den Weg für Anime geebnet. Und mit den Exportschlagern *Sailor Moon* und *Pokemon* interessierte sich nun endlich auch ein größeres Publikum für Manga. Doch obwohl Sailor Moon, ein hübsches Schulmädchen mit blonden Zöpfen, die aufgrund ihres Schicksals das Böse bekämpfen muss, sich schon 1995 durchs amerikanische Fernsehen zauberte, dauerte es doch noch drei Jahre, bis mit *Dragon Ball Z* die erste Manga-Serie auf den westlichen Markt kam, die nicht gespiegelt wurde. Erstmals mussten sich amerikanische und europäische Fans in Original-Leserichtung von hinten nach vorne durch die Geschichten kämpfen. Dies war ein großer Fortschritt für die *mangaka*, die Manga-Zeichner, die es hassten, dass durch das Spiegeln auf einmal jede Figur Linkshänder zu sein schien und die Helden ihre Kimonos falsch herum umgebunden hatten.

Apropos Kimono: Wer genau hinschaut, wird bemerken, dass die Kleidung in Manga sehr detailliert ausgearbeitet ist. Viel genauer als zum Beispiel Donald Ducks Matrosenjäckchen oder Obelix' Hose mit den schlank machenden Längsstreifen. Der Grund liegt darin, dass Manga-Figuren ... nun ja, sie sehen sich alle relativ ähnlich.

Alle haben riesige Augen, kleine Stupsnasen und hässliche Menschen gibt es eigentlich auch nicht. Aus diesem Grund sind Kleidung und Haare ein wichtiges Unterscheidungsmerkmal und werden dementsprechend detailliert ausgestaltet.

Bleibt die Frage zu klären, warum die Charaktere in Manga eigentlich so große Augen haben? Einige behaupten, dass Japaner gerne große Augen zeichnen, weil sie selber eher schmale Augen haben. Da mag etwas dran sein, hauptsächlich eignen sich aber große Augen besser, verschiedene Emotionen darzustellen. Und wenn man genau darauf achtet: Böse Menschen haben in Manga oft kleinere Augen als die meist unschuldigen Hauptfiguren. Auch die Haarfarbe spiegelt nicht unbedingt die Realität wieder – sonst gäbe es fast ausschließlich Figuren mit schwarzem Haar – sondern hilft dem Zeichner ebenfalls, einen Hinweis auf den Charakter der Figuren zu geben. So stehen blonde Haare zum Beispiel häufig für Unschuld, schwarze für Tradition und Ernsthaftigkeit, rote für Temperament, blaue für Unnahbarkeit und weiße für Figuren mit übernatürlichen Kräften.

Ob nun wegen der großen Augen oder der bunten Haarpracht – Manga sind in Japan so erfolgreich, dass man zum Beispiel in Tôkyô kaum drei Blocks weit gehen kann, ohne auf einen Comicladen zu stoßen. In der U-Bahn sieht man junge Mädchen, Office Ladys und Geschäftsmänner gleichermaßen in den telefonbuchdicken Manga blättern, die schon für den Preis einer Tageszeitung erhältlich sind. Auch die Nutzungsdauer ist nicht viel länger als die einer Zeitung, denn außer den auf hochwertigem Papier gedruckten Serien gelten Manga als Wegwerfprodukt. So machen Manga über 20 Prozent aller Drucksachen in Japan aus – und bescheren der Industrie jährliche Einnahmen von 4,2 Milliarden Dollar. Dazu kommen Anime, Videospiele, Sammelkarten und vieles mehr. Manga und Anime sind damit einer der wichtigsten Industriezweige Japans. Kein Wunder, dass die Zeichner und Zeichnerinnen der erfolgreichsten Serien wie Popstars verehrt werden und die Titelsongs erfolgreicher Animes in die Charts steigen. In Hiroshima gibt es sogar eine ganze Bibliothek ausschließlich für Manga.

Der Grund für diesen enormen Erfolg ist ganz einfach: Jeder liest sie. Und nicht nur jeder dickliche Teenager mit mangelnden Sozialkontakten, sondern wirklich jeder.

Manga gibt es in den verschiedensten Varianten – für nahezu jede Zielgruppe. Action- und Science Fiction-lastige Serien für Jungs *(shônen)*, Romantik-Serien für Mädchen *(shôjo)*, First-Love-Serien für ältere Jugendliche, sowie die unterschiedlichsten Genre für Erwachsene. Von Fantasy-, Horror-, Action-, Humor- oder Erotik-Manga bis hin zu Manga mit historischem Hintergrund *(jidai-geki)*, die zum Teil sehr anspruchsvoll und mit geschichtlichen Zusatzinformationen versehen sind. Der jugendliche Actionfan verschlingt Samurai-Geschichten in der Bahn auf dem Weg zur Schule, die junge Büroangestellte entspannt nach Feierabend mit ihrem Lady-Comic samt garantiertem Happy-End und der Rentner blättert in einem der *silver manga*, deren Helden das ›zweite Leben‹ nach der Pensionierung entdecken.

Doch es gibt Ärger im Paradies. Manga sind zwar noch immer sehr erfolgreich – dennoch gehen die Verkäufe seit einigen Jahren merklich zurück. Das mag einerseits an der zunehmenden Popularität der E-Books liegen, die gerade im Manga-Bereich rasante Wachstumszahlen aufweisen. Aber das alleine reicht nicht, um den Schwund zu erklären. Möglicherweise haben es die Verlage ein wenig zu lang so gemacht wie Hollywood und sich zu sehr auf die immer gleichen Erfolgsrezepte verlassen. Sicher, noch immer werden unglaublich viele Comics in Japan umgesetzt, aber es gibt dennoch Grund zur Sorge: denn je weniger Manga, desto weniger Charaktere für Anime, Videospiele und Merchandising-Artikel. Kein Wunder, dass die Industrie sich alle Mühe gibt, das Ruder herumzureißen ...

Besuchen wir die Super Comic City, eine der größten Comic-Conventions der Welt: Bis zu einer halben Million Fans treffen sich auf Veranstaltungen wie dieser, um Manga zu kaufen, aber auch um selbst gestaltete Manga zu verkaufen. Diese Fan-Arbeiten sehen – in Zeiten von Photoshop und Farbdruck auf Glossy-Papier, sehr professionell aus, da kann man nichts sagen. Erst der zweite Blick lässt einen stutzig werden. Circa 90 Prozent der zum Verkauf angebotenen Selfmade-Manga handeln von bekannten Serienfiguren – in teilweise ungewohnten Situationen. Stellen Sie sich vor, Sie könnten ganz einfach professionelle Comicausgaben einer homosexuellen Version von Asterix und Obelix kaufen. Oder einen Comic, in denen das Leben von Donald Ducks Neffen Tick, Trick und Track im Alter von 18 Jahren gezeigt wird. Gäbe es da keine Probleme mit den hiesigen Comicverlagen?

Auch in Japan gilt das Urheberrecht – die Verlage haben sich allerdings in einer Art schweigenden Übereinkunft mit den Fans geeinigt. Solange die Auflagenhöhe der Fan-Magazine im Rahmen bleibt, dulden die Verlage die Zweitverwertung ihrer Charaktere. Natürlich nicht aus Nettigkeit. Die Comic-Börsen sind die beste – und dazu noch kostenlose – Marktforschung, die man sich wünschen kann. Denn die Fans kopieren nur die beliebtesten Serien. Nehmen die Fan-Kopien einer Serie stark zu, wird diese bald in den telefonbuchdicken Magazinen immer weiter nach vorne wandern, dadurch weiter an Beliebtheit gewinnen und schließlich als eigenes Paperback erscheinen. Und andersherum. Neben diesem Seismografen für Fan-Anliegen bieten die Comic-Börsen noch einen weiteren Vorteil: neue Talente. Viele erfolgreiche Comiczeichner haben ihre Laufbahn begonnen, indem sie bekannte Figuren kopiert haben.

Aber all dies ahnt Herr Hoffmann natürlich nicht, als er kurz darauf mit hochrotem Kopf aus der U-Bahn aussteigt.

Was können Sie besser machen?

Ach, lesen Sie doch, was Sie wollen! Aber nicht vergessen: von hinten nach vorne, von oben nach unten und von rechts nach links.

39 HERR HOFFMANN TRÄGT STRASSEN-KLEIDUNG

TEXTILE PEINLICHKEITEN IN TRADITIONELLER UNTERKUNFT

»*Kitahara desu. Dôzu yôrushiku.*« Herr Kitahara verbeugt sich in einem sauberen 15 Grad Winkel und lächelt.

Herr Hoffmann erwidert die Begrüßung durch eine ähnliche, wenngleich nicht ganz so anmutig aussehende Gegenverbeugung, murmelt etwas, das sein Gegenüber als »*Hai, Hoffmann desu*«, verstehen könnte und schält sich aus seinen Schuhen.

Ein kurzer Blick in den Hausschuhfundus der *ryôkan*-Unterkunft macht ihm schnell deutlich, dass ein Paar in 46 mindestens genau so unwahrscheinlich ist, wie Helene Fischer als Zimmernachbarin. Also quält er einen Großteil seiner Zehen in Schuhe, die nicht nur rosa, sondern auch mindestens 10 Nummern zu klein sind und folgt dem geduldig wartenden Herbergsvater in den ersten Stock.

›Oh, geräumig‹, denkt Herr Hoffmann, als er in sein Zimmer tritt, welches vollständig mit Reisstrohmatten ausgelegt ist.

Hinter sich hört er Kitahara vernehmbar ein- und ausatmen und mit gedämpfter Stimme, aber verblüffendem Nachdruck seinen Namen sagen: »*Anô sumimasen, Hofuman-san …*«

Der Angesprochene dreht sich um und schaut in das besorgte Gesicht des drahtigen, älteren Herren. Er nickt und greift in seine Innentasche, um Trinkgeld herauszusuchen, doch Kitahara formt ein Kreuz mit seinen Unterarmen und starrt dabei auf die deutlich zu kleinen Schlappen: »*Gomenasai. Tatami no heya de, ôkutsu wa …*«

Endlos lange Sekunden des Schweigens später folgt Egon Hoffmann den Blicken auf seine Schuhe, vergleicht seine Füße mit denen des nun nervös wirkenden Herrn Kitahara und stellt fest, dass dieser seine Hausschuhe auf der kleinen Stufe vor den Matten hat stehen lassen. Eilig zieht der Deutsche den Stein des Anstoßes aus und trägt die verdammten Plastikteile zurück zum Eingangsbereich. Herr Kitahara wirkt irgendwie ein wenig so, als sei er überglücklich darüber, seinen Gast nicht mit Gewalt von den Matten zerren zu müssen und bedankt sich.

Unbeschuht schaut sich Herr Hoffmann in dem recht geräumigen, schütter eingerichteten Zimmer um, nachdem der Herbergsvater kaum hörbar unter Verbeugungen den Raum verlassen hat. Das Gepäck stellt er schnell in eine Ecke und lässt seinen Blick über das zentrale Möbelstück des Raums schweifen: Ein nicht einmal kniehoher Tisch aus dunklem Holz flankiert von zwei Sitzkissen. An einer Seite durchschneiden Schiebetüren die schmucklosen Wände und verbergen Wandschränke, während auf der anderen Seite geöffnete, mit Reispapier bespannte Schiebetüren den Blick auf einen sehr gepflegt aussehenden Innenhofgarten freigeben.

Es klopft sanft an der Tür und Sekunden später betritt, unter Verbeugungen und Vorstellungen in einer Sprache, die bruchstückhaft an Englisch erinnert, Masako den Raum. Das Zimmermädchen hebt sogleich den Schalenkoffer aus der *tokonoma*-Ziernische, die nur dem *kakemono*-Rollbild und einem Blumenarrangement aus vertrocknet ausschauenden Zweigen vorbehalten ist, und wuchtet ihn in einen der Wandschränke. Kurz nachdem sie dem Gast den Begrüßungstee bereitet hat, werden die Eincheckformalitäten erledigt. Ordnung muss sein, auch in dieser Herberge mit jahrhundertealter Geschichte. Deshalb erklärt ihm Masako in einem kaum trennbaren Gemenge aus Englisch und Japanisch einige der wichtigsten Hausregeln, um dann schließlich mit Mittel- und Zeigefinger der rechten Hand Essstäbchen in der Luft nachzubilden, die in eine aus der linken Hand geformte imaginäre Reisschüssel tauchen. Anschließend tippt sie auf die Ziffer sechs seiner Armbanduhr und nickt ihm auffordernd zu.

»Essen um 18 Uhr, geht klar«, nickt er zurück, worauf das Zimmermädchen erleichtert lächelnd und unter Kaskaden von Verbeugungen das Zimmer verlässt.

Nach anfänglicher Begeisterung über das ›Wohnen wie ein Samurai‹, stellt Egon wieder fest, wie schnell die Temperatur im japanischen Frühjahr wechseln kann. Schnell schließt er die dünnen Schiebetüren der traditionellen Unterkunft so gut wie möglich und zieht seine Jacke über die überschwänglich angezogene *yukata*. Das tragbare Ölöfchen wird auf höchste Stufe gestellt. Auch in einem subtropischen Land kann der Frühling verdammt kühl sein. Besonders dann, wenn es im Grunde keinerlei bauliche Wärmeisolation gibt.

Als der große Zeiger die Zwölf überschreitet und der kleine ihm genau gegenübersteht, lehnt sich Herr Hoffmann erwartungsfroh zurück.

In dem Reiseführer, den er auf dem langen Flug durchgeblättert hatte, hat er gelesen, dass in *ryôkan* Speisen traditionell auf dem Zimmer serviert und eingenommen werden. Eine Viertelstunde später, in der er den winzigen Fernseher ein halbes Dutzend Mal ein- und wieder ausgeschaltet hat, steigt er wieder in seine Jeans, streift den angenehm warmen Wollpullover über und beschließt, sich in den Gemeinschaftsräumen im Erdgeschoss auf die Fährte des versprochenen Abendbrotes zu begeben.

Und tatsächlich: Als er in den dunkel furnierten und gut geheizten Raum tritt, sieht er eine Reihe anderer Gäste in angeregter Unterhaltung in Gesellschaft von allerlei Schalen und Bierdosen. Der Deutsche reibt die Hände. Die Diskussionen werden leiser. Die anderen Gäste mustern ihn verstohlen von Kopf bis Fuß.

WOHNEN IM RYÔKAN

Wer im Kreise seiner japanophilen Freunde unbedingt mit einer Hand voll Fakten und den passenden japanischen Namen punkten möchte, kann sich jetzt erwartungsfroh die Hände reiben. Der lichte Tisch aus viel Platte und wenig Bein, der das Zentrum von Herrn Hoffmanns Zimmer bildet, heißt *zataku* und das Sitzkissen *zabuton*. Je nach Unterkunft wird ein *zaisu* dazu gereicht, ein Stuhl, der nur aus Lehne und Sitzfläche besteht und das Bodensitzen auch für Ungeübte auf längere Zeit erträglicher macht. Wer sich bei der Verwendung dieser Namen nicht zum Gespött anderer Eingeweihter machen möchte, spricht den Anfangsvokal der drei großen ›Z‹ japanischer Sitzkultur natürlich mit einem weichen ›Susi-S‹-Laut aus, so wie das englische ›Z‹. Soviel zum Möbel. Wechseln wir zu dem traditionellen und urjapanischen Kleidungsstück, das sich Herr Hoffmann schnell übergeworfen hatte. Die *yukata* ist ein kimonoähnliches Kleidungsstück aus Baumwolle, das zu vielen Gelegenheiten getragen werden kann und vor allen Dingen wegen seiner Bequemlichkeit geschätzt wird. Hier ein kleiner Tipp, wie der Hauskimono richtig zu binden ist: Rechte Seite zuerst an den Körper, dann die linke darüber schlagen. Anschließend die Mitte des Gürtelbandes an den Bauch ansetzen und beide Enden einmal um den Körper rum und dann das *yukata*-Paket mit Ihnen als Inhalt wiederum vorne mit einer Schleife festzurren. Die rechte *yukata*-Seite über die Linke zu schlagen, sollten Sie lieber anderen überlassen. Dies entspricht der Art, wie Leichen vor der Beisetzung traditionell der Kimono gebunden wird. Anders ausgedrückt: Lieber nicht machen.

Was ist diesmal schiefgelaufen?

Sind Sie schon einmal in die voll besetzte Straßenbahn gehetzt und haben erst da bemerkt, dass Sie zwar bestens frisiert sind und gerade noch pünktlich den Zug erreicht haben – dafür aber in Ihrem Hello Kitty-Pyjama? Dieses Erlebnis machte soeben Egon Hoffmann, wenngleich ohne einen unglaublich flauschigen und niedlichen Schlafanzug mit Kätzchen. Im Gegenteil. Auch wenn es in einem *ryôkan* in den Jahreszeiten Herbst bis Frühling (in Hokkaidô eigentlich auch im Sommer) mitunter eiskalt und wie Hechtsuppe ziehen kann, gehört es zum guten Ton, nach der Anreise das Alltagsleben mit der Straßenkleidung abzustreifen und sich in der *yukata* durch das Gebäude zu bewegen. Egal ob beim Gang zum heißen Bad, zum Gemeinschaftsraum, durch den japanischen Garten oder später zum Schlaf: Die gürtelgebundene Couture kann und sollte zu jedem Anlass getragen werden. Wer sich nicht daran hält, stört das harmonische Gruppengefühl und fällt auf wie ein Badehosenträger am FKK-Strand – eher unangenehm nämlich.

Was können Sie besser machen?

Die *yukata* ist wie sein westlicher Cousin, der Bademantel, im Grunde ein sehr bequemes Kleidungsstück. Es spricht nichts dagegen, nach Bezug der Unterkunft die Alltagsplünnen abzustreifen und gegen das dreiviertellange Baumwollhemdchen zu tauschen. Wem das zu kalt sein sollte, wird keine kollektive Feindseligkeit auf sich ziehen, wenn er sich mit untergezogener dicker Unterwäsche und wärmenden Shirts gegen die hundsgemeine Kälte schützt. Und mal ganz ohne pädagogischen Zeigefinger: Wenn Sie sich partout unwohl fühlen in einer *yukata*, bleiben Sie ruhig in der Kleidung, in der Sie sich wohl und sicher fühlen. Der entstehende Fauxpas ist so gering, dass er nur die allerwenigsten Japaner wirklich tief verärgern und beschämen dürfte.

40 HERR HOFFMANN MACHT ES SICH BEQUEM

AUCH SITZEN WILL GELERNT SEIN

Diesmal starrt ihn niemand an. Nachdem er Jeans und Pullover ordnungsgemäß gegen die *yukata* getauscht hat, betritt Herr Hoffmann nun ein zweites Mal den Speisesaal des *ryôkan*. Möglichst unauffällig lässt er sich auf einen der noch freien Plätze gleiten – wo schon die nächste Überraschung auf ihn wartet. Auf dem *tatami*-Boden liegt nur ein flaches Sitzkissen, Stühle sucht man hier vergeblich. Umständlich faltet Herr Hoffmann seine Beine unter das etwa 30 Zentimeter hohe Tischchen und schlägt dabei natürlich gleich äußerst unsanft mit den Knien gegen die Tischplatte. Aua! Die aufgereihten Schüsseln auf dem Tisch wackeln leicht, aber zum Glück sind die anderen Gäste in eine angeregte Unterhaltung vertieft, sodass sich niemand an dem ungeschickten Westler stört.

Nach einigem Herumrutschen hat sich Herr Hoffmann in eine einigermaßen – nun ja, nicht gerade bequeme, aber zumindest erträgliche – Sitzposition manövriert. In einer Art Schneidersitz kauert er auf seinem Sitzkissen und betrachtet erst einmal die vielen Schüsseln, die für jeden Gast bereits gefüllt und dekorativ angerichtet sind. Probeweise nimmt er ein wenig eingelegtes Gemüse aus einem der Schüsselchen. Lecker. Nun vielleicht ein wenig Fisch? Auch sehr gut. Dazu gibt es natürlich den obligatorischen und allgegenwärtigen grünen Tee.

Gerade überlegt Herr Hoffmann, ob er nicht nach dem Essen noch ein kurzes Bad im *onsen* nehmen soll und wie lange er noch so sitzen kann, ohne dass ihm die Beine absterben, als er plötzlich eine schreckliche Entdeckung macht. Die Frau neben ihm – sie zerteilt gerade überraschend fingerfertig ein Stückchen Tofu mit ihren Stäbchen – sitzt ganz anders als er. Statt im Schneidersitz sitzt sie auf ihren Fersen, die Unterschenkel liegen auf dem Boden, die Knie zeigen nach vorne. Herr Hoffmann bekommt schon beim bloßen Hinsehen Beinschmerzen. Oh je, jetzt hat er sich also schon wieder blamiert ...

Was ist diesmal schiefgelaufen?

Halb so wild – so schlimm ist es gar nicht. Tatsächlich ist *seiza*, der Fersensitz, den Herr Hoffmann bei seiner Tischnachbarin beobachtet hat, die traditionelle japanische Sitzposition. Und beim Tragen einer *yukata* ist es zugegebenermaßen auch die einzige Möglichkeit, beim Sitzen einigermaßen würdevoll auszusehen. Trotzdem ist für Männer durchaus auch *agura* als Sitzposition angemessen – der Schneidersitz.

Instinktiv hat Herr Hoffmann also alles richtig gemacht und sich die – für Ungeübte – schrecklich unbequeme *seiza*-Position erspart. Übrigens sieht man auch viele Frauen nach einigen Minuten ihre Beine seitlich abwinkeln, was erheblich bequemer ist als der traditionelle Fersensitz. Wer sich nun fragt, warum sich dann *seiza* überhaupt als Sitzposition durchsetzen konnte, hat vermutlich noch nie versucht, sich in einem traditionellen Kimono elegant auf den Boden zu setzen. Es gibt kaum eine andere Möglichkeit. Gerade jüngere Frauen sitzen heutzutage zum Teil auch im Schneidersitz, der sich allerdings beim Tragen von Schuluniformen, Röcken oder Kleidern aus nachvollziehbaren Gründen nicht unbedingt anbietet.

Aber wie kann es sein, dass ein kluges Volk wie die Japaner – immerhin haben sie der Welt den Walkman, Karaoke und die Playstation beschert – jahrhundertelang nicht auf die Idee kommt, den Stuhl zu erfinden? Einerseits gilt das Sitzen auf den *tatami* als sehr gesund, denn das Aufstehen vom Boden trainiert sehr viel mehr Muskeln als das Aufstehen von einem Stuhl. Zudem soll es sehr bequem sein, wenn man sich nur früh genug daran gewöhnt. Aber es gibt noch einen weiteren ganz praktischen Aspekt. Ohne sperrige Stühle kann man schließlich ganz einfach den Platz auf der *tatami*-Matte, auf dem man tagsüber gesessen und gegessen hat, nach dem Ausrollen des Futons als Schlafplatz verwenden.

Was können Sie besser machen?

Wenn Sie nicht gerade an einer Teezeremonie teilnehmen, nehmen Sie es nicht ganz so eng. Solange Sie Ihre Schuhe ordnungsgemäß ausgezogen haben, wird es Ihnen vermutlich kein Japaner ernsthaft übel nehmen, wenn Sie keine ganz klassische Sitzposition einnehmen. Und keine Sorge: In den meisten Restaurants und Bars gibt es ohnehin ganz normale Tische und Stühle, an denen man ohne die geringste Verrenkung Platz nehmen kann.

41 HERR HOFFMANN DENKT NICHT NACH

WO IST EIGENTLICH DAS BETT?

Routiniert nimmt Herr Hoffmann das Körbchen mit seinen Klamotten aus dem kleinen Fach im Vorraum des Bades. So langsam wird er zum *onsen*-Profi. Diesmal war ihm das Wasser gar nicht mehr viel zu heiß vorgekommen, sondern richtig angenehm. Und das gründliche Waschen vor dem Baden an den kleinen Steinbänken ist ihm inzwischen auch in Fleisch und Blut übergegangen. Zufrieden lächelnd bindet Herr Hoffmann seine *yukata* zu (eigentlich ganz bequem, dieses Ding) und quetscht seine Füße wieder in die zu kleinen Hausschuhe.

Er gähnt. Das Baden im heißen Wasser macht müde. Außerdem ist er heute den ganzen Tag durch die Stadt gelaufen. Am besten geht er direkt ins ... Moment mal. Herr Hoffmann stutzt, während er über die knarrenden Dielen vom *onsen* zurück in Richtung Zimmer läuft. Auf einmal fällt ihm ein, dass ihm sein Zimmer vor allem deshalb so geräumig vorgekommen war, weil es so leer war. Ein kleiner Tisch, ein paar Sitzkissen – sonst nichts. Wo war denn eigentlich das Bett gewesen?

Herr Hoffmann beschleunigt seine Schritte, hat keinen Blick für den hübsch angelegten Innenhof mit den leuchtenden Laternen und eilt direkt zu seinem Zimmer. Nanu? Irgendjemand hat in der Zwischenzeit einen Futon zurecht gemacht, der nun einen Großteil des Raumes einnimmt. Und dabei gleichzeitig seine getragenen Klamotten, die er zuvor in der Eile achtlos im Zimmer verstreut hatte, ordentlich zusammengelegt. Oh je.

Was ist diesmal schiefgelaufen?

Tatsächlich hatte eine Angestellte des *ryôkan*, während Herr Hoffmann sein Abendessen mit anschließendem Bad genossen hat, schon einmal die Futons in den Zimmern der Gäste bereit gemacht. Die dünnen Matten (die Herrn Hoffmann sehnsüchtig an seine dicke Sprungfedermatratze in Flensburg denken lassen) hatte sie dazu aus Fächern mit Schiebetüren geholt, die unserem Japanreisenden gar nicht aufgefallen waren. Auf diese Weise nimmt das Bett nicht während des Tages einen Großteil des Raumes ein. Am nächsten Morgen kann Herr Hoffmann das Bett einfach liegen lassen – es wird dann wieder fachmännisch von Angestellten des *ryôkan* verstaut. Falls er den Platz im Zimmer braucht, kann er es aber auch einfach in einer Ecke zusammenrollen.

Herr Hoffmann befühlt nun die in seinen Augen viel zu dünne Schlafunterlage, die traditionell nur mit Baumwolle gefüllt ist – heute werden manchmal auch Wolle und Kokosfasern darunter gemischt. Die reinen Baumwoll-Futons müssen spätestens alle zwei Wochen gerollt, geschüttelt und ausgeklopft werden, damit die Baumwolle nicht verhärtet. Durch das abendliche Ausrollen geschieht dies in der Regel automatisch jeden Tag.

Die Bettdecke wirkt relativ normal, darauf befindet sich noch eine dünne Auflage mit hübscher Stickerei. Komisch kommt ihm allerdings das Kissen vor – warum fühlt sich das so hart an? Es handelt sich um ein traditionelles japanisches Kissen, das mit Reis oder Buchweizenhülsen gefüllt ist. Herr Hoffmann bezweifelt, dass er auch nur ein Auge zumachen wird diese Nacht, dabei schläft er um einiges bequemer als früher Geishas oder Kabuki-Stars geschlafen haben. Um die aufwändigen Frisuren zu schonen, schliefen diese auf einem *takamakura*, einem Kissen aus Holz.

Was können Sie besser machen?

Es ist nun auch kein Drama, das Herrn Hoffmann da passiert ist. Aber denken Sie einfach daran, dass im *ryôkan* auch abends noch Angestellte das Zimmer betreten. Wenn Sie also nicht wollen, dass diese ihre gebrauchten Unterhosen fein säuberlich falten, verstauen Sie diese vorher lieber selbst.

Und übrigens: auch wenn Herr Hoffmann sich im nächsten Kapitel ein wenig beschwert ... eigentlich hat er gar nicht mal so schlecht geschlafen auf der dünnen Futon-Unterlage. Zumindest sein Rücken fühlt sich fantastisch an.

42 HERR HOFFMANN PUTZT SICH DIE NASE

KALTES GRAUEN IN TEXTILEN TÜCHERN

Herr Hoffmann stirbt. Er verendet an einem langsamen, qualvollen Erfrierungstod. Umgeben von Millionen von Menschen, tauschen das letzte bisschen körperliche Wärme und die hundsgemeine Kälte in verschwörerischer Mission ihre Plätze.

Das hat er jedenfalls gerade seiner Frau Hannah erzählt.

»Und dafür weckst Du mich um zehn nach zwei? Weil Dir kalt war?«

»Zehn nach zwei? Entschuldigung, aber hier ist schon nach neun Uhr. Aber du hast ja auch noch nie auf diesen Futon-Dingern geschlafen. Die Matten liegen direkt auf dem Boden und sind nicht mal so dick wie unsere Sonntagszeitung! Klar, dass mir kalt wird. Und eigentlich hatte hier schon längst der Frühling mit über 20 Grad Einzug gehalten. Und jetzt ist hier Eiseskälte. Sowas steht nicht im Reiseführer, diesem Mistding!«

»Aber dann schlaf doch in einem westlichen Hotel ...«, versucht Hannah das Gespräch zu Ende zu bringen.

»In einem Westlichen? Da war ich ja am Anfang, aber ich fliege doch nicht um die halbe Welt, um dann in einem Hotel zu schlafen, in dem ich auch zu Hause unterkommen könnte. Na ja, vielleicht probiere ich mal so ein Kapselhotel. Ich wollte dich nur wissen lassen, wie es mir hier geht und dass es kein Wunder ist, wenn ich hier noch krank werde.«

Als er von der Telefonzelle in sein *ryôkan* zurückkehrt, zieht er im Eingangsbereich seine Schuhe aus und schlüpft in seine Hausschlappen. »*Ohayô, Kitahara-san*«, ruft er, stolz darüber, dass ihm der Guten-Morgen-Gruß auf Japanisch eingefallen ist, dem vermeintlichen Herbergsvater entgegen. Dieser entgegnet dem wohlgemeinten Gruß mit aufsehenerregend ausdrucksloser Miene. ›Vielleicht ist das doch nicht Herr Kitahara, sondern dieser Suzuki?‹, überlegt Herr Hoffmann, als er die gefährlich steile Stiege in den ersten Stock erklimmt: ›Die sehen aber auch alle gleich aus, diese Japaner.

TYP: JAPANISCH

Es ist natürlich Quatsch, dass alle Japaner gleich aussehen. Genauso wenig wie Chinesen, Koreaner oder Vietnamesen. Auch untereinander verwechseln muss man sie nicht, die Asiaten. Passiert aber dennoch nicht selten, auch umgekehrt. Seltsam, wenn auch Leute wie Thomas Gottschalk und Beckenbauer miteinander verwechselt werden. Die Tendenz zur Verwechslung nimmt laut psychologischen Studien der Universität Oxford ab, je mehr interkulturelle Kontakte man hat. Dann bekommt das Gegenüber mehr Relevanz und das Gehirn agiert nicht mehr als der große Gleichmacher und In-Gruppen-Einsortierer.

Nach einem weitgehend leckeren, aber auch gleichermaßen verstörenden japanischen Frühstück (siehe weiter unten), bestückt Egon Hoffmann seinen Rucksack mit Wasser und Obst, welches er am Abend zuvor in einem *konbini* erstanden hatte. Für heute hat er einen Ausflug mit der Bahn zum Tôkyô Tower geplant. ›Der knapp 333 Meter hohe Turm ist eines der Wahrzeichen der Stadt‹, liest er auf dem Weg zu der nächsten Bahnstation: ›In den 50er Jahren brauchte Japan ein Symbol für den Wiederaufbau und fand es im Pariser Eiffelturm, der mit dem Tôkyô Tower nachgebaut wurde. Der 1958 fertiggestellte Sendeturm ist nicht nur 8,6 Meter höher als sein Vorbild, sondern war lange Zeit auch das höchste Gebäude des Inselreichs. Erst 2012 machte ihm der neue Fernsehturm, der Tôkyô Skytree mit 634 Metern Höhe den Titel streitig.‹ Als er die Haltestelle erreicht, klappt er den Reiseführer zu. Nun kommt der schwierige Teil: das Kaufen der Fahrkarte.

Endlich in einem Zug der Yamanote-Linie spürt Herr Hoffmann ein Jucken in seiner Nase. »Na super«, sagt er laut, sodass einige der anderen Fahrgäste zusammenzucken, kurz von ihren Zeitschriften oder ihrem Nickerchen aufschrecken, ihn anschauen, um sich dann wieder mit apathischer Miene ihrer vorherigen Beschäftigung zu widmen. ›Jetzt habe ich mich auch noch auf diesen komischen Matratzen erkältet‹, setzt er die Feststellung in Gedanken fort. Geräuschvoll zieht sein Nachbar, ein gepflegter Anzugträger mittleren Alters, die Nase hoch. Und noch einmal. Herr Hoffmann glaubt dieses Mal, nicht nur die Konsistenz des Hochgezogenen, sondern auch die Menge erahnen zu können.

Weiß man, wie viel Rotz ein Mensch durch die Nase bewegen kann? Oder hört die Forschung bei der Messung der Niesgeschwindigkeit auf? Zumindest weiß man hier, dass laut wissenschaftlicher Messungen Erwachsene mit einer Geschwindigkeit von bis zu 182 km/h Luft und Tröpfchen durch die Nase ausstoßen. Gesundheit!)

Herr Hoffmann kommt in Hinblick auf seinen Nachbarn zu keiner Antwort, ärgert sich aber mehr und mehr über den schniefenden Mann neben ihm. Hat er Angst, seine Atemseele zu verlieren, wenn er sich einfach mal vernünftig die Nase schnäuzt? Da, schon wieder wird der gesammelte Schleim lautstark hochgezogen. Frechheit. Und ein gutes Stück weit widerlich.

Demonstrativ greift Herr Hoffmann in seine Jackentasche und zieht eine Mikropackung Papiertücher hervor, die ihm vor dem Bahnhof – genau wie allen vorbeiströmenden Passanten – in die

Hand gedrückt worden war. Langsam entfaltet er eines der Tücher, drapiert es sorgfältig unter seiner europäischen Durchschnittsnase und trompetet die ersten Anzeichen seiner beginnenden Erkältung vernehmbar in die hauchdünnen Mikrofasern.

Mit einer Mischung aus Ekel, Erschrecken, Wut und Unglauben quittieren einige der Passagiere in seinem Umfeld das Naseputzen. Eine ältere Frau schüttelt resignierend den Kopf, der Nasenhochziehnachbar steht auf und nimmt einen Platz in einigen Metern Entfernung ein. Herr Hoffmann steckt das Tuch vorsichtig in seine Jackentasche, schaut verstohlen aus dem Fenster und merkt, wie seine Wangen heiß werden.

HERAUSFORDERNDES FRÜHSTÜCK

Die Dame des Hauses hatte Herrn Hoffmann unter anderem zum Frühstück *nattô* auf das Tischchen gestellt. Die traditionelle Speise aus fermentierten, also sich bakteriell zersetzenden Sojabohnen gilt im Osten Japans seit Tausenden von Jahren als eine beliebte Quelle von Proteinen. Der strenge Geschmack, der beißend-ammoniakhaltige Geruch und die Fäden ziehende, schleimige Konsistenz dieser in der Regel auf Reis servierten Köstlichkeit, ist für viele westliche Geschmacksknospen eher ein Zeichen dafür, diese Speise nicht in ihrem bereits weit fortgeschrittenen Verfall zu stören. Auch wenn ihr viele heilbringende Eigenschaften nachgesagt werden, hat Herr Hoffmann sich nach einem Probehäppchen zum sofortigen Stopp entschieden und wird sicherlich auch um *nattô*-Eis, das man auch in Truhen finden kann, einen respektvollen Bogen machen.

Was ist diesmal schiefgelaufen?

Stellen Sie sich vor, Sie sitzen in der Straßenbahn und ihr exotisch aussehender Gegenüber spuckt ihnen plötzlich geräuschvoll vor die Füße.

Auch wenn dies in manchen Bevölkerungskreisen eine normale Umgangsform sein mag, dürfte dies der Großteil der Zentraleuropäer als ekelerregend, wenigstens aber als ungewöhnlich empfinden. So ergeht es auch vielen Japanern mit Schnaubern wie Herrn Hoffmann.

Außerhalb des eigenen Hauses gilt es als deutliches Zeichen schlechten Benehmens, anderen das eigene Befinden durch das Naseputzen aufzudrängen. Auch wenn ein Sitznachbar eine halbstündige Bahnfahrt durch endloses Nasehochziehen mit einem nervigen Programm gestaltet, wird dieser enervierende Umgang mit Nasenwasser verblüffenderweise als höflicher wahrgenommen.

Was können Sie besser machen?

Natürlich können Sie es machen wie viele Japaner und einfach Ihre Nase hochziehen. Wenn Sie sich die Nase putzen müssen, gehen Sie – so empfiehlt die japanische Etikette – nach Möglichkeit auf Toilette. Sollten Sie dazu keine Gelegenheit haben und keinen Spielraum mehr zum Hochziehen, ist es im Rahmen des gesellschaftlich vertretbaren erlaubt, ohne elefantöses Tröten dezent die Nase mit einem Papiertaschentuch abzutupfen.

In etwas vertrauterer Runde, und die kann durchaus schon durch eine mehrstündige Zugfahrt im Shinkansen entstehen, ist es angebracht, das Niesen oder Naseputzen durch ein ›*chotto sumimasen*‹ zu entschuldigen. Dass Ihnen jemand Gesundheit wünscht, können Sie im Übrigen vergessen: Wie inzwischen auch vom deutschen Knigge empfohlen, haben Japaner verinnerlicht, dass es höflicher ist, so zu tun, als habe man das Niesen gar nicht registriert – auch wenn kurzfristige Mimik und beschriebenes Zusammenzucken eine andere Sprache sprechen mögen. So wird dem Niesenden die Peinlichkeit seiner Handlung genommen.

Selbst wenn Sie es praktischer finden, sollten Sie während eines Japanaufenthalts keine Stofftaschentücher zum Naseputzen verwenden. Wer so etwas macht, ist auch barbarisch genug, mit einer

Papierschere Würstchen für seine Linsensuppe zu schneiden. Zumindest in den Augen des Japaners von Welt, der ein Stofftaschentuch nur mitführt, um Schweißtröpfchen von der Stirn zu tupfen. Oder um in der Folge eines *yubitsume* den blutenden Finger einzupacken. *yubitsume* bezeichnet das bereits kamerawirksam in japanischen Filmen festgehaltene Ritual des Fingerabschneidens. Dies geschieht selten in rein selbstzerstörerischer Absicht, sondern als Buße und zum Einlösen einer Ehrenpflicht eines Yakuza gegenüber seinem *oyabun* (dem Boss). Beim ersten Mal trennt sich der Bußwillige mit einem Schwert oder Messer von einem Glied des kleinen Fingers der linken Hand. Bei jedem Folgemissgeschick verkürzt sich der Finger auf diese Weise um ein weiteres Glied. Japanische Comic- und Cartoonfreunde sollen aus diesem Grund auch Sympathieprobleme mit vierfingrigen Figuren wie den Simpsons haben. Aber zurück von blutenden Händen zu laufenden Nasen.

Wer wirklich schlimm erkältet ist, kann aus Rücksicht gegenüber seinen Mitmenschen einen Mundschutz tragen. Ein positiver Nebeneffekt mag sein, eine etwaige Rotznase verbergen zu können.

Und falls noch in Zusammenhang mit Nasen Fragen offen sein sollten: Auch in Japan gilt Nasebohren, selbst wenn es als noch so entspannend oder atemwegbereinigend wahrgenommen wird, als zutiefst verabscheuungswürdig. Recht so.

43 HERR HOFFMANN MEINT'S NICHT SO

EIN GEWAGTER DRAHTSEILAKT NAMENS IRONIE

Hier eine kleine Aufgabe für Gedankenbildmaler: Stellen Sie sich bitte einmal vor, Sie seien männlich, 1,88 Meter groß, wögen nicht mehr ganz gertenschlanke 114 Kilogramm und versuchten sich in eine rechteckige Röhre zu zwängen. Diese ist gut zwei Meter lang, einen Meter hoch und 1,25 Meter breit. Ihr fortwährend zu hoher Blutdruck lässt Ihnen beim Hereinkrabbeln die Schläfen beträchtlich pochen und beachtliche Mengen Schweiß optisch unvorteilhaft auf Stirn, Hände, Rücken und Bauch pulsen. Steht das Bild? Gut, Sie haben sich in Herrn Hoffmann hineinversetzt.

»Kapselhotels sind eine praktische und sehr japanische Einrichtung«, hatte ihm Frau Watanabe zwei Tage zuvor zugeraunt. In einer Lautstärke, mit der man gemeinhin Insider-Geheimnisse an vertrauenswürdige oder weniger vertrauenswürdige, aber dafür zahlungskräftige Personen weitergibt.

Kapselhotels! Egon Hoffmann war direkt begeistert von der Vorstellung, selbst eine solche Schlafwabe für eine Nacht zu erobern.

Science-Fiction in der Gegenwart. Er als wortkarger Replikantenjäger Deckard oder Sprüche klopfender Taxipilot Korben Dallas in seiner turbo-futuristischen Schlafkapsel. Raumschiff Enterprise, Krieg der Sterne und ein bisschen Raumpatrouille Orion – ein Schlafquartier für Helden fantastischer Abenteuer komprimiert auf 2,5 Kubikmeter Plastik. Doch anstatt sich so zu fühlen wie der junge Captain Kirk, fühlt er sich, wie der deutlich kompaktere William Shatner sich heute in seinem allerersten Raumanzug fühlen dürfte: deplatziert und extrem eingezwängt. Eine schwitzende Wurst in zu enger Pelle.

Auch wenn sich bei Herrn Hoffmann die Überzeugung noch nicht einstellen mag, sind Kapselhotels tatsächlich eine sehr praktische Einrichtung. Denn genau so sicher, wie Godzillas Ziel auf seinen Touren wütender Zerstörung stets Tôkyô ist, so ist ein Kapselhotel oft Zuflucht pendelnder *Salaryman*, die nach einem Termin oder Zechen mit Kollegen ihren letzten Zug verpasst haben. Neben der verkehrsgünstigen Lage, zum Beispiel in der Nähe von Bahnhöfen, spricht vor allen Dingen der günstige Preis für die Unterkünfte, in denen die Kapseln in schier endlosen Reihen zweifach aufeinandergestapelt sind: Eine Nacht kostet den Erschöpften zum Beispiel in Tôkyô gerade einmal zwischen 20 und 50 Euro. Die andere Alternative zum verpassten Zug, ein Taxi, schlägt je nach Ziel in Tôkyô hingegen gerne mal mit als 120 Euro zu Buche.

Natürlich sind in Kapselhotels nicht nur Betrunkene anzutreffen, deren einzige Alternative zur Nachtruhe eine Bahnhofsbank gewesen wäre. Denn genau genommen sind augenscheinlich Angeheiterte ebenso wenig zugelassen, wie Tätowierte und – so zumindest in den meisten Kapselhotels – auch Frauen. Kapselhotels bieten je nach Größe zwischen 50 und 500 Kojen. Alles auf der Fläche einer durchschnittlichen Spielothek in der schleswig-holsteinischen Provinz.

Zurück zu Herrn Hoffmann: Wie seine Kapselgenossen hat er im Eingangsbereich seine Alltagskleidung gegen die gereichte *yukata* und die Schlappen getauscht und sein Hab und Gut fein säuberlich in einem Spind verstaut. Wie von dem geduldigen Rezeptionisten pantomimisch empfohlen, bindet er den Spindschlüssel mit einem Band an seinen Fuß und bringt dann seinen Kulturbeutel in die ihm zugeteilte Schlafwabe mit der Nummer 238. Nach einem kurzen Probeliegen, welches weniger Assoziationen an Weltraumabenteuer, sondern eher an seine letzte Ruhe in ihm keimen lässt, beschließt er, noch nicht müde zu sein und lieber den Gemeinschaftsbereich der Unterkunft erkunden zu wollen.

In diesem sitzt ein halbes Dutzend zumeist älterer Herren in Sofas und Sesseln um einen übergroßen Fernseher versammelt. Stakkatoartig kommentiert ein Sprecher eine Dokumentation über die alte Kaiserstadt Kamakura, die Herr Hoffmann an dem gezeigten großen Steinbuddha erkennt. Alle im überheizten Raum tragen diese Freizeitkimonos, bei denen Herr Hoffmann unwillkürlich an Krankenhaushemdchen denken muss. Trotz des überlauten Fernsehtons, den der stimmlich immer gehetzter wirkende Kommentator und einige Synthesizer-Soundeffekte bestreiten, schlafen einige der Herren in ihren Sitzen. Manche lesen Tageszeitungen oder Comics und nur einer verfolgt wirklich die Sendung auf dem raumgreifenden TV-Gerät. Neben diesen setzt sich Herr Hoffmann. Seine Begrüßung »*Hello, my name is Egon Hoffmann from Germany*«, wird von dem Nachbarn mit einem knappen Nicken und einem brummenden Laut erwidert.

Nachdem Herr Hoffmann den in dem Beitrag gezeigten, prächtigen Engaku-ji-Tempel mit lobenden Worten kommentiert, entspinnt sich zwischen ihm und Herrn Yamashima allerdings doch noch ein angeregtes Gespräch. Überraschenderweise spricht Herr Yamashima etwas Deutsch. Das können wie er viele ältere japanische Mediziner, da Deutschkurse zu einem Medizinstudium dazugehörten wie bei uns das Latinum zu geisteswissenschaftlichen Fächern. Eine Erleichterung, da Hoffmanns Japanisch nicht einmal zum Bestellen einer Misosuppe reicht und sein Englisch auch nicht unbedingt eine sattelfeste Konversation zulässt.

DEUTSCHE MEDIZIN

Warum lernen angehende Mediziner Deutsch? Nun, wie bei so vielem, lassen sich auch hierfür in der Vergangenheit finden. Genauer gesagt in der Meiji-Zeit (1868-1912). In dieser Periode, in der sich Japan stark am Westen und seinen Errungenschaften ausrichtete, wurde das medizinische Wissen aus Deutschland übernommen. So sind auch heute noch Kranke *kuranke*, die mit *rentogen*-Strahlen durchleuchtet werden. Stößt der Chirurg dabei auf ein beunruhigendes *merukumâru* (Merkmal) kann es zu einer *mâgen* kommen (Magenoperation), die natürlich eine *narube* (Narbe) mit sich bringt, aber nie einen *gipusu* (Gips). Übrigens haben die Deutschen neben der Medizin vor allen Dingen das japanische Bergsteigervokabular mit Begriffen wie *ryukkusakku* (Rucksack) und *gerende* (Gelände) bereichert. Beruhigend, dass zusätzlich auch der *orogasumusu* und die *onanî* als Lehnwörter ins Inselreich gebracht wurden.

Nach ausgedehnten Gesprächen über die Vorzüge deutscher Kardinalwerte wie Bier und Autobahn landet die Unterhaltung bei der Fußball Weltmeisterschaft 2006. »Viele Menschen haben es in Japan gesehen. Obwohl es damals noch nicht sehr populär war«, berichtet Herr Yamashima eifrig nickend.

»Tatsache? Also in Deutschland ist Fußball wirklich extrem populär«, Herr Hoffmann schließt sich Herrn Yamashimas Nicken an und ergänzt grinsend: »Es gibt sogar eine eigene Bundesliga für Katzen und Hunde ⸮« (Sie wundern sich über das verdrehte Fragezeichen? Das ist das weitgehend unbekannte und leider viel zu selten eingesetzte Ironiezeichen. Hier verschriftlicht es die von Herrn Hoffmann genutzte Ironie, die bei der Unterhaltung durch seine Stimmfärbung markiert wurde.)

Yamashima-*san* rückt seine dickglasige Hornbrille zurecht und mustert den Deutschen mit offenem Mund. Er scheint sich zu fragen, ob der Fremdländer ein Dummkopf oder Betrunkener ist, erwidert aber: »*Ah, sô desuka?*« (Kann an dieser Stelle mit ›Ach, ist das wirklich so?‹ übersetzt werden.)

Und noch bevor Herr Hoffmann seine als Aufheiterung gemeinte Bemerkung näher erläutern kann, ist sein japanischer Altersgenosse bereits aufgestanden und hat sich mit einer knappen, angedeuteten Verbeugung zur Nachtruhe entschuldigt.

Was ist diesmal schiefgelaufen?

Da hat Herr Hoffmann wohl mit seinem angestrengten Versuch, witzig zu sein, auf Granit gebissen. Doch bevor ein falscher Eindruck entsteht: Japaner sind in der Regel keine humorlosen Griesgrame. Im Gegenteil – einem guten Lacher sind sie selten abgeneigt. Dabei werden vor allen Dingen deftige Witze mit eher körperlicher Note bevorzugt. Auch Yamashima-*sensei* ist stets für einen guten Brüller empfänglich und großer Fan verschiedener *manzai*-Kombos.

MANZAI

Als Manzai bezeichnet man japanische Standup-Comedy, bei der zwei schnell sprechende Komiker Witze erzählen und Sketche aufführen. Dabei sind die Rollen der beiden Akteure stets festgelegt: Für die Pointen ist der begriffsstutzige *boke* zuständig, während der *tsukkomi* die Missverständnisse und Fehler des *boke* aufklärt und so die erzählten Geschichten vorantreibt. Üblicherweise sprechen *manzai*-Komiker bei ihren Auftritten den um das Städtedreieck Ôsaka, Kôbe und Kyôto üblichen regionalen Dialekt (*Kansai-ben*). Einen guten Einblick in den Berufsalltag der *manzaishi* verschafft die japanische Komödie *Bleep Brothers*, in der übrigens Steven Seagals Sohn Kentarô die Rolle des *boke* übernahm.

Doch das im westlichen Humorrepertoire eingesetzte Mittel der Ironie bereitet vielen Japanern häufig Schwierigkeiten und sorgt nicht selten für ein interkulturelles Gesprächsvakuum, wie es soeben Herr Hoffmann erlebte. Davon ausgehend, dass das Gegenüber aufrichtig mit ihnen spricht, wird selbst eine für unser Empfinden überdeutlich als Ironie zu verstehende Äußerung höflich für bare Münze genommen. Der Ironieempfänger ist dann eher geneigt, den Sprücheklopfer für einen armen Irren denn für einen mitreißenden Spaßvogel zu halten. Ein Japaner, der Ironie auf Anhieb versteht, ist eher die Ausnahme als die Regel. Zumindest läuft die Art von Ironie meist ins Leere, bei der das Gegenteil von dem geäußert wird, was der Sprecher meint oder bei dem kompletter Unfug zur Aufheiterung eingebracht wird.

Eine annehmbare Begründung dafür zu finden ist nicht leicht. Festhalten lässt sich zumindest, dass das, was im Westen als Spaß (oder sanfte Aufforderung zur Unterlassung einer bestimmten Handlung) gemeint ist, in Japan schnell als sarkastische Kritik verstanden wird. Soziologe OKAMOTO Shinichirô, der sich in verschiedenen Studien ausgiebig mit dem Verständnis von Ironie in Japan beschäftigte, fand heraus, dass mit Ansteigen der Ironiedichte in einem Gespräch das Gefühl der Kritik und der Beleidigung beim Empfänger wächst.

Ironie wird ins Japanische mit dem Wort *hiniku* übersetzt. Während die Existenz dieser Vokabel nahelegt, dass Japaner Ironie tatsächlich kennen, offenbart ein Blick in ein Wörterbuch, dass *hiniku* auch mit Sarkasmus und schwarzer Humor übersetzt werden kann. Vielleicht ein Grund mehr dafür, dass die meisten Japaner *hiniku* als unangenehm empfinden.

Was können Sie besser machen?

Natürlich gibt es auch Japaner, die gerade im Umgang mit Westlern Ironie verstehen und selber anwenden. Unter Japanern, vor allen Dingen gegenüber Älteren, wird dieses sprachliche Schwert selten geführt. Wer seinem Gegenüber nicht vor den Kopf stoßen möchte, verkneift sich daher lieber die eine oder andere ironisch gemeinte Bemerkung – selbst wenn sie verspricht, ein Riesenlacher zu werden. Hätte sich auch Herr Hoffmann daran gehalten, hätte er sich noch viele Stunden mit Herrn Yamashima über den Medizineralltag und Wanderungen durch die japanischen Alpen austauschen können.

44 HERR HOFFMANN ISST DAS BESTE FLEISCH DER WELT

SAKE-MASSAGEN FÜR GLÜCKLICHE RINDER

Frau Watanabe redet leise und schnell. Herr Hoffmann versteht kein Wort. Kein Wunder, sie redet schließlich auf Japanisch und auch gar nicht mit ihm, sondern mit dem Kellner, dem sie anscheinend präzise Instruktionen gibt. Der scheint sich darüber zu freuen, jedenfalls nickt er immer wieder, bestätigt häufig mit einem energischen *»hai«* und deutet mehrere Verbeugungen an. Herrn Hoffmann ist ein wenig mulmig dabei. Was sie wohl bestellen wird? Irgendetwas Besonderes – und vor allem besonders teuer. Aber Frau Watanabe hat ihm versprochen, dass er dieses Essen niemals vergessen wird. Andererseits, dieses *natto*, die schleimige Sojabohnenpaste, die er neulich zum Frühstück heruntergewürgt hat, die wird er sicherlich auch niemals vergessen. Genauso wenig wie diese Sportstunde damals in der achten Klasse, als ein verirrter Völkerball – geschmettert von Gabi Fastenried, der stämmigen Metzgerstocher – ihn mit voller Wucht in die ...

»Wissen Sie«, unterbricht Frau Watanabe seine Galerie der schlimmsten Erinnerungen abrupt, indem sie sich verschwörerisch über den Tisch nach vorne beugt, »was Sie heute essen werden?«

Der Kellner kommt zurück und bringt die Getränke. Bier, Gott sei Dank! Kein grüner Tee, kein lauwarmer Sake, sondern gutes, altes Bier. Marke Asahi, soso. Frau Watanabe prostet ihm zu – *kanpai* – dann setzt sie wieder diesen Gesichtsausdruck auf, als wolle sie nun erzählen, dass sie Agentin beim KGB ist oder früher ein Mann war oder ihm günstig eine Niere besorgen kann. »Sie haben gestern erzählt, dass Sie gerne Steak essen«, raunt sie ihm zu, »aber heute werden Sie das beste Fleisch essen, das es auf der ganzen Welt gibt.«

Nun beugt sich auch Herr Hoffmann interessiert vor. »Das beste Fleisch der Welt?«

Frau Watanabe nickt. »Das Fleisch der *wagyû*-Rinder, eine ganz spezielle, japanische Rasse. Sie kennen es vielleicht unter dem Namen Kobe-Beef.«

Herr Hoffmann schüttelt den Kopf.

»Jedenfalls«, fährt Frau Watanabe fort, »jedenfalls werden diese Rinder mit einem ganz speziellen Kraftfutter gefüttert. Und sie bekommen Bier, das ihren Appetit anregen soll.«

»Ähm, Bier? Echtes Bier?«

Frau Watanabe nickt. »Ja, und sie werden täglich mit Sake massiert. Viele Bauern spielen ihren Rindern auch klassische Musik vor, Mozart zum Beispiel, damit sie sich wohlfühlen.«

Vor seinem geistigen Auge sieht Herr Hoffmann sich in seinem bequemen Fernsehsessel. Neben ihm steht eine Schale Erdnüsse, in der Hand hält er ein kühles Bier. Zu den Klängen von Mozarts Requiem in d-Moll massiert Hannah ihn sanft mit Sake ... mmmmh. »Mann, diese Rinder haben ja ein besseres Leben als ich!«

Da kommt schon der Kellner mit zwei riesigen Platten. Herrn Hoffmann läuft das Wasser im Mund zusammen. Doch als die Platten vor ihm stehen, traut er seinen Augen kaum. Gut, er hatte nicht erwartet, dass die Portionen so üppig sein würden wie in Tonis Schnitzelparadies daheim in Deutschland. Aber das ... Auf der

Platte befinden sich Schälchen mit Reis, mit einer Art Algensalat, hier ein Schüsselchen Spinat mit Sesamkörnern und dort, ja, dort ist auch ein kleines Brettchen mit einem noch kleineren Stückchen Fleisch, das auf einem Klecks Soße liegt – höchstens 100 Gramm. Einen Seufzer unterdrückend nimmt Herr Hoffmann die Sojasoße und kippt diese großzügig über seinen Reis. Frau Watanabe lächelt ein wenig gequält, wahrscheinlich hat auch sie größere Portionen erwartet.

»*Itadaki-masu.*« Sie nimmt ein Stück Fleisch in den Mund und verdreht genussvoll die Augen.

Herr Hoffmann betrachtet das Fleisch genauer. Außen scharf angebraten, innen rosig und mit weißen Fettadern durchzogen. »Na, das ist ja genau das Richtige für meinen Cholesterinspiegel«, denkt er und nimmt einen Bissen Fleisch in den Mund.

Wahnsinn! Das Fleisch ist so zart, dass er es kaum kauen braucht – es zerschmilzt buchstäblich auf der Zunge. Und ist dabei so saftig, so voller Geschmack, so ... Noch könnte er seinen Rückflug stornieren, er könnte einfach hier bleiben, vielleicht ein nettes Mädchen finden und eine zweite Familie gründen. Und dann jeden Tag dieses Fleisch essen. Nein, es ist kein Traum, wie ein Kobe-Rind zu leben, der Traum ist es, jeden Tag Kobe-Rind zu essen. Etwa 20 Minuten lang träumt Herr Hoffmann von seiner neuen Existenz in Japan – bis die Rechnung kommt.

Was ist diesmal schiefgelaufen?

Ja, was ist eigentlich schief gelaufen? Hätte Herr Hoffmann das Fleisch nachdrücklicher loben sollen? Hätte er als Mann die Wahl des Menüs nicht Frau Watanabe überlassen dürfen? Ist es gar ein grober Verstoß gegen Sitte und Anstand, wenn zwei nicht miteinander verheiratete Menschen unterschiedlichen Geschlechts gemeinsam Rindfleisch essen?

Nein. Nichts von alledem. Der Fehler liegt hier – wie so oft – im unauffälligen Detail. Erinnern Sie sich an das gequälte Lächeln von

Frau Watanabe? Natürlich war sie zu höflich, um Herrn Hoffmann darauf hinzuweisen, dass die Sojasoße in das kleine, flache Schälchen neben den Reis gehört. Sie direkt auf den Reis zu kippen, ist in etwa dasselbe, wie feinste Filetspitzen an jungem Spargel in einer Lache aus Ketchup zu ertränken. Man outet sich nicht eben als Feinschmecker.

Hinzu kommt, dass die Japaner ein wenig ... nun ja, heikel sind, was das Essen angeht. Im Verhältnis zum Einkommen geben sie für Essen und Trinken fast dreimal so viel Geld aus wie Deutsche. Aber dafür verlangen sie auch etwas. Oberstes Gebot ist die Frische der Zutaten. Daher werden viele saisonale Produkte nur in bestimmten Jahreszeiten verwendet, und um die Sache noch ein wenig komplizierter zu machen, sollte auch noch die Farbe des Geschirrs zur Jahreszeit passen. Aber auch in Bezug auf saubere Schnittkanten kennt die japanische Küche kein Pardon. Und bei der Zubereitung von Teig für *tempura* ist nicht nur das Mischverhältnis der Zutaten wichtig, sondern auch die Intensität, mit der diese verrührt werden. Und falls das alles zu einfach sein sollte, gibt es ja noch das Prinzip der Vierfarbigkeit, nach dem neben Weiß mindestens die Farben Gelb, Rot und Grün vertreten sein sollten.

Kein Wunder, dass auch der Reis nicht einfach nur als Sättigungsbeilage gilt. Schließlich bildet er den Grundstock der japanischen Ernährung und sein Anbau nimmt fast die Hälfte der gesamten landwirtschaftlichen Fläche ein. Reis hat in Japan einen ganz anderen Stellenwert als die Kartoffel bei uns. Während diese bis zu ihrer Unkenntlichkeit zerstampft, zerraspelt oder frittiert wird, behält der Reis in Japan seinen ursprünglichen Charakter bei. Er wird weder stark gewürzt, noch mit anderen Zutaten zu einem Reisgericht vermischt.

Und das gilt nicht nur für den Reis. Ähnlich wie beim Ikebana die Schönheit der einzelnen Blüte im Vordergrund steht, ist es beim Zubereiten von Speisen besonders wichtig, den Charakter der Zutaten hervorzuheben und möglichst wenig zu verändern. Kurze Koch- und Garzeiten sorgen dafür, dass die Speisen auch nach dem Erhitzen noch ihre ursprüngliche Form und Farbe behalten. Das kann man von zu Pommes frites verarbeiteten Kartoffeln nicht gerade sagen. Gut, auch in Japan wird Reis durchaus verarbeitet, aber eben, ohne den Geschmack zu verfälschen. Der rundliche *mochi*-Reis zum Beispiel ist besonders klebrig. Zerstoßen bilden die Reiskörner eine elastische Paste, deren Farbe liebevoll mit dem Teint einer schönen Frau verglichen wird und die die Grundlage für viele Süßspeisen bildet. Neben dem *mochi* ist die zweite wichtige Sorte der ovale und halbtransparente *uruchi*-Reis. Ohne ihn geht gar nichts bei der Sushi-Zubereitung.

So, Reis hin, Reis her, aber was ist denn nun mit den *wagyû*-Rindern? Wachsen diese wirklich so paradiesisch auf, wie Frau Watanabe es geschildert hat, oder ist das alles nur eine Legende? Schließlich müssen die Bauern die astronomisch hohen Preise von 800 Euro pro Kilo für die beste Qualität auch irgendwie rechtfertigen. Mit Sicherheit lässt sich diese Frage gar nicht beantworten. Japans Bauern unterhalten keine riesigen Betriebe, die sich über weite Ebenen erstrecken. In dem bergigen Land sind die einzelnen Höfe voneinander isoliert und jeder Landwirt hat seine eigenen Patentrezepte, die er nicht unbedingt jedem preisgibt.

Fest steht jedenfalls, dass das Geheimnis des Kobe-Beefs in dem hohen Fettanteil besteht, das sich wie eine feine Marmorierung durch das Fleisch zieht. Daher ist es wichtig, dass die Rinder ordentlich fressen und nur die beste Nahrung bekommen. Aber Bier? Nun ja, es gehört vermutlich nicht gerade zum täglichen Speiseplan, aber möglicherweise hilft eine Flasche ab und an tatsächlich, den Appetit ein wenig anzuregen. Und die Massage? Es heißt, dass die Rinder aufgrund der geringen Weideflächen in Japan (über 70 Prozent der Landmasse ist mit Gebirgen bedeckt) die Massagen als Ausgleich für mangelnde Bewegung brauchen. Aber vielleicht ist Massage auch übertrieben und es handelt sich einfach um eine gründliche Fellpflege, die vor Auktionen durchaus auch mit Sake durchgeführt werden kann, damit das Fell besonders glänzt und das Rind Höchstpreise erzielt … Aber irgendwie schmeckt das Fleisch besser, wenn man einfach bei den Erzählungen bleibt und gar nicht so genau nachforscht.

DIE TEUERSTEN LEBENSMITTEL

In der Rangordnung der teuersten Lebensmittel (Getränke mal ausgenommen) schafft es das Kobe-Rind allerdings nur auf den fünften Platz und ist damit nicht einmal einer Bronzemedaille würdig. Der klare Sieger ist weißer Trüffel (8.000 Euro/Kilo), danach folgen mit einigem Abstand Beluga-Kaviar (3.500 Euro/Kilo) und der kleine Bruder des weißen Trüffels, der schwarze Perigord-Trüffel (3.000 Euro/Kilo). Platz vier nimmt Safran mit 2.000 Euro/Kilo ein. Dagegen wirkt das Kobe-Rind nun wirklich wie ein Schnäppchen.

Was können Sie besser machen?

Hätte Herr Hoffmann mal besser aufgepasst. Frau Watanabe hatte natürlich geahnt, dass der *gaijin* nicht weiß, wo die Sojasoße hin soll. Weil sie ihren Gast aber auch nicht voreilig belehren wollte, hat sie einen eigentlich sehr eleganten Weg gewählt, wieselflink zur Sojasoße gegriffen und diese vorschriftsmäßig in das dafür vorgesehene Schälchen gefüllt. Leider war Herr Hoffmann so sehr mit der Erinnerung an Tonis Schnitzelparadies beschäftigt, dass er diese subtile Geste nicht bemerkt hat. Also: Wenn Sie sich nicht sicher sind, achten Sie einfach darauf, wie es die Profis machen. Dann können Sie nicht richtig falsch liegen.

45 HERR HOFFMANN ALS GENTLEMAN ALTER SCHULE

LADIES FIRST ALS BLINDGÄNGER IM LAND DES LÄCHELNS

Verhandlungen mit japanischen Geschäftspartnern können sehr ermüdend sein. Längst als beschlossen angesehene Dinge sind plötzlich wieder völlig offen und werden nach Stunden erneut zur Diskussion gebracht. Niemand gibt ein klares *Ja* oder *Nein* zu wichtigen Sachfragen, sodass das Gesprächsergebnis am Ende oft nur aus vagen Absichtsbekundungen und Listen von Möglichkeiten mit offenen Punkten besteht.

Dieser Erfahrung muss sich auch Egon Hoffmann bei einer nun mehr als sechs Stunden und 18 Minuten andauernden Konferenz in der Zentrale des Nakagawa Chemiekonzerns stellen. Und dabei sollte bei der Sitzung eigentlich nur geklärt werden, wie die Ergebnisse der gemeinschaftlichen Forschungsarbeit des japanischen und deutschen Chemieunternehmens dokumentiert werden sollen.

Und so kommt es nicht von ungefähr, dass Herr Hoffmann beinahe erleichtert »Endlich!« in den sauerstoffarmen Saal ruft, als ihm Herr Uchida übersetzt, Forschungsleiter Yamaguchi habe gerade eingeladen, die Gespräche nun ruhen zu lassen und gemeinsam essen zu gehen. Mit fast jugendlicher Kraft federt der Schleswig-Holsteiner aus seinem mittlerweile unbequemen Freischwinger und nimmt seinen Sommermantel von dem Garderobenständer. Er entdeckt den beigefarbenen Regenmantel von Frau Watanabe, der einzigen Frau im Raum, hängt ihn ab und hält ihn der Heraneilenden zum bequemen Hereinschlüpfen entgegen. Der Versuch, ihr in den Mantel hinein zu helfen, zeichnet Falten der Verunsicherung auf Frau Watanabes Stirn. Komisch, denn er hat sich dabei alles andere als ungeschickt angestellt.

Eben diese Falten sieht Herr Hoffmann in den nächsten zwei Stunden noch häufiger: Als er Frau Watanabe die Tür zum Restaurant aufhält, als er ihren Stuhl zurechtrückt und dann noch einmal, als er, wie es sich doch gehört, kurz aufsteht, als die Dame nach einem Toilettengang wieder zum Tisch zurückkehrt. So verbucht Herr Hoffmann am Ende des Abends: Japan ist kein Land für Gentlemen.

Was ist diesmal schiefgelaufen?

Japan ist kein Land für Gentlemen? Dies trifft in erster Linie deshalb zu, da Japaner nicht zwangsläufig mit den Dingen vertraut sind, die uns die elterliche Erziehung oder wenigstens die in den letzten Jahren wieder populär gewordenen Benimmschulen und -ratgeber mitgegeben haben. Allein diese gut gemeinten Aktionen von Herrn Hoffmann reichten, Frau Watanabe zu irritieren und zu beschämen. Wäre er bei ihr zu Hause zu Gast gewesen und hätte dann zudem noch angefangen, nach dem Essen Anstalten zu machen, beim Abräumen des Geschirrs helfen zu wollen, wäre die Blamage perfekt gewesen: So etwas machen Männer traditionell in Japan nicht. Und damit wären wir auch schon bei der besonderen Rolle der Frau in der japanischen Gesellschaft, die sich von der der deutschen Frau deutlich unterscheiden kann.

Hierbei gilt es, zwei komplett unterschiedliche Rollen zu differenzieren: die öffentliche und die private Rolle der japanischen Frau.

Auch wenn Frauen Männern gesetzlich gleichgestellt sind, erhalten sie meist nur zwei Drittel des Gehaltes, das Männer für die gleiche Arbeit bekommen, und haben sie es sehr schwer, in eine Führungsposition zu kommen.

Es wird als normal angesehen, dass Frauen nur in der Zeit zwischen Abschluss des Studiums und der Schwangerschaft arbeiten. Sich danach wieder in das Berufsleben einzugliedern, gestaltet sich als äußerst schwierig, da Frauen auch hierbei diskriminiert werden oder aus sich heraus gar nicht den Wunsch verspüren, nach Geburt des Kindes wieder zu arbeiten.

Dies mag direkt oder indirekt mit der privaten Rolle der Frau zu tun haben. Im Kreis der Familie besitzt die Frau uneingeschränkte Autorität bei allen Fragen, die den Haushalt, die Erziehung und die Finanzen betreffen. Was die japanische Frau sagt, hat Gewicht und wird nicht diskutiert.

Bei der Ehe nimmt aber nicht nur die ehemals Umworbene, sondern auch der Galan eine neue Rolle an: Der meist in Vollzeit berufstätige Mann übernimmt im Familiengefüge nicht selten die Rolle des ältesten Sohns, der zwar respektiert wird, aber nicht in der Position ist, komplexere Entscheidungen zu fällen. Selbstverständlich erwartet er deshalb immer ein fertig gekochtes Abendessen, sobald er nach Hause kommt, und Tätigkeiten wie Staubsaugen oder den Müll rausbringen kommen schon mal gar nicht infrage.

Verglichen mit früher hat sich der gesellschaftliche Stand der Frauen aber schon erheblich gebessert. Verschiedene Faktoren wie Konfuzianismus, Buddhismus und der Stand der Samurai hatten in der Vergangenheit das weibliche Geschlecht tief gehend degradiert. Der Konfuzianismus, eine, wie der Japanologe es nennt, praxisorientierte Sozialethik, die im vierten Jahrhundert aus seinem Ursprungsland China nach Japan kam, räumt dem Mann in allen Belangen absolute Autorität ein: Eine Frau hat ihrem Vater als Tochter, ihrem Mann als Frau und ihrem Sohn als gereifte Mutter zu gehorchen. Ähnlicher Dünkel findet sich im Buddhismus, der Frauen die Fähigkeit zum Erlangen von Erleuchtung abspricht.

Den stärksten Einfluss auf die Rolle der Frau in Japan dürfte allerdings das Aufstreben der Samurai-Klasse im 15. Jahrhundert gehabt haben. Waren zuvor noch weibliche Kaiser keine Seltenheit und das Verwandtschaftssystem überwiegend matrilineal (Macht und Besitz werden über die Frauen der Familie vererbt), wurden Frauen zu Zeiten der feudalen Krieger zu nahezu wertlosen Mitgliedern der Gesellschaft. Während der Zeit des Tokugawa Shôgunats (1602–1868) war es Frauen beispielsweise untersagt, Besitztümer zu haben und mehr als nur die *hiragana*-Silbenschrift zu erlernen, was ihnen den Zugang zu in *kanji* verfassten politischen und literarischen Schriften versperrte.

Nach der erzwungenen Landesöffnung des über lange Zeit isolierten Kaiserreichs durch nordamerikanische Kriegsschiffe im Jahr 1853, begann eine Zeit der Aufholjagd und Industrialisierung, in der hunderttausende Frauen als unterbezahlte Arbeitskräfte in den Fabriken der Textilindustrie schufteten. Erst nach dem verlorenen Zweiten Weltkrieg bekamen die japanischen Frauen wieder mehr Rechte, eine Änderung, die von der US-Besatzung diktiert wurde. Dass sich ein *Ladies First* in Japan noch nicht so recht etablieren konnte, mag sich durch die Geschichte vieler hundert Jahre erklären. Aber auch hier befindet sich die japanische Gesellschaft im stetigen Wandel.

Was können Sie besser machen?

Im Grunde machen Sie natürlich nichts falsch, wenn Sie als Mann Ihre guten Sitten dem anderen Geschlecht gegenüber auch in Japan nicht vernachlässigen. Wundern Sie sich nur nicht, wenn Ihre Aufmerksamkeiten nicht als solche wahrgenommen werden. Dann könnten Sie wie Herr Hoffmann allzu aufdringlich den galanten Kavalier heraushängen lassen und dadurch andere bedrängen.

46 HERR HOFFMANN SCHERT ALLE ÜBER EINEN KAMM

NICHT ALLE ASIATEN SPIELEN PINGPONG ...

Mit großen Augen sieht Herr Hoffmann sich um. Gerade erst hat ihn die überfüllte Yamanote-Linie ausgespuckt und nun das: Sechsstöckige Kaufhäuser auf beiden Seiten der Straße bieten so ziemlich alles, was Strom verbraucht. Riesige Leuchtreklamen flackern ihn mit unbekannten *kanji* an, die Straßen sind gesäumt von langen Ständen, an denen es überall blitzt und blinkt. Unzählige Gadgets, die sämtlich aussehen, als seien sie aus irgendeinem spacigen Science-Fiction-Film hierher gebeamt worden, sind vor den Läden ausgebreitet. Die ›Electric Town‹ Akihabara macht ihrem Namen alle Ehre. Über 1.500 Geschäfte verkaufen hier auf wenigen Kilometern technische Highlights, die in Japan schon längst Standard sind. Hier werden Flachbildschirm-TVs in allen möglichen Größen angeboten, dort Computer oder elektronisches Spielzeug. Herr Hoffmann kommt an riesigen Geschäften nur mit Manga und Videospielen vorbei, eine Ecke weiter beherrschen kleine Stände mit Kabeln und elektronischen Bauteilen das Bild.

Ah, dort ist das Geschäft, vor dem er sich mit Frau Watanabe treffen wollte. Die Ampel springt auf Grün um und fängt dabei an, eine fröhliche Melodie zu spielen. Zusammen mit einer gefühlten halben Million Menschen überquert er den riesigen Zebrastreifen. Vielleicht ist es auf der anderen Straßenseite etwas ruhiger ... Weit gefehlt, schon ist er umzingelt von einer Gruppe Mädchen, die alle gleich gekleidet sind: kurze, schwarze Kleidchen, schwarze Kniestrümpfe, weiße Schürzen und gestärkte weiße Häubchen – wie Dienstmädchen aus einem klassischen Theaterstück. Mit hohen, fiepsigen Stimmen reden sie auf ihn ein und drücken ihm verschiedene Flyer in die Hand. Schon ist die Horde verschwunden und überfällt den nächsten Passanten. Hinter ihnen her strömt ein Schwarm von jungen Männern, die die Mädchen eifrig mit ihren Handykameras fotografieren. Verwundert schaut Herr Hoffmann auf die Flyer, von denen er zumindest teilweise die Titel lesen kann. ›CURE MAID CAFE‹, ›@Home Cafe‹ ... auf der Rückseite der Flyer sind Karten mit kleinen Wegbeschreibungen abgedruckt. Seltsam. Während Herr Hoffmann die bunten Zettel noch unschlüssig hin und her wendet, sieht er aus den Augenwinkeln auch schon, wie Frau Watanabe über die Straße auf ihn zukommt. Sie muss kurz anhalten, weil ein junger Mann auf dem Fahrrad vorbeiradelt, dann steht sie vor ihm.

Herr Hoffmann strahlt: »Das war gerade das erste Mal, dass ich heute jemanden auf dem Fahrrad gesehen habe. Und ich dachte immer, wirklich alle Japaner sind mit dem Rad unterwegs. Eine Nation der Radfahrer ...«

Frau Watanabe nickt lächelnd – ein wenig resignierend sieht sie dabei aber schon aus.

Was ist diesmal schiefgelaufen?

Jaja, das kennt Frau Watanabe schon. Europäer und Amerikaner scheren gerne mal alle Asiaten über einen Kamm. Da werden gerne mal die im Westen vorherrschenden Bilder von Massen radelnder

Chinesen nach Japan verlagert. Demnach können alle Asiaten Karate und Tischtennis, spielen den ganzen Tag Playstation, betreiben Produktpiraterie, essen Hunde und haben schlechte Zähne. Japaner, Chinesen, Koreaner und Vietnamesen – eigentlich alles dasselbe. Andererseits – man denke nur an das Essen mit Stäbchen, die Schrift oder den Anbau von Reis – gibt es natürlich auch viele Gemeinsamkeiten. Dass die Japaner trotzdem nicht gerne mit Chinesen oder Koreanern in einen Topf geworfen werden, hat auch historische Gründe.

Sehen wir uns dazu doch einmal die Welt um 300 v. Chr. an. Die Pyramiden stehen schon seit über 2000 Jahren, insgesamt sind bereits sechs der Sieben Weltwunder errichtet. Alexander der Große hat ein riesiges Reich erschaffen, dessen Untergang in etwa 100 Jahren durch die römische Expansion eingeleitet werden wird. Die Demokratie ist bereits erfunden, ebenso die Wasseruhr, die mathematische Null, die Herstellung von Glas und die Verarbeitung von Metall.

Und Japan? Auf der Insel im Pazifik leben die Menschen bereits seit Jahrtausenden als Jäger und Sammler in kleinen Gruppen. Tongefäße stellen die Menschen hier bereits seit Tausenden von Jahren her, aber Ackerbau und Viehzucht finden gar nicht oder nur in sehr primitiver Form statt. Und dann – um 300 v. Chr. – kommen auf einmal seltsame Menschen auf die Insel. Sie kommen über China und Korea, aus einer ganz anderen Welt. Die chinesische Hochkultur hat sich längst über Asien ausgebreitet, die Chinesen haben eine eigene Schrift, beherrschen die Kunst des Reisanbaus mithilfe von ausgeklügelten Bewässerungstechniken, haben eine eigenständige Regierung und einen funktionierenden Verwaltungsapparat. Das neue Wissen verändert das Land rasch. Innerhalb weniger Generationen werden terrassierte Felder angelegt, ganze Dörfer entstehen, Ackerbaugeräte und Waffen werden entwickelt. Der Reisanbau kann mehr Menschen ernähren, die Bevölkerung wächst (auch trotz der neuen und besseren Waffen), aus den Dörfern werden Siedlungen, später kleine Reiche.

Japan holt viel auf, in kurzer Zeit entstehen Herrscherdynastien, verschiedene Künste und eine neue Religion hält Einzug: der Buddhismus. Doch der Weg bis zum ebenbürtigen Kaiserreich ist lang. Im Jahr 607 erhält der Kaiser von China ein Schriftstück von Shôtoku Taishi (574–622), dem Prinz des kleinen, unbedeutenden Landes auf der Insel weit draußen im Pazifik: »Das Kind des Himmels aus dem Land, in dem die Sonne aufgeht, grüßt das Kind des Himmels aus dem Land, in dem die Sonne untergeht.«

Da wagt es doch tatsächlich dieser dreiste Prinz, ihn als gleichgestellten Herrscher zu begrüßen. Doch Shôtoku Taishi setzt sich durch und 670 erreichen seine Nachfolger sogar, dass Japan nun auch in China offiziell nicht mehr *wakoku* (Land der kleinen Leute) genannt wird. Stattdessen setzt sich der Name *hi no moto* (Ursprung der Sonne) und später dann *nihon* durch.

Trotzdem dauert es noch über 100 Jahre, bis Japan auch eine eigene Schrift bekommt. Bis dahin existiert zwar eine eigene Sprache, geschrieben wird allerdings nur chinesisch. Doch 806 sitzt der buddhistische Mönch Kukai (774–835) grübelnd über den indischen Sutren, die er von seinem Studienaufenthalt in China mitgebracht hat. Eine Übersetzung in chinesische Schriftzeichen, die *kanji*, würde den Text zu sehr verändern, aber wie soll er ihn in eine Sprache übersetzen, die keine eigene Schrift hat? Auf einmal kommt ihm ein Geistesblitz. Er sucht sich verschiedene Schriftzeichen, die so ähnlich klingen wie japanische Silben und wandelt sie in eine Silbenschrift um. Das Zeichen *hai* etwa bedeutet nun nicht mehr ›Meer‹, sondern gibt die japanische Silbe *kai* wieder. Japans erste Schrift! Später werden die chinesischen Zeichen nicht nur in der Bedeutung, sondern auch in ihrer Form verändert. Die Silbenschrift wird später *hiragana* genannt. Heute setzt sich die japanische Schrift aus einer Mischung von *kanji*, *hiragana* und einer weiteren Silbenschrift für Fremd- und Lehnworte, *katakana*, zusammen.

Bei so viel kulturellem Erbe aus China ist es kein Wunder, wenn das Verhältnis heute ein wenig schwierig ist. Dies ist nicht das erste Mal, dass Herr Hoffmann dies bemerkt (Sie erinnern sich nicht?

Schauen Sie doch noch mal bei ›Herr Hoffmann und die Schatten der Vergangenheit‹ und ›Herr Hoffmann bevorzugt koreanische Technik‹ rein).

Was können Sie besser machen?

Sie haben es sicher schon erraten – vermeiden Sie nach Möglichkeit die gängigen Klischees. Und wenn schon Vorurteile, dann wenigstens welche, die nur für Japaner gelten! Wir Deutschen werden schließlich auch nicht unbedingt gerne mit Holländern, Franzosen und Engländern in einen Topf geworfen.

Aber falls Sie den mittleren Abschnitt ungeduldig übersprungen haben, weil Sie endlich wissen wollen, welche mysteriösen Flyer unser Herr Hoffmann da in der Hand hält, wollen wir Sie nun nicht länger auf die Folter spannen. Seit einigen Jahren gibt es gerade in Akihabara einige sogenannte ›Maid-Cafés‹. Je nach Etablissement tragen die jungen Kellnerinnen dort Dienstmädchenuniformen, Schuluniformen, klassische Kimonos oder sind gekleidet wie bekannte Manga-Figuren. Und in den Innenräumen werden Männerträume wahr.

Nein, ausnahmsweise geht es hier mal nicht um Sex, sondern um ... nun ja, vielleicht Aufmerksamkeit. Im Maid-Cafe wird der Kunde so herzlich empfangen, als käme nach einem langen Tag endlich der Hausherr zurück. Viele sind tatsächlich so eingerichtet wie britische Herrenhäuser. Die Kellnerinnen übernehmen dann die Rolle des beflissenen Dienstmädchens, die Kunden sind die Herren. Möglichst *kawaii*, niedlich, geben sich die Mädchen in ihren Kostümen und lesen dem Gast jeden Wunsch von den Augen ab. Da wird Tee nachgeschenkt und umgerührt, Speisen werden auf Knien serviert und interessierte Fragen nach dem Job gestellt. »War es heute besonders anstrengend?«

Auf Wunsch spielen die Maids auch Karten mit den Kunden oder lassen sich in verschiedenen Posen fotografieren. Gegen einen Aufpreis kann man sich sogar füttern lassen. Nicht alle Maid-Cafés servieren Speisen – in einigen kann man sich auch die Füße massieren lassen und es gibt sogar Schönheitssalons, in denen sich Mädchen wie Maids stylen lassen können.

Aber warum ausgerechnet Akihabara? Inzwischen gibt es Maid-Cafés zwar auch andernorts, aber hier nahm der Trend seinen Ursprung. Der Grund: Akihabara bietet eine relativ hohe Dichte an *otaku*, und die stellen die typische Kundschaft der Maid-Cafés. *Otaku* sind, wenn man es nett formuliert, Menschen, die ein Hobby haben, das man ihnen ansieht. Nicht so nett formuliert sind es einfach Stubenhocker, Nerds, Geeks, Spinner. Doch das negative Bild des kontaktscheuen Eigenbrötlers, der sich daheim mit Manga oder Videospielen die Zeit vertreibt, beginnt zu bröckeln. Denn im Westen bezeichnen sich die Fans von Manga und Anime zum Teil selber stolz als *otaku*. Und damit bekommen nun auch die japanischen Nerds ein wenig mehr positiven Rückenwind.

47 HERR HOFFMANN VERBEUGT SICH

EIN FALL FÜR WINKELMESSER

»Meine Güte, was schielt diese Frau«, denkt Herr Hoffmann, als er die Mitbringsel für seine Kinder auf den Kassentresen des kleinen Ladens stellt. Hätte Herr Hoffmann sich als Reisevorbereitung ein wenig mit Japanisch auseinandergesetzt, hätte er einen in der Situation passenden, und semantisch unglaublich schönen Ausdruck lernen können. Schielende bezeichnet man kernig direkt als *ron-pari.* Bei den Betroffenen schaut ein Auge nach London *(ron)*, das andere nach Paris *(pari)*.

»*Hachisenjûnana-en!*«, verkündet die junge Frau nach Einscannen der Preisschildchen und schaut ihn dabei lächelnd an. Zumindest eine Hälfte von ihr. Der deutsche Kunde dreht sich um, meint sie ihn? Niemand anderer im Laden, ok. Ah, das was sie sagte, war der Preis. Auf den deutet sie mit unnachahmlich unaufdringlicher Geste. Höfliche Menschen. Herr Hoffmann kramt in seinem Portemonnaie neun graublaue Geldscheine zusammen, die einen schnauzbärtigen Japaner mit tuftiger Frisur zeigen und legt sie in die Geldschale. Kaum hat die letzte flatternde Geldscheinecke ihr neues Heim in der Kasse gefunden, liegen auch schon Wechselgeld und perfekt verpackte Einkäufe für den Kunden bereit.

›Vielleicht bietet Schielen Vorteile beim Multitasking‹, überlegt der Deutsche noch, als er das Geld einsammelt und die Plastiktüte vom Tresen zieht. Die Verkäuferin bedankt sich überschwänglich und verbeugt sich akkurat und anmutig. Zufrieden tut es ihr Egon Hoffmann gleich und schlägt dabei fast mit dem Kopf gegen den Ladentisch. Die Silberblickerin lächelt verlegen.

Was ist diesmal schiefgelaufen?

Ein schönes Beispiel aus der Kategorie gut gemeint, schlecht gemacht. Anders als von Herrn Hoffmann im Nachgang gedacht, beschämte die Bedienung nicht der drohende Vollkontakt von Schädel und Tresen, sondern seine förmliche Verbeugung. Auch wenn es angemessen ist, dass sich Händler beim Kunden für einen Einkauf mit Worten und Taten bedanken und so ihren Respekt erweisen, ist es gleichermaßen albern wie unnötig, wenn der Kunde dies macht. Dieser quittiert das Dankeszeremoniell entweder mit dem kurzen Nicken, einer angedeuteten 5-Grad-Verbeugung oder einfach gar nicht.

Was können Sie besser machen?

Wie Herr Hoffmann und Sie schon wissen, gehört die Verbeugung zur Begrüßung und Respekterweisung im zwischenmenschlichen Umgang in Japan dazu wie Sojasauce zu Sushi. Doch eine Verbeugung ist nicht willkürlich oder an die körperlichen Möglichkeiten gebunden, sondern – wie so vieles in Nippon – an feste Regeln. Zunächst einmal ist wichtig zu wissen, wer bei einem Zusammentreffen von zwei oder mehr sich Verneigenden welchen Rang bekleidet, denn Rangniedere verbeugen sich länger und tiefer als der oder die höhergestellten Persönlichkeiten. Wenn der soziale Status geklärt ist, geht es um den Winkel der Verbeugung, welche unbedingt immer mit geradem Rücken und der Taille als Drehpunkt ausgeführt wird. Dabei gilt folgende Faustregel: je tiefer, desto ehrerbietender.

Ein Einknicken um 45 Grad ist für einen Schrein- oder Tempelbesuch, die Entschuldigung schwerwiegender Fehler oder für extrem wichtige Personen vorbehalten. 30 Grad gen Horizontale wird angestrebt, wenn eine förmliche Bitte vorgetragen wird, der Boss, ein Lehrer oder deutlich ältere Personen begrüßt werden. Neutral begrüßt man Gleichgestellte, Kollegen, Freunde und Familie in einem Winkel von etwa 15 Grad und für den Rest hebt man sich eine Oberkörperbeugung von 5 Grad auf.

Japaner lernen das Verbeugen schon von Kindesbeinen an und haben es daher tief verinnerlicht. So ist es nichts Ungewöhnliches, wenn Sie telefonierende Japaner beobachten, die sich auch dabei angemessen verbeugen – selbst dann, wenn dies der Gesprächspartner am anderen Ende der Leitung gar nicht sieht.

48 HERR HOFFMANN BRINGT BLUMEN MIT

FREUDE UND VERLEGENHEIT ALS UNGLEICHE ZWILLINGE

»Hallo«, ruft Herr Hoffmann mittellaut in den Blumenladen, »ich möchte hier Blumen für eine gute Bekannte kaufen!« (Na, Herr Hoffmann, das macht man aber nicht. Die japanische Etikette gebietet den Verzicht auf Herumrufen, um auf sich aufmerksam zu machen. Lieber etwas warten und lächelnd winken, wenn sich eine Bedienung blicken lässt. Zumindest, falls Sie vermeiden möchten, wie ein ungehobelter Klotz zu wirken.)

Schon wenige Sekunden später erscheint wie aus dem Nichts eine junge Verkäuferin und entschuldigt ihre nicht augenblickliche Bedienbereitschaft durch kleine Verbeugungen, bei denen sie ihre rechte mit der linken Hand umfasst und als Dreieck gegen die Mitte ihrer Oberschenkel drückt. Wenig später deutet sie auf das akkurat gestaffelte Angebot des floristischen Arrangements.

Lange betrachtet der deutsche Kunde die Auslage, bei der jede Entscheidung nur eine für das geringste Übel wäre. Einer der kleinen Sträuße für sage und schreibe umgerechnet 90 Euro ist ein extrem buntes Potpourri der verschiedensten Frühlingsblumen, ergänzt durch ein angeheftetes, wild gepunktetes Herzchen sowie jeweils einen blauen, grünen und hautfarbenen Hartplastikballon. Und das ohne zeitliche Nähe zu Ostern.

Darunter ein englischsprachiges Schildchen, das den floralen Farbenrausch als ›Stunning Beauty‹ zu adeln versucht. Auch wenn dies vielleicht einer jungen Tôkyôterin als Geschenk ihres ebenfalls vor Liebe blinden Freundes gefiele, für Frau Watanabe ist das eher nichts. Auch nicht das mit ›Perfectly Pink‹ betitelte Gebinde, das gleich neben der gleißend kolorierten ›Tulip Sensation‹ auf unkritische oder geschmacksbefreite Kundschaft wartet.

Kurzerhand dreht sich Herr Hoffmann zu der Blumenverkäuferin, die keine Sekunde von seiner Seite gewichen ist, ihn aber auch nicht mit einer Verkaufsinitiative belästigte, und fragt sie auf Englisch: »Haben Sie nicht etwas …«, er überlegt, bis ihm ein englisches Wort für ›Schlichtes‹ eingefallen ist und lächelt.

Das Lächeln wird umgehend erwidert, doch sonst passiert erst einmal nichts. Kurz bevor der deutsche Kunde seine Frage noch einmal wiederholen kann, geht ein plötzlicher Ruck durch die Verkäuferin und sie deutet mit einem erleichterten Strahlen, das auch einer Nobelpreisgewinnerin zuträglich gewesen wäre, auf ein Bouquet aus gelben, pinken und lila Freesien. Herr Hoffmann schüttelt den Kopf und die junge Frau sieht für einen Augenblick so aus, als habe man ihr den Nobelpreis flugs wieder aberkannt.

Welche Blumen könnte er Frau Watanabe nur mitbringen? Sein Blick fällt auf einen Strauß roter Rosen. Nein, die sind nur für Verliebte. Aber daneben ist ein relativ dezenter Strauß weißer Rosen, das wär' doch was! Herr Hoffmann zeigt auf die weißen Rosen: »Den da, bitte!« Die Verkäuferin zögert. Nach einer längeren Bedenkzeit nickt sie schließlich unsicher und packt dem Kunden die einzelne Blume mit etwas Blumengrün in eine Klarsichtfolie, kassiert und bedankt sich mit zutiefst unsicherem Blick.

Kaum eine halbe Stunde später überreicht Herr Hoffmann der verblüfft dreinschauenden Frau Watanabe auch schon die weiße Blume und erklärt: »Noch einmal als kleines Dankeschön für den schönen Abend neulich.«

Die Beschenkte nimmt den Strauß widerwillig entgegen und nickt ernst, beinahe schon traurig.

Was ist diesmal schiefgelaufen?

Warum dieses Trübsal? Ein kleines Blumengeschenk in Ehren mag doch keine Frau verwehren, oder? Schließlich gibt es ja sogar eine eigene Kunstform des Blumensteckens namens Ikebana, daher können Blumen an sich in Japan ja nicht unpopulär sein. Oder ist das Schenken von Blumen etwa nur jungen Liebenden vorbehalten, ist es vielleicht schon als so etwas wie eine Einladung zu einem ungezogenen Vorspiel zu verstehen?

Definitiv nein. Grundsätzlich lag der Deutsche mit seiner Absicht goldrichtig, denn wer Japanern eine kleine Aufmerksamkeit mitbringt, liegt damit selten falsch. Außer er muss, wie Herr Hoffmann, auf weißen Blüten bestehen. Die gleiche Wirkung hätte er nämlich auch erreicht, wenn er Frau Watanabe einen Trauerkranz um den Hals gehangen hätte, abgerundet von einem vorher angezündeten Set Grablichter. Denn: Weiße Blumen, die nicht Bestandteil eines bunten Straußes sind, finden fast ausschließlich bei Beerdigungen Verwendung und werden daher als Geschenk gemieden. In Deutschland sind weiße Lilien oder Rosen zwar auch recht üblich bei Beerdigungen, allerdings längst nicht so stark assoziativ vorbelastet wie in Japan.

Gut, dass er wenigstens nicht auf einen Strauß aus vier oder neun weißen Blumen bestanden hat, da diese im japanischen Aberglauben als Unglückszahlen gelten. (Die japanisch ausgesprochene Vier ist ein Homophon von ›Tod‹, die Neun von ›Leiden‹. Daher versucht man, sie nach Möglichkeit zu meiden.)

Was können Sie besser machen?

Auch wenn Sie sonst auf Farben pfeifen und sie nur als eine Eigenschaft von vielen werten, versuchen Sie, die japanischen Farbcodierungen zu respektieren. Das bedeutet, dass Sie sich auf japanischen Hochzeiten nicht in lila Gewänder hüllen (als Mann, der den Moden der 80er entwachsen ist, dürfte Ihnen dies sowieso recht leicht fallen), da dies die Farbe der Liebenden ist und damit dem Hochzeitspaar an seinem Ehrentag vorbehalten ist. Anders als in China verkündet Rot nicht Freude, Kraft, Glück und Ruhm, sondern wie bei uns Aggression und Gefahr und ist allenfalls bei der Kleidung von Frauen gesellschaftsfähig.

Dann lieber in Grün hüllen: So wird man Sie nicht nur für einen Verehrer von Peter Pan halten, sondern auch dessen Lebensmaxime aus Ihrer Farbwahl ablesen können: Grün, bei uns bekanntlich die Farbe der Hoffnung, steht im fernen Inselreich für Jugend und Zukunft. In Manga und Anime, in denen Haarfarben zur Charakterisierung von Figuren eingesetzt werden, steht grün übrigens für ausgeprägte Loyalität und Aufopferungsbereitschaft, während sich Violetthaarige in japanischen Comics in gehobener gesellschaftlicher Stellung befinden, in die sie meist hineingeboren wurden. Nicht, dass Sie gefragt hätten, aber wir geben Ihnen ja immer wieder gerne schöne Standards für Partygesprächseröffnungen an die Hand.

49 HERR HOFFMANN GESTIKULIERT

GEFAHREN UND TÜCKEN DER KÖRPERSPRACHE

Dirty Harry! Dieser Typ fühlt sich bestimmt wie Eastwood als dieser knallharte Cop. Wenn er dürfte, würde er bestimmt einen lässigen Trenchcoat als Ergänzung zu der riesigen Highwaycop-Sonnenbrille tragen, in deren vollverspiegelten Gläsern sich unser erfolgreicher Fettnäpfchenjäger schwitzen sieht. Der japanische Harry sieht mit der Brille, seinem hauchdünnen Oberlippenbärtchen und der eng sitzenden Uniform mit Handschuhen aus wie ein extrem spaßresistenter Polizist. Einer, der jeglichem Spaß während der Dienstzeit abgeneigt ist. Einer, der Lebensfreude förmlich absorbiert. Zumindest die von Herrn Hoffmann.

Aber eins nach dem anderen: Bevor er sich wie Staatsfeind Nummer eins fühlte, hatte er es zunächst einmal nur eilig. Er war unterwegs zum Nakagawa Konzern, wo er einer Produktbesprechung beiwohnen sollte. Und dann, wie aus dem Nichts, mitten in den Hochhausschluchten West-Shinjukus und nur noch wenige Blocks vom Ziel entfernt, war plötzlich diese Busladung alter Menschen mit hellblauen Fischermützchen vor ihm aufgetaucht. Da diese vergnügte Horde offensichtlich weniger zeitkritische Angelegenheiten verfolgte, begutachtete der Deutsche die Lage schnell und mit messerscharfem Blick: zur Linken ein Mäuerchen, welches den Trottoir von acht Fahrbahnspuren trennte. Geradeaus der laufende Beweis dafür, dass die weltweit ältesten Menschen in Japan leben. Zur Rechten ein Blumenbeet mit seltsamen Kohlköpfen. Zurücklaufen keine Alternative, weil zu großer Zeitverlust.

Behände und für Sekunden elegant wie eine Bergziege, hatte Egon Hoffmann kurzerhand die Überholspur durch das Beet genommen und die geriatrische Bande mit einem Dutzend Schritten überholt. Kaum war das erste Stück Blumenerde von seinen blank geputzten Schuhen auf den Asphalt gefallen, hörte er von schrägrechts schon den schrillen Laut einer Trillerpfeife. ›Oh je, das gibt Probleme‹, hatte er für einen Augenblick gedacht. Doch der Streifenpolizist in seiner dunkelblauen Uniform mit Lichtreflektorgürtel winkte ihm zu seiner Überraschung zum Abschied zu, schien ihn so zu seiner kreativen Überholaktion beglückwünschen zu wollen. Schon verstanden, einfach weitergehen. Herr Hoffmann lächelte breit, hob den Daumen und winkte zurück.

Sekunden später und begleitet von unzähligen Pfiffen steht der Ordnungshüter mit seinem weißen Helm und seiner spiegelnden Sonnenbrille neben ihm. Die rüstigen Rentner passieren das Schauspiel nun in verblüffender Geschwindigkeit. In lautem, abgehacktem Sing-Sang redet der Streifenpolizist auf den Deutschen ein. Egon Hoffmann versteht nicht ein Wort. Jetzt am besten Verständnis und Reue zeigen. Er nutzt eine Redepause des Sonnenbebrillten und zeigt mit Daumen und Zeigefinger einen Kreis, »Ok?«, und verneigt sich dabei leicht.

Soviel dazu. Also eigentlich kein Problem, oder?

Was ist diesmal schiefgelaufen?

Nun, eigentlich doch ein Problem. In dieser schon fast konstruiert wirkenden Begebenheit ist Herr Hoffmann nicht nur wegen seiner Trampelpfade schaffenden Ungeduld mit dem Gesetz in Konflikt geraten, sondern auch wegen seines Unvermögens, japanische Gesten richtig zu interpretieren.

Zunächst einmal hätte er die offizielle ›Entschuldigung-aber-ich-muss-hier-mal-durch-so-leid-es-mir-auch-tut‹-Geste einsetzen können: Rechte Hand vor Gesicht oder Brust, Handfläche nach links zeigend, angedeutete Schneidebewegungen machen und dazu passend verneigen. Zugegeben: Dafür hätte er erst einmal die Aufmerksamkeit der rüstigen Reiselustigen haben müssen. Ein beherztes »*Sumimasen*« wäre das ›Sesam öffne Dich‹ dieser Situation gewesen.

Nach dem Betreten des mit Zierkohl bepflanzten Beetes und dem gerechtfertigten Pfiff des Polizisten häuften sich allerdings die kulturellen Gestikmissverständnisse. Das gewunkene ›Auf Wiedersehen‹, also eine Auf- und Abwärtsbewegung einer Hand war in Wirklichkeit als genau das Gegenteil zu verstehen, nämlich als ein Heranwinken.

Herr Hoffmanns Erwiderung, welche umgekehrt nicht als ›Adele‹, sondern als Herbestellen verstanden wurde, konnte da nur unverschämt wirken. Die Krönung stellte aber das Ok-Zeichen dar. Der Kreis aus Daumen und Zeigefinger steht im japanischen Kulturraum für Geld und konnte in diesem Kontext sehr leicht als Bestechungsversuch verstanden werden, den Herr Hoffmann in eiliger Lässigkeit durch sein Nicken sogar noch bekräftigte.

Alleine daran, dass dieses Buch noch einige Seiten hat, können Sie erkennen, dass Herr Hoffmann für seine Verfehlung nicht im Gefängnis landet. Nach einem Anruf vom *koban*-Häuschen bei Frau Watanabe kann diese den *omawari-san* besänftigen und von der wirtschaftlichen Wichtigkeit des Deutschen für ihr Unternehmen überzeugen. Als Herr Hoffmann endlich gehen darf, vermeidet er jegliche Geste – sicher ist sicher.

Was können Sie besser machen?

Gesten sind eine Sprache für sich, die Sie nur dann nutzen sollten, wenn Sie sie fließend beherrschen. Selbst wenn Sie nicht unbedingt in eine so haarige Situation geraten müssen wie Egon Hoffmann, können Sie durch eine für Sie ganz normal erscheinende Geste für Unverständnis und Befremden sorgen.

Nachfolgend finden Sie eine kleine Übersicht der häufigsten und auffälligsten japanischen Gesten – mit einer Erklärung, was der Gestikulierende Ihnen wirklich mitteilen möchte.

GESTEN

Die Finger beider Hände bilden einen großen Kreis.

Hier hat offenbar jemand etwas Richtiges gesagt, was durch diesen Kreis *(maru)* bestätigt wird.

Aus beiden Zeigefingern wird ein X geformt.

Dies ist das japanische Gegenstück zum Reiben von Daumen und Zeigefinger im deutschen Restaurant, welches dort gerne von »Hey, Ober. Zahlenmann und Söhne« o. Ä. begleitet wird, bei dem *chekku*-Kreuz aber auch wortlos funktioniert.

Zwei ausgestreckte Zeigefinger auf der Stirn.

Der Sprechende ist/war wütend oder erzählt über jemanden in diesem Gemütszustand. Die Geste repräsentiert natürlich den Zornigsten von allen, den Teufel.

Beide Unterarme formen ein großes X

Der Sprecher hat die Absicht Ihnen unmissverständlich mitzuteilen, dass etwas nicht möglich ist.

Der Gestikulierende legt den Kopf leicht schräg und fast sich an den Hinterkopf.

Typische Reaktion auf ein Kompliment. Begleitet von abwiegelnden Verbalkommentaren drückt der Adressierte so seine Bescheidenheit aus. Kann allerdings auch Verwirrtheit oder Verlegenheit ausdrücken.

Ein Gesprächspartner wedelt mit seiner Hand vor seiner Nase herum.

Keine Sorge: Hier werden keine unerwünschten Gerüche oder Insekten weggefächert, sondern nur auf sanfte Weise ›Nein‹ gesagt.

Ein Japaner zeigt auf seine Nase ...

... und er tut dies nicht, um Ihnen zu zeigen, dass seine kleiner oder schöner ist als die Ihre, sondern um deutlich zu machen, dass er gemeint war oder sich eine Aussage auf ihn bezieht. Entspricht daher unserem auf die Herzregion zeigen.

Ein Geschäftspartner fuchtelt mit der Faust in der Luft.

Auch wenn es so aussieht, werden Sie nicht von Ihrem Gegenüber verwunschen und bekommen auch keine Tracht Prügel angeboten. Die Faust illustriert hierbei Ihren Geldbeutel, welcher ebenso fest geschlossen zu sein scheint. Ein freundlicher Versuch Ihnen nonverbal mitzuteilen, dass Sie ein geiziger Knauser sind.

Verschränken der Arme

Bei uns eine ganz beiläufige Stand-by-Geste, in Japan aber sehr ausdrucksstark. Wer sich in diese Pose bringt, will unbedingt klar machen, dass er der Boss im Raum ist. Wenn Sie dies nicht wirklich sein sollten, lieber etwas anderes mit den Armen machen.

Kinn auf einer Hand abstützen.

Vermittelt bestenfalls den Eindruck, dass Sie sehr selbstbewusst sind. Auf viele Japaner wirkt das interessanterweise nicht grüblerisch, sondern sehr einschüchternd.

Arme in die Hüften stemmen.

Zeigt, dass der Stemmer sehr stolz auf etwas ist, was er getan hat. Ist häufiger bei kleinen Menschen zu sehen, die das erste Mal erfolgreich demonstrierten, dass sie die Toilette benutzen oder ohne Stützräder radeln können. Daher bei Erwachsenen eine eher unübliche Geste.

Arm beugen und Oberarmmuskeln zeigen.

Sicher, das hat man auch schon mal in geölter Form im Freibad von Wanne-Eickel gesehen und wahrscheinlich hat der Muskelprotz dabei auch seinen Bizeps geküsst. In Japan hat diese Geste allerdings keine hedonistische Motivation, sondern soll zeigen, dass der Oberarmentblößende zuversichtlich ist, eine bestimmte Aufgabe gut lösen zu können (»Das bring' ich, kannst auf mich zählen«). Diese Gebärde hat besonders im Kreis von Freunden ihren Platz.

Beide Arme zum Himmel recken ...

... und dabei *»Banzai«* oder *»Yatta«* rufen, drückt aus, dass eine sehr große Hürde genommen wurde oder man etwas sehr Wichtiges erreicht hat. Diese eher unbescheidene Geste sieht man verblüffend häufig im Alltagsleben oder im Fernsehen, z.B. wenn sich Politiker nach einer längeren Sitzung gegenüber der Presse über ein Verhandlungsergebnis freuen. Begleitet von dem Ausruf *»waa!«* zeigt dasselbe Zeichen, dass der Sprecher sehr überrascht ist. Sieht man bei Politikern im TV seltener als Entschuldigungen unter Tränen und Verbeugungen.

Frau oder Mädchen hält sich die Hand vor den Mund.

Ihre weibliche Gesprächspartnerin lacht und möchte Ihnen dabei nicht den Anblick ihrer Zähne zumuten. Dies geht auf die alte buddhistische Auffassung zurück, dass das Zeigen von Knochen unrein sei. Ein weiterer Grund für die vorgehaltene Hand liegt in einem beängstigend ausgeprägten Mangel an Kieferorthopädie, der Zahnstellungen begünstigt, die man Symmetrie liebenden Augen nicht zumuten möchte.

Beide Hände werden wie zum Beten zusammengelegt.

Der Gestikulierende trägt eine Bitte vor oder möchte einer solchen Nachdruck verleihen.

Nachtrag: Wenn Ihnen jemand zum Beispiel in einem Museum ein Bild erklärt und dabei mit dem Mittelfinger auf Details deutet, müssen Sie dies nicht als Bewertung des Kunstwerks verstehen. Wo wir den Zeigefinger nutzen, wird in Japan der Mittelfinger eingesetzt. Wertneutral, natürlich.

50 HERR HOFFANN UND DIE SCHATTEN DER VERGANGENHEIT

UNRUHE AM SCHREIN DES FRIEDLICHEN LANDES

Im herrlichen Wetter blinzelt Herr Hoffmann die Allee der gewaltigen *torii* hindurch in Richtung eines Schreins. Das Sakko geschultert, genießt er die wärmende Frühjahrssonne und den Blick auf die atemraubende Schönheit der unzähligen blühenden Kirschbäume. Alles fantastisch, wenn da nicht diese schwarzen Transporter und Busse wären, deren übergroße, festmontierte Megafonlautsprecher im Stakkato vorgetragene Sätze in die Schönheit der Natur brüllen. Vor den mit japanischen Flaggen behangenen und mit schwungvollen weißen *kanji* beklebten Fahrzeugen stehen teilweise finster dreinschauende Gestalten in dunkelblauen Overalls oder schwarzen Anzügen. Manche von ihnen tragen Schärpen, andere Aufnäher mit der roten japanischen Sonne auf weißem Grund auf ihren Ärmeln. Wieder andere haben Binden mit der japanischen Flagge oder einer stilisierten Sonne mit 16 Strahlen um ihren Kopf gebunden.

Herr Hoffmann beschleunigt seinen Gang, um sich von diesen unheimlichen Menschen und dem offensichtlichen Propaganda-Gedröhne aus ihren Lautsprechern zu entfernen. Dieses wechselt nun von Geschrei zu einer übersteuerten Marschmusik. Er schaut in die Gesichter der vielen Menschen, die in Richtung des Schreins spazieren. Ausgeprägte Gleichgültigkeit, niemanden scheinen die düsteren Gestalten zu stören. Erst als er hinter sich ein lautes Japsen hört und beim Umdrehen einen Japaner mit taubenblauer Krawatte auf teilweise durchgeschwitztem, weißen Hemd sieht, erinnert er sich wieder, dass er mit Herrn Uchida zusammen den Weg zum zentral gelegenen Schrein nördlich des Kaiserpalastes angetreten hatte.

»Entschuldigung, Herr Uchida. Ich habe Sie fast vergessen wegen dieses Lärms hier«, ruft er dem etwa einen Kopf kleineren Dolmetscher zu, während er sich den Zylinder und Monokel tragenden Delfin auf dessen Krawatte ansieht.

»Ja, das ist bedauerlich«, kommentiert der Angestellte des Nakagawa Konzerns die Ruhestörung.

»Bedauerlich? Auch wenn ich kein Wort von dem verstehe, was diese Leute da in den Nachmittag hineinschreien, weiß ich doch alleine von ihrem Auftreten, dass das irgendwelche Nationalisten sind. Sagen Sie mir«, setzt Herr Hoffmann nach und kann sich nur im letzten Augenblick zurückhalten, mit dem Zeigefinger auf Herrn Uchidas Brust zu tippen, »wie kann es sein, dass solche Typen frei herumlaufen und ihre Parolen herausbrüllen?«

Herr Uchida schaut verschämt zu Boden. Auch der Frack tragende Delfin auf seiner Krawatte scheint die einen Taktstock schwingenden Flossen hängen zu lassen.

Was ist diesmal schiefgelaufen?

Hui, da ist Herr Hoffmann aber mit Wucht auf ganz, ganz dünnes Eis japanischer Empfindlichkeit gesprungen: Der japanische Umgang mit der jüngeren Geschichte, genauer gesagt mit der japanischen Kriegsschuld. Was ihn so in Rage brachte, waren, insofern lag er mit seinem Warngefühl richtig, Angehörige ultrarechter Gruppierungen *(uyoku dantai)*. Schätzungen der Nationalen Polizeibehörde zufolge sind die Herrschaften in ihren *gaisensha* genannten, dunklen Transportern, Bussen und Militärjeeps keine Ausnahmeerscheinung: Man geht davon aus, dass es in Japan mehr als tausend ultranationalistische Gruppierungen mit insgesamt rund 100.000 Mitgliedern gibt. Ihre Propagandafahrzeuge sind in Japans Städten kaum übersehbar und kurven, über Lautsprecher Parolen skandierend, Marschmusik- oder die Nationalhymne *Kimigayo* spielend, durch belebte Viertel oder parken an besonderen Standorten wie dem von Herrn Hoffmann besuchten Yasukuni-Schrein.

Der shintôistische Schrein im zentralen Chiyoda-Stadtteil ist, bedingt durch die Funktion, die er bekleidet, ein Zankapfel asiatischer Diplomatie. Der ›Schrein des friedlichen Landes‹ Yasukuni war 1869 auf Geheiß des Meiji Kaisers noch unter dem Namen Tôkyô Shôkonsha errichtet worden. Es sollte einer von vielen ähnlichen Orten sein, an dem der rund 8.000 Opfer des Boshin-Bürgerkriegs gedacht werden kann. Schon zehn Jahre später wurde der Schrein mit seinem heutigen Namen bedacht, zu einem der Haupttempel des Shintôismus und der wichtigste Ort zur Ehrung der *kami* (in diesem Kontext: Seelen) von Kriegstoten. Es folgten Ereignisse, die dem Schrein viele neue Bewohner einbrachten: die Satsuma Rebellion von 1877, die sino-japanischen Kriege, der Boxeraufstand, der Russisch-Japanische Krieg und natürlich die zwei Weltkriege. Der Zweite Weltkrieg sorgte für den größten Zuwachs an *kami* im Yasukuni-Schrein: Von den insgesamt rund 2,5 Millionen Seelen, derer hier gedacht wird, sind 2,1 Millionen Opfer des japanischen Kolonialismus und Expansionsdrangs.

Doch das allein sorgt natürlich nicht für die Kontroversen, die von diesem Ort im Zentrum Tôkyôs ausgehen: Neben den Seelen von Abermillionen Opfern haben im Jahr 1978 auch die *kami* von 1.068 angeklagten Kriegsverbrechern im Yasukuni ihre spirituelle Heimat gefunden. Darunter befinden sich 14 Verurteilte der Tôkyôter Prozesse, denen bei der Urteilsverkündung ›Verbrechen gegen den Weltfrieden‹ und die Teilnahme an den grauenvollsten japanischen Kriegstaten, wie dem Nanjing Massaker, bescheinigt wurden.

Zum Senkblei multilateraler asiatischer Diplomatie wird der Yasukuni-Schrein immer dann, wenn es sich hochrangige Politiker bis hinauf zum Premierminister nicht nehmen lassen, den versammelten *kami* pünktlich zum Jahrestag der japanischen Kapitulation vom 15. August 1945 die Ehre zu erweisen. Wenn Kabinettsmitglieder an TV-Kameras vorbeiflanieren und damit medienwirksam jegliches Feingefühl und Bewusstsein für die Gräuel der Vorväter vermissen lassen, muss auf offizielle Proteste aus Nord- und Südkorea, China und Taiwan nicht lange gewartet werden.

Und nicht nur bei der Begehung eines Gedenktags lassen einige Japaner Schuldbewusstsein vermissen. Yûshûkan, ein Museum über die japanische Geschichte auf dem Schreingelände des Yasukuni, muss sich die berechtigte Kritik gefallen lassen, die historischen Fakten revisionistisch zu verfälschen. Ein dokumentarisches Video macht den einstigen Täter zum Helden unter den Opfern, indem es behauptet, Japans Eroberungsfeldzüge auf seine Nachbarn seien aus der Notwendigkeit erwachsen, Asien vor dem Kolonialisierungsdrang der Westler zu schützen. Der Sturm auf Nanjing wird auf Infotafeln zwar erwähnt, doch die gesammelten Verbrechen der Kaiserlich Japanischen Armee, von Massenvergewaltigung, Verstümmelungen, Brandstiftung bis hin zur Ermordung von Kriegsgefangen, werden komplett verschwiegen.

Eine ähnliche Aufarbeitung der historischen Ereignisse in der ersten Hälfte des vergangenen Jahrhunderts pflegen indes auch japanische Schulbücher. Für innen- und außenpolitische Reibereien sorgen seit einigen Jahren vom Bildungsministerium freigegebene Bücher für die Oberstufe, bei denen systematisch historische Ereignisse verklärt und auffallend lückenhaft wiedergegeben werden. 2007 gab der frühere Bildungsminister NAKAYAMA Nariaki Grund zur Besorgnis, als er sich öffentlich erfreut darüber äußerte, dass es der regierenden Partei LDP endlich gelungen sei, die Erwähnung der Zwangsprostitution aus Geschichtsbüchern zu streichen.

Ferner erwähnte er, dass er dem Schreiber einer E-Mail, die er erhalten habe, zustimmen müsse, wonach die Opferfrauen in Asien eigentlich stolz darauf sein müssten, als ›Trostfrauen‹ gedient zu haben.

Betrachtet man auch noch die Kontroverse vom April 2008 um die Probleme, den Dokumentarfilm *Yasukuni* des seit 1989 in Tôkyô lebenden Chinesen Li Ying überhaupt in die japanischen Kinos bringen zu können (es hatte einige Proteste von verschiedenen Politikern, Medien und natürlich den Ultrarechten gegeben, da eine japanfeindliche Darstellung der Geschichte befürchtet wurde), wird schnell deutlich, dass das Thema Kriegsschuld und Ultranationalismus nach wie vor ein Tabuthema ist. Ein Thema, das aus dem öffentlichen Diskurs weitestgehend ausgeklammert wird.

Was können Sie besser machen?

Entscheiden Sie selbst, ob Sie das heiße Eisen rund um den Themenkomplex Zweiter Weltkrieg, Kamikaze, Mandschurei, Nanjing Massaker und Yasukuni-Schrein bei einem Japanbesuch in die Hand nehmen wollen. Sie könnten auf Menschen treffen, die zu historischen Ereignissen ähnliche Kenntnis haben wie Sie und diese bedauern. Leider gibt es auch solche Menschen, die von den düsteren Schatten der Vergangenheit dank ihrer Schulbücher und Erziehung nichts wissen und solche, die bestimmte Ereignisse leugnen oder gar gutheißen. Und ein paar Ewiggestrige, die einem Besucher aus Deutschland zuraunen, es ›beim nächsten Mal zusammen besser zu machen und sich nicht besiegen zu lassen.‹

DAS NANJING-MASSAKER

Japan breitete sich in Folge seiner in den 1930er Jahren intensivierten Kolonialisierungspolitik schnell gen China aus, was im Sommer 1937 zum Beginn des Zweiten Sino-Japanischen Krieges führte. Am

8. Dezember 1937 erreichen die japanischen Truppen nach Monaten erbitterter Kämpfe Nanjing, seinerzeit die Hauptstadt der noch jungen chinesischen Republik. Als der Aufruf zur Kapitulation und Übergabe der Stadt ohne Reaktion bleibt, wird diese über Tage bombardiert. Die chinesischen Truppen treten ab dem 12. Dezember in Panik den Rückzug an, die Japaner besetzen die Stadt am Folgetag. Was nun folgt, ist unter Historikern umstritten. Manche streiten sich um die Anzahl der verübten Gräueltaten, andere nutzen sie für ihre eigene Propaganda und Revisionisten bestreiten sie gänzlich: Während der mindestens 6 Wochen andauernden Besatzung kommt es zu einem Massenmord an mindestens 200.000 Menschen, darunter Soldaten und zahlreiche Zivilisten. Unzählige werden in Gruppen erschossen, durch Bajonette erstochen, verstümmelt, lebendig verbrannt oder begraben. Das Internationale Militärtribunal in Tôkyô kommt nach dem Krieg zum Schluss, dass nicht weniger als 20.000 Frauen und Kinder in den Wochen der Besatzung in Massen vergewaltigt wurden. Die Opfer wurden vielfach in der Folge getötet, manche auch zur Prostitution gezwungen.

51 HERR HOFFMANN KOMMT ZUM ESSEN VORBEI

KARTOFFELSALAT ALS EINGRIFF IN DIE PRIVATSPHÄRE

»Sie sind wirklich ein witziger Typ, Herr Uchida«, honoriert Herr Hoffmann die perfekte Donald Duck-Imitation seines Übersetzers. »Wissen Sie was: Morgen ist ja einer meiner letzten Abende in Japan. Ich gehe einkaufen und komme abends bei Ihnen vorbei, um Ihnen zum Dank noch etwas typisch Deutsches zu kochen: Kartoffelsalat mit Frankfurtern. Das ist ein Gericht, das ich wirklich draufhabe. Wie klingt das?«

Herr Uchida streicht seine taubengraue Krawatte glatt, auf die ein zwischen Bäumen eingepferchtes Auto gestickt ist, und stellt sorgfältig sein gepunktetes Glas mit Melon au Lait auf dem Bartresen ab. Sein schiefes Lächeln kann nur schwer überspielen, dass sich seine Vorfreude nicht mit der von Herrn Hoffmann deckt.

Was ist diesmal schiefgelaufen?

Da hatte Herr Hoffmann offenbar falsche Schlüsse aus Frau Watanabes Einladung in ihr Zuhause (so geschehen in ›Herr Hoffmann verteilt Geschenke‹) geschlossen: Andere zu Hause zu besuchen ist in Japan eher ungewöhnlich. Dies gilt nicht nur gegenüber Japanreisenden, sondern auch gegenüber engen Freunden. Gewöhnlich geht man zusammen in ein Café, eine Kneipe oder ein Restaurant, um Zeit miteinander zu verbringen. Das liegt nicht daran, dass Japaner gastfeindlich wären. Nein, der Grund dafür liegt in der allgegenwärtigen Raumnot, die das Leben der Großstädter bestimmt. Apartmentwohnzimmer mit 9 Quadratmetern (6 *jo*) sind eher die Regel als die Ausnahme und bieten gerade einmal Platz für ein Tischchen, einen Fernseher und Sitzgelegenheiten. Die Devise heißt bei Raummangel daher: eher ausgehen, als sich aneinander zu kuscheln.

Einladungen ins eigene Haus kommen gerade in den letzten Jahren in Mode und sind auch eher nur unter jüngeren Leuten angesagt. Übrigens ist es nicht ungewöhnlich, wenn man bei einer Einladung in einen japanischen Haushalt um eine Kostenbeteiligung für Speis und Trank gebeten wird. Spaß und Leid eines geselligen Abends werden im heimischen Umfeld mitunter gerne geteilt.

Herr Uchida fand es übrigens zunächst unverschämt von Herrn Hoffmann, sich in seine Wohnung einzuladen. Doch als er dann tatsächlich den fantastischen, selbst gemachten deutschen Kartoffelsalat (ganz leicht, ohne Mayonnaise) gereicht bekam, war dieses gesellschaftliche Fettnäpfchen schnell vergessen.

Was können Sie besser machen?

Auch wenn es in Deutschland gesellschaftlich inzwischen in Ordnung sein kann, sich durch das Angebot eines Besuchs selber einzuladen, ist dieses Recht in Japan dem Gastgeber vorbehalten und erstreckt sich nur in Ausnahmen auf die eigenen vier Wände. Besonders dann, wenn die eigentliche Beziehung zueinander nur eine geschäftliche ist. Kurzum: Seien Sie vorsichtig mit Eigeneinladungen in fremde Wohnungen, auch wenn die Stimmung gerade noch so vertraut und freundschaftlich ist.

52 HERR HOFFMANN IST EIN HERZLICHER MENSCH

SICH SELBST AM NÄCHSTEN SEIN – DEN ANDEREN ZULIEBE

»*Shabu-shabu* ist klasse«, sinniert Herr Hoffmann, als er einen weiteren hauchdünnen Streifen Rindfleisch in die köchelnde Brühe aus Wasser, Kohl und anderen Gemüsesorten sinken lässt. »Und so gesellig. Das muss Hannah auch unbedingt mal machen.«

Da reißt ihn plötzlich Frau Watanabe aus seiner Vorstellung von Abenden im Kreise von Freunden, denen er mit lauter, fester Stimme die Erlebnisse seiner kulturellen Japaneroberung schildert. Geschichten, in der er eine unglaublich heldenhafte Rolle spielt. Eine, die Kollegen wie Marco Polo und Kolumbus als ambitionierte, aber letztlich doch amateurhafte Freizeit-Weltenentdecker dastehen lässt. »*Shabu-shabu* heißt so wegen des Geräuschs, das man mit dem Fleisch macht«, erklärt sie mit ihrer gewohnt geduldigen Stimme und taucht dabei zur Demonstration mit den Stäbchen einen Streifen in die Brühe. ›Plitsch-Platsch‹ klingt in japanischer Lautmalerei offenbar anders.

»Sagen Sie mal«, setzt er beim Dippen eines Möhrenstücks in ein Schälchen mit Sesamsauce an, »ich habe da was gesehen, das ich nicht ganz verstehe.«

Frau Watanabe kaut langsamer und nickt dem deutschen Gast aufmunternd zu.

»Gut. Ich war eben zu früh dran und bin vom Shinjuku-Bahnhof aus noch etwas spazieren gegangen. Schon in der Nähe des Bahnhofs standen dort junge, braun gebrannte Typen in schwarzen Anzügen, die junge Frauen angesprochen haben. Wollten die denen ein Zeitschriftenabo oder eine Fitness Club-Mitgliedschaft aufschwatzen?«

Frau Watanabe legt ihre Essstäbchen auf dem dafür vorgesehenen Bänkchen ab und nickt ernst. »Sie waren wahrscheinlich im Kabukichô unterwegs, im Vergnügungsviertel. Diese Jungs verdienen Provisionen, wenn sie Frauen überreden, im *mizu shôbai* zu arbeiten.«

»Missu schobbei?«

»*Mizu shôbai* heißt eigentlich Wasserhandel, ein Begriff, der in der Edo-Zeit aufkam. Samurai waren damals bereit, für Wasser zu zahlen, solange es von sehr hübschen Mädchen serviert wurde. Dieser Ausdruck steht heute für die komplette Rotlichtindustrie. Eine große Industrie.«

Nun nickt auch Herr Hoffmann ernst.

»Ich habe in einer Zeitschrift gelesen, dass die *nampa*-Jungs mindestens 5.000 Yen bekommen, wenn sie ein Mädchen überreden, sich einen der Clubs nur anzuschauen«, ergänzt Frau Watanabe, während Herr Hoffmann mit den Stäbchen nach einem verlorenen Stück Fleisch im heißen Wasser angelt: »10.000 Yen, wenn sie dort arbeitet und noch einen deutlich größeren Bonus, wenn sie gut ist, bei was immer sie dort auch tut.«

»In einem Bordell?«

»Nicht unbedingt. Es gibt eine große Vielfalt an unterschiedlichen Lokalen, von Table Dance bis hin zu anderen Amüsierclubs, bei denen der Mann irgendwann befriedigt nach Hause geht. Aber reine Prostitution ist illegal. «

Auch wenn Herr Hoffmann dies irgendwie für einen Widerspruch hält, nickt er schließlich und beschließt, sich lieber konzentrierter dem Tunken von Speisen in Wasser und Sesamsauce, als solch ernsten Themen zu widmen.

Etwa drei Fleisch- und Gemüsenachlieferungen sowie neun *nomihodai* (All-you-can-drink)-Biere später, ist das Heimweh und das Fremdeln in der unbekannten Kultur aus Egon Hoffmann wie weggeblasen. Zufrieden mit den vergangenen Wochen in Japan, glücklich über die schönen und erheiternden Gespräche und die angenehme Gesellschaft spürt Herr Hoffmann, dass er die ganze Welt umarmen möchte. Da seine Arme nicht für den ganzen Globus ausreichen, taucht er beim Abschied an der U-Bahn-Station an der ausgestreckten Hand von Frau Watanabe vorbei und drückt sie kurz und herzlich an sich.

Ein halbes Dutzend Sekunden später schlendert Egon Hoffmann angenehm beschwipst und fröhlich zum Fahrkartenautomaten und freut sich über einen perfekten Abend, der für seine weibliche Begleitung zum Ende hin einen großen Makel bekommen hat und mit Beschämung in Erinnerung bleiben wird.

DER GROSSE WASSERHANDEL

Ja, wie Frau Watanabe schon sagte, ist die Sexindustrie in Japan eine sehr facettenreiche. Schätzungen gehen davon aus, dass das Geld, das im japanischen Triebableitungsbereich umgesetzt wird, den Verteidigungsetat der japanischen Truppen übersteigt. Und wo das große Geld lockt, ist das organisierte Verbrechen meist nicht weit. So auch in Japan, wo das Geschäft mit der Lust zu großen Teilen von der Yakuza gelenkt wird. Diese ist auch rege an der Organisation des Frauennachschubs aus Zentralasien, Südamerika, Russland und von den Philippinen beteiligt. Mehr dazu und der organisierten Kriminalität im Land der aufgehenden Sonne finden Sie im Kapitel ›Herr Hoffmann hat etwas gegen Tattoos‹.

Möglich ist das Business nur dank eines sehr auslegungsoffenen Gesetzestextes, der tatsächlich nur den vaginalen Verkehr unter Fremden in Verbindung mit einer Geldzahlung unter Strafe stellt. Das lässt ein weites Feld an Alternativen zur Ausübung des horizontalen Gewerbes. Das Dienstleistungsspektrum ist in Japans Vergnügungsmeilen unglaublich varianten- und fantasiereich. So reich, dass man alleine darüber schon Bücher schreiben könnte – was andere auch getan haben, wie zum Beispiel die Fotojournalistin Joan Sinclair mit ›Pink Box‹.

Was ist diesmal schiefgelaufen?

War Herr Hoffmann zu angetrunken oder eines der angesprochenen Themen – Sexualität und Prostitution – in irgendeiner Form unangemessen? Nein, das war kein Problem. Der peinliche Moment lag darin, dass Herr Hoffmann den körperlichen Kontakt einer Umarmung nach einem schönen Gespräch mag. So zeigt er einem anderen Menschen gerne, dass er die Zeit mit ihm genossen hat. Japaner mögen Körperkontakt in der Regel allerdings ganz und gar nicht. Eigentlich komisch, oder? Besonders, wenn man diese Bilder vor Augen hat, in denen hauptberufliche Reinschubser Pendler in bereits übervolle Züge pressen, nur damit die Tür vernünftig zugeht. Drinnen herrscht eine Enge, die Dosensardinen von der Notwendigkeit der Gründung einer eigenen Gewerkschaft überzeugen würde. Eine Enge, die für so viel Körperkontakt sorgt, dass ein Frotteur sich im Grapscherhimmel wähnen würde.

Und dann diese Reaktion bei der kumpelhaften Berührung von Körperteilen, die nicht einmal die mainstreamfernsten Fetischisten als anregend empfinden würden?

Nun, gerade wegen der allgegenwärtigen Enge in den überbevölkerten Großstädten Japans, wird der persönliche Freiraum als so wertvolles Gut angesehen, dass diese Form des sozio-emotionalen Kontaktes mitten in der Öffentlichkeit als unangemessen und unangenehm wahrgenommen wird. Das geht so weit, dass in der Regel auch auf das Händeschütteln verzichtet wird – wie Herr Hoffmann ja auch schon selber bemerkte (siehe ›Herr Hoffmann gibt die Hand‹). Dies gilt nicht nur für Fremde oder Bekannte (wie in der Beziehung zwischen Hoffmann und Watanabe), sondern auch für Freunde und Familienangehörige untereinander.

Was können Sie besser machen?

Engster Körperkontakt mit Ihrem Nachbarn in der überfüllten U-Bahn ist etwas, das Sie zu Hause und auf Reisen automatisch zu vermeiden versuchen. In Japan ist das kein Problem. Vermeiden sollten Sie allerdings die von zu Hause gewohnten Routinen körperlichen Kontakts wie Umarmungen, Schulterklopfen, Anstupsen, Kopftätscheln und so weiter. Das sind zwischenmenschliche Begegnungen, die in Japan in etwa so gut ankommen, wie angetrunkene Grapscher auf Familienfeiern. Japaner erreicht die Kunde über ein schönes Treffen oder Ihre Wiedersehensfreude auch ohne körperlichen Kontakt auf dem Wege entsprechender Dankesworte und Begrüßungsfloskeln. Auch sind Japaner stets empfänglich für kleine Geschenke und handgeschriebene Dankeskarten.

Und wenn Sie doch nicht ohne körperliche Kontakte und Umarmungen auskommen können, versuchen Sie diese in den privaten Bereich zu verlagern (oder leben diese in den Unterhaltungsetablissements aus, von denen Frau Watanabe zu berichten wusste).

EPILOG

»Was für ein Stress«, seufzt Egon Hoffmann, als er den Sicherheitsgurt in dem Flieger nach Deutschland anlegt. Er hatte darauf bestanden, auf eigene Faust zum Flughafen Narita zu fahren, um seinen japanischen Gastgebern nicht noch weiter zur Last zu fallen. Wie von Frau Watanabe am Vorabend erklärt, war er zunächst entspannt in dem Expresszug gen Osten gefahren, bemerkte auf der Fahrt aber, dass es auf der Strecke zum Airport offensichtlich verschiedene Arten von Expresszügen gibt: Solche, die selten anhalten und solche, die extrem selten anhalten. In Ersterem saß er. Unter nervösen Blicken auf die Armbanduhr schmolz das üppige Zeitpolster dahin, bis er schließlich im Gespräch mit einem jungen Australier von seiner falschen Zugwahl erfuhr und an einem der überreichlichen Haltepunkte wechselte.

Jetzt trocknen langsam die Schweißtröpfchen auf seiner Stirn und der Airbus setzt sich auf dem Rollfeld in Bewegung. Aufregende Wochen liegen hinter ihm.

Er erinnert sich an den erzürnten Polizisten und seine unbedachte Körpersprache, die ihn beinahe ins Gefängnis brachte, an den Affen in Nikkô, den er verbotenerweise fütterte. Denkt an die hektische, unglaublich betongraue Riesenstadt Tôkyô mit den vielen auf den ersten Blick seltsamen, aber doch auch sehr netten Menschen, die er getroffen hatte. Und die er so oft in Verlegenheit gebracht hatte. Auch wenn er auf Schuhen durch Zimmer getrampelt war, andere offenbar mit seiner Spontanität schockierte und durch seine ›deutsche Art‹ die deutsch-japanische Unternehmenspartnerschaft einige Male gefährlich aufs Spiel setzte, waren doch am Ende alle verständnisvoll und nett geblieben.

So reift in ihm, als der Flieger mit einem kurzen Rucken von der Startbahn abhebt, die Haupterkenntnis, dass sicherlich vieles weniger peinlich hätte sein können, wenn er sich vorher etwas mehr mit Japan und seinen Gebräuchen auseinandergesetzt hätte. Doch klar ist ihm dabei auch geworden, dass man vom Verhalten nicht japanischer als die Japaner selbst werden muss. Man ist willkommener Gast, auch wenn man sich mal etwas ungeschickter anstellt.

Egon Hoffmann nickt zur Bestätigung seiner eigenen Erkenntnis und schaut aus dem Fenster. Unter sich sieht er einen See, vereinzelte Bäume und vor allen Dingen diese endlos große Stadt, die langsam immer kleiner wird und schließlich im Dunst verblasst.

ANHANG

10 DINGE, DIE MAN GETAN HABEN MUSS

1. **Mutig sein:** Probieren Sie beim Essen erst mal alles. Auch wenn es seltsam aussieht. In Japan wird häufig viel Sorgfalt und Liebe in die Zubereitung und Qualität der Speisen gesteckt. Sie könnten einiges verpassen.

2. **Schlafen wie ein Samurai:** Eine Übernachtung in einem klassischen japanischen *ryôkan* ist auf jeden Fall eine Erfahrung wert. Sitzen und schlafen Sie auf dem Boden, und vermutlich werden Sie ein köstliches Abendessen serviert bekommen.

3. **Baden in vulkanischen Quellen:** Ein Bad im *onsen* sollten Sie auf keinen Fall verpassen – vor allem, wenn Sie die Chance haben, unter freiem Himmel zu baden. Und denken Sie daran: Ein Bad im *onsen* kann alles heilen, nur kein gebrochenes Herz.

4. **Das echte Japan erkunden:** Lassen Sie den Reiseführer auch mal einen Tag zu Hause und laufen Sie einfach durch die Straßen, fahren Sie mit der U-Bahn, erkunden Sie das echte Leben jenseits der Reiseführer-Sehenswürdigkeiten.

5. **Tempel und Schreine besuchen:** In den Großstädten bieten buddhistische Tempel und shintôistische Schreine oft Oasen der Ruhe. Etwas außerhalb der Städte sind sie häufig an landschaftlich besonders schönen Orten gelegen. Manchmal

gibt es spezielle Bräuche, z. B. aus einer bestimmten Quelle trinken, gekochte Eier als Opfergabe verteilen oder Geld waschen.

6. **Im Izakaya essen (und trinken):** In diesen japanischen Kneipen sitzen Sie häufig klassisch auf dem Boden und müssen am Eingang die Schuhe ausziehen. Zum Bier (oder Sake oder Whisky) können Sie verschiedene Kleinigkeiten essen, die häufig am Tisch geteilt werden.

7. **Heißen Kaffee aus der Dose trinken:** Egal in welcher abgeschiedenen Gegend Sie sich aufhalten, vermutlich ist der nächste Getränkeautomat direkt um die Ecke. Neben kühlen Getränken gibt es auch heißen Kaffee oder Tee in Dosen zu kaufen. Haben Sie sich einmal daran gewöhnt, werden Sie diese zurück in Deutschland besonders in arktisch kalten Wintern schmerzlich vermissen.

8. **Karaoke singen:** Ist wie beim Karneval: sieht von außen komisch aus ist aber lustig, wenn man mitmacht. Trumpfen Sie mit deutschem Liedgut auf – Nenas *99 Luftballons* können Sie durchaus im Sortiment finden.

9. **Shoppen gehen:** Elektronik-Gadgets, Mode, niedliche Kawaii-Souvenirs oder japanisches Kunsthandwerk – in Japan kann man sein Geld auf vielfältige Weise loswerden. Spaß machen aber auch 100-Yen-Läden – hier kostet jeder Artikel nur 100 Yen (circa 0,80 Euro).

10. **Raus aus der Stadt:** Japanische Städte sind toll und bieten viel Neues, ein Ausflug in die Natur lohnt sich aber auch. Selbst von Tôkyô aus kann man mit einem Tagesausflug zum Beispiel nach Nikkô, Kamakura oder Enoshima direkt ein ganz anderes Japan kennenlernen.

ANHANG

10 DINGE, MIT DENEN MAN SICH BLAMIERT

Dieses Buch präsentiert Ihnen über 50 Dinge, die Sie in Japan falsch machen können. Hier sind einige davon ...

1. **Schuhe anlassen:** Immer wenn Sie große Mengen an Schuhen oder Schließfächern sehen, ist dies ein Zeichen dafür, dass Sie Ihre Schuhe ausziehen sollen. Zum Beispiel vor Tempeln, Schreinen oder im Eingang eines Restaurants.

2. **Vordrängeln:** In Japan steht man Schlange – auf Rolltreppen, beim Einsteigen in die U-Bahn, vor dem *ramen*-Restaurant ... Zeigen Sie, dass auch Sie warten können.

3. **Trinkgeld geben:** Trinkgeld hat in Japan keine Tradition und kann sogar als Beleidigung aufgefasst werden, das gilt im Restaurant genauso wie im Taxi, beim Friseur oder falls Ihnen das Gepäck aufs Zimmer getragen wird.

4. **Ellenbogen-Mentalität:** In Japan zählt die Gruppe mehr als das Bedürfnis des Einzelnen. Das gilt auch im Geschäftsleben. Ein erfolgreiches Meeting endet nicht damit, dass sich einer durchsetzt, sondern dass eine für alle befriedigende Lösung gefunden wird.

5. **Ungewaschen ins Bad steigen:** In Japan wäscht man sich vor dem Bad – das gilt für ein öffentliches *onsen* genauso, wie im Bad einer privaten Wohnung oder im Hotel.

6. **Essensregeln missachten:** Beim Essen gibt es ein paar Dinge, die man besser nicht machen sollte. Ertränken Sie Ihren Reis nicht in Sojasauce, spießen Sie kein Essen mit den Stäbchen auf, und schlürfen dürfen Sie auch nur in Ausnahmefällen.

7. **Nase putzen:** Ein geräuschvolles Trompeten ins Taschentuch kommt weniger gut an, als wenn Sie die Nase hochziehen. Wenn Sie erkältet sind, können Sie Ihre Umwelt auch schonen, indem Sie eine Atemmaske aus Papier tragen.

8. **Ein klares »Nein« erwarten:** In Japan werden Sie selten ein klares »Nein« hören – auch nicht im Geschäftsleben. Werden Sie hellhörig, wenn Ihr Gegenüber vorsichtige, ausweichende oder zurückhaltende Formulierungen verwendet.

9. **Gastgeschenk vergessen:** Wenn Sie in Japan privat eingeladen sind, bringen Sie ein Gastgeschenk mit. Am besten eine Spezialität aus Ihrer Heimat, die auch erkennbar als Geschenk eingepackt ist.

10. **Taxitür selber öffnen oder schließen:** In vielen japanischen Taxis gibt es einen Hebel in der Fahrertür, mit dessen Hilfe der Fahrer Ihnen die hintere Tür öffnen kann, ohne selber aussteigen zu müssen. Öffnen Sie diese selbst, kann es sein, dass Sie dem Fahrer den Hebel unsanft gegen das Knie schlagen.

GLOSSAR

Ainu	Bedeutet ›Mensch‹ und ist eine indigene Gruppe, deren Vorfahren schon 18.000 Jahre vor Christi Geburt als Jäger und Sammler auf den nördlichen japanischen Inseln beheimatet waren. Ainu werden stark diskriminiert. Erst im Juni 2008 wurden die Ainu als eigenständiges, indigenes Volk vom japanischen Parlament anerkannt.
chirashi	Diese Form des ›gestreuten Sushi‹ ist hier bei uns nicht so verbreitet – und sieht für das westliche Auge auch nicht nach Sushi aus. Hierbei werden alle Zutaten direkt mit dem Reis vermischt und in einer Schale zum Essen angerichtet.
Edo-Zeit	Vor der Edo-Zeit gab es kein einheitliches Japan. Im Jeder-gegen-Jeden-Stil kämpften lokale Fürsten um alles, worum es sich zu kämpfen lohnte. Die drei Reichseiniger (TOKUGAWA Ieyasu, ODA Nobunaga und TOYOTOMI Hideyoshi) machten Schluss damit, verbündeten sich und räumten so kräftig auf, dass ab 1600 erst einmal über 250 Jahre lang Ruhe herrschte. Ieyasu, als letzter Überlebender der Feldherrenriege, ließ sich Shôgun nennen und führte seine Regierung von Edo aus, dem heutigen Tôkyô.
Engrish	Die Buchstaben ›L‹ und ›R‹ liegen in vielen asiatischen Sprachen phonetisch eng beieinander – das hat zum Teil lustige Konsequenzen für den Japanreisenden. Also nicht wundern, wenn zum Beispiel eine CD mit den besten Hits von ›Eric Crapton‹ angeboten wird.
enjo kôsai	Eine Art Beziehung nicht ganz ohne finanzielle Hintergedanken – häufig zwischen noch minderjährigen Schülerinnen und wohlhabenden, älteren Männern.
gaikokujin	Wörtlich übersetzt ›Mensch aus einem fremden Land‹, wird aber häufig in seiner eigentlich unhöflichen und abwertenden Kürzung *gaijin* angewandt. In ländlicheren Regionen Japans kann es daher durchaus passieren, dass kleine Kinder aufgeregt auf westliche Touristen zeigen und *»Gaijin da!«* rufen.
gunkanmaki	Sushi-Art, bei der die *nigiri-Sushi* zusätzlich eine Stütze durch ein gerolltes *nori*-Blatt bekommen, das den Belag an Ort und Stelle hält. Vom Aussehen her werden *gunkanmaki* gern mit kleinen Schiffchen verglichen.

hanami	Das bedeutet so viel wie ›Blüten schauen‹ – gemeint ist aber ein Picknick unter Kirschblüten. In jedem Frühjahr treffen sich Scharen von Japanern, um unter Kirschbäumen die kurze Zeit der rosafarbenen Blüte zu genießen, die für die Vergänglichkeit des Lebens stehen. Schon während der Nara-Periode (710–784) übernahmen die Japaner die Tradition der Bewunderung der Pflaumenblüte. Aus Pflaumen- wurden bald Kirschblüten. Holzschnitte aus der Edo-Zeit (1603–1868) zeigen bereits *hanami*-Feste.
hashi	Japanische Essstäbchen.
hashioki	Kleine Bank, auf der man die Essstäbchen ablegen kann. Zum Beispiel, wenn man beim Essen dazu neigt, heftig mit den Händen zu gestikulieren.
izakaya	Kleine Kneipen mit roten Papierlaternen am Eingang, häufig nicht größer als ein Wohnzimmer. Der perfekte Ort für -> *nomunication*.
kabuki	Traditionelles japanisches Theater, dessen Wurzeln in der Edo-Zeit liegen. Kabuki-Stars waren damals so beliebt, wie Popstars heutzutage und wurden auf Holzschnitten verewigt.
kanji	Japanische Schriftzeichen. Diese sind zwar abgeleitet aus chinesischen Schriftzeichen, weisen heute aber einige Unterschiede auf.
kanpai	Heißt wörtlich übersetzt ›Trockenes Glas‹ und fordert als Toast ausgesprochen zur Herbeiführung dieses Zustands auf. Oder auf gut Deutsch: ›Prost!‹
kareeraisu	Japanisches Curry – auch wenn *kareeraisu* nicht das optisch ansprechendste Gericht ist, so gehört es gerade in den kälteren Monaten zu den populärsten Fast-Food-Gerichten. Man kann es in vielen geschmacklichen Variationen und verschiedenen Schärfegraden bestellen.
katakana	Nein, hierbei handelt es sich weder um eine Kampfsportart noch um ein Fischgericht, sondern um ein phonetisches Silbenalphabet. Diese Zeichen werden für Fremdsprachen genutzt, im Gegensatz zu *hiragana*, die für japanische Ausdrücke verwendet werden. Durch die *katakana* sind Japaner in der Lage, Ihren Namen zumindest auszusprechen, so wie Sie für die Aussprache eines japanischen Namens eine romanisierte Form brauchen.

kôan	Das *kôan* gilt im Zen-Buddhismus als Hilfsmittel auf dem Weg zur Erleuchtung. Dabei handelt es sich um ein Paradoxon oder ein Rätsel, das nie vollständig gelöst, sondern nur durch eine Art ›Eintauchen‹ erfahren werden kann. Manche Schüler beschäftigen sich über Jahrzehnte mit ein und demselben *kôan*.
konbini	Wenn Japaner versuchen, das englische Wort ›Convenience Store‹ auszusprechen, kommt eben ein Wort wie *konbini* heraus. Hört sich lustig an, ist aber extrem praktisch. Die kleinen Läden finden sich an fast jeder Ecke, sind an jedem Tag des Jahres 24 Stunden geöffnet und erreichen mit einem Sortiment von knapp 3.000 Artikeln durchaus das Format eines kleinen Supermarktes.
maneki neko	Hier auch bekannt als Winkekatze. Die weiße Farbe der Katze soll anscheinend Reinheit symbolisieren, und mit der Pfote winkt sie Glück und Wohlstand herbei.
mankei	Die voll ausgeprägte Kirschblüte. Fernsehsender und Wetterstationen verfolgen wochenlang das Fortschreiten der Blüte, bis es endlich so weit ist. Schließlich ist die ganze Pracht nur ein paar Tage lang zu sehen, bis ein Regenguss die Blüten abwäscht oder sich die ersten grünen Blätter unschön zwischen die weiß-rosa Blütenwolken schieben.
meishi	Visitenkarten – wie Sie diese am besten überreichen, lernen Sie am besten von Herrn Hoffmann (im Kapitel ›Herr Hoffmann stellt sich vor‹).
MIYAZAKI Hayao	Japanischer Anime-Künstler (geboren 1941). Im Ausland bekannt sind vor allem seine Filme *Nausicaä – Aus dem Tal der Winde,* 1984, der blutrünstige *Prinzessin Mononoke*, 1997, der damals der erfolgreichste japanische Film aller Zeiten war, um später von Miyazakis *Chihiros Reise ins Zauberland,* 2001 abgelöst zu werden.
mochi	Kleine, süße Reiskuchen, häufig gefüllt mit süßer Bohnenpaste, werden traditionell zur Feier des neuen Jahres gegessen. Aber nicht nur – auch beim Picknick unter Kirschbäumen wird zum Beispiel gern zur rosa eingefärbten Variante gegriffen.
natto	Vergorene Sojabohnen, ziehen beim Essen schleimige Fäden und riechen und schmecken – nun ja. Probieren Sie es am besten selber.
nigiri	Sushi-Art, bei der ein kleiner Klumpen Reis mit einer Zutat (z.B. Fisch, Muscheln oder Ei) belegt ist. Je nach Zutat kann noch ein dekoratives nori-Bändchen um das Paket gewickelt sein.

nomunication	Eine Mischung aus ›communication‹ und *nomu* (trinken). In vielen japanischen Firmen werden die wichtigen Entscheidungen nicht im Meeting getroffen – sondern davor oder danach. Bei einem Sake. Oder mehreren.
nori	Essbarer, getrockneter und gerösteter Seetang – kennen Sie sicher auch als grüne Außenhülle der -> *norimaki*.
norimaki	Die Anfänger-Sushi. Leicht zu essen und auch mit unverdächtigen Zutaten gefüllt erhältlich, zum Beispiel als *kappamaki* mit Gurke. Bei dieser Sushi-Art wird mithilfe einer Bambusmatte eine Rolle aus Reis und verschiedenen Zutaten hergestellt. *Hosomaki* sind mit nur einer Zutat gefüllt, *futomaki* mit bis zu drei. Die ganze Rolle ist außen von einem Blatt nori umwickelt und wird dann in Scheiben geschnitten.
o-mamori	Diese kleinen bestickten Beutelchen aus Seide kann man an Tempeln und Schreinen als Glücksbringer für konkrete Situationen kaufen – zum Beispiel für Schutz im Straßenverkehr – und sollten immer mitgeführt werden. Besonders praktisch für die Kassen der Tempel und Schreine: Die *o-mamori* verlieren nach etwa einem Jahr ihre Wirkung und müssen neu erstanden werden.
o-mikuji	Kleine Papierzettel mit einer Art Orakel, das dem Käufer etwas Gutes oder Schlechtes voraussagen kann. Auch die *o-mikuji* können an Tempeln oder Schreinen gekauft werden. Durch das Anbinden dieser Zettel an einen Strauch oder Baum geht eine gute Botschaft in Erfüllung. Auf die gleiche Weise kann aber auch praktischerweise eine negative Weissagung abgewendet werden. Kein Wunder, dass an manchen Tempeln die Bäume weiß von angebundenen *o-mikuji* sind.
onsen	Öffentliches Bad, in dem das Wasser aus einer vulkanischen Quelle stammt. Da es in ganz Japan tektonisch gesehen heiß hergeht, sind diese fast überall in Japan zu finden. Insgesamt gibt es in Japan etwa 13.000 *onsen*. Ein Besuch lohnt sich auf jeden Fall, aber Vorsicht: Es gibt ein paar Regeln zu beachten (lernen Sie von unserem Helden in ›Herr Hoffmann geht baden‹).
oshibori	Ein kleines, angewärmtes und feuchtes Handtuch, das man vor dem Essen gereicht bekommt, um seine Hände damit zu reinigen.

o-kaeshi	Schenken in Japan will gelernt sein. Ein Beispiel für die vielen Regeln ist *o-kaeshi*, das ›Gegengeschenk‹. Man verschenkt es als Antwort auf ein Geschenk, das man selber erhalten hat, und es sollte ungefähr halb so teuer sein wie das ursprüngliche Geschenk. Aus diesem Grund wird auch gerne Geld verschenkt. Da fällt es wenigstens leicht, den angemessenen Wert des Gegengeschenks auszurechnen.
pachinko	Beliebte Spielautomaten, die in eigenen Spielhallen zu finden sind. Das Spielprinzip ist relativ einfach: Metallkugeln werden auf das Spielfeld geschossen und fallen dabei durch ein Labyrinth aus kleinen Pins und Kanälen. Der Spieler kann den Verlauf durch Drehregler zumindest ein wenig beeinflussen. Das Ziel besteht darin, möglichst viele Kugeln zu sammeln. In Japan ist *pachinko* ist ein riesiger Markt, der mehr Umsatz macht als die japanische Autoindustrie.
purikura	Fotoautomaten, bei denen meist jugendliche Mädchen Gruppenbilder machen und später digital pimpen können. Hasenohren, Riesenaugen, Regenbogen – alles ist möglich. Der Begriff ist aus einer Evolution des Begriffes ›Print Club‹ entstanden, den die Japaner zuerst so aussprachen, dass ihn garantiert kein Europäer mehr versteht: *purinto kurabu*. Hieraus wurde dann im weiteren Verlauf kurzerhand die Abkürzung *purikura* geschaffen.
sashimi	Wer bei Sushi nur die vegetarischen Gurken-Maki isst, sollte von *sashimi* die Finger lassen. Hier handelt es sich um rohen Fisch pur, ohne Reis und andere Kinkerlitzchen. Für hartgesottene Fisch-Fans ist es hingegen genau das Richtige – wird doch der Geschmack weder durch Zubereitung noch durch Gewürze verfremdet.
sentô	Öffentliches Bad – im Gegensatz zum -> onsen stammt das Wasser hier aber nicht aus einer vulkanischen Quelle.
Shinjuku	Stadtteil in Tôkyô mit einem reichhaltigen Angebot an Shopping- und Ausgehmöglichkeiten. Der Shinjuku Bahnhof ist der verkehrsreichste der ganzen Welt – jeden Tag strömen 3,4 Millionen Passagiere durch ihn hindurch.

temaki	Sushi-Art – auch hier werden die *maki*-Grundzutaten (Reis, *nori*, Belag) verarbeitet, nur dass das *nori*-Blatt in Form einer kleinen Eistüte gerollt wird. In der Tüte befindet sich der Reis, der Belag schaut oben heraus. Versuchen Sie lieber gar nicht erst, die circa zehn Zentimeter langen *temaki* mit Stäbchen zu essen. Auch Japaner nehmen dazu die Finger.
TEZUKA Osamu	Der ›Gott des Manga‹ hat während seiner Lebenszeit (1928–1989) viele Manga und Anime geschaffen und das Genre entscheidend mitgeprägt. Der entscheidende Durchbruch gelingt ihm 1963 mit seiner ersten Fernsehserie *Astro Boy*, deren Geschichte auf seinem Manga ›*tetsuwan atomu*‹ beruht. In Europa ist er vor allem bekannt für seine Anime-Serien *Kimba* und *Heidi*. Er gilt als Begründer der heute populärsten Form der Manga in Japan, der Story-Manga.
ramen	Japanische Nudelsuppe – gibt es in vielen verschiedenen Varianten. Die Nudeln werden mit den Stäbchen aus der Suppe gefischt und dürfen geschlürft werden.
ryôkan	Traditionelle japanische Unterkunft mit Reisstrohmatten als Bodenbelag, Schiebetüren, Futons als Betten und allem was nötig ist, um sich als Samurai in der feudalen Zeit zu fühlen. Tatsächlich sollen *ryôkan* das kommerzielle Angebot von Unterkünften für Reisende begründet haben: Das weltweit erste Hotel datiert auf das Jahr 705 und wurde am Fuße der Akaishi Berge in Yayakawa errichtet. Auch heute noch steht an dieser Stelle ein Nishiyama Onsen Keiunkan, welches außer mit einer langen Geschichte auch mit einem vulkanisch geheizten Bad werben kann. Auch wenn manche *ryôkan* einen Gemeinschaftsessbereich haben, wird das Essen traditionell im eigenen Zimmer serviert. Stilistisch ebenso sehr japanisch, aber preislich erschwinglicher sind *minshuku*-Unterkünfte.
seppuku	Ritueller Selbstmord (in Deutschland auch bekannt unter dem Begriff *harakiri*), besonders beliebt unter Samurai. Nach einem Fehler kann so zumindest die Ehre der Familie wieder hergestellt werden.
Shôgun	Im Zeitraum zwischen 1185 und 1868 war der Shôgun als oberster Militär de facto die höchste Macht im Lande – auch wenn nominell der -> tennô den Herrschaftstitel für sich beanspruchen konnte.

tatami	Matten aus Reisstroh, sie bilden den klassischen Bodenbelag, sozusagen das japanische Pendant zum Teppich. So wird auch heute noch die Größe von Wohnungen oder Räumen oft in *chô* angegeben, einem traditionellen Flächenmaß von der Größe einer *tatami*-Matte (180 cm × 90 cm).
tennô	Der japanische Kaiser. Wörtlich übersetzt eigentlich ›Himmlischer Herrscher‹ – denn bis zum Zweiten Weltkrieg wurde der Kaiser in Japan als Gott verehrt. Was sich dann geändert hat, erfahren Sie im Kapitel ›Herr Hoffmann macht einen Witz‹.
torii	Nicht immer ist es einfach, buddhistische Tempel und shintôistische Schreine auseinander zu halten. Wann immer Sie ein *torii* sehen, ein großes Tor aus Holz oder Stein (in Rot ein beliebtes Motiv für Japan-Reiseführer), handelt es sich um einen Schrein. Sie markieren die Grenze zwischen der normalen und der sakralen Welt.
wagyû	Das Fleisch der *wagyû*-Rinder, auch bekannt als ›Kobe Beef‹ – unter Feinschmeckern beliebt wegen des marmoriert verteilten Fettes. Auf der Liste der teuersten Lebensmittel auf Platz 5. Auch Herrn Hoffmann schmeckt es (siehe ›Herr Hoffmann isst das beste Fleisch der Welt‹).
yukata	Ein traditionelles japanisches Kleidungsstück aus Baumwolle, das Ihnen häufig im beim Besuch eines *ryôkan* zur Verfügung gestellt wird. Damit können Sie bequem und dennoch stilvoll gekleidet zum *onsen* gehen.

Bei CONBOOK darf sich wieder blamiert werden!

Die neuen Fettnäpfchenführer

Fettnäpfchenführer USA
ISBN 978-3-95889-173-9
ISBN 978-3-95889-232-3

Fettnäpfchenführer Australien
ISBN 978-3-95889-174-6
ISBN 978-3-95889-224-8

Fettnäpfchenführer Finnland
ISBN 978-3-95889-181-4
ISBN 978-3-95889-225-5

Fettnäpfchenführer Indien
ISBN 978-3-95889-176-0
ISBN 978-3-95889-226-2

Fettnäpfchenführer Japan
ISBN 978-3-95889-178-4
ISBN 978-3-95889-227-9

Fettnäpfchenführer Kanada
ISBN 978-3-95889-177-7
ISBN 978-3-95889-228-6

Fettnäpfchenführer Korea
ISBN 978-3-95889-184-5
ISBN 978-3-95889-229-3

Fettnäpfchenführer Niederlande
ISBN 978-3-95889-175-3
ISBN 978-3-95889-230-9

Fettnäpfchenführer Norwegen
ISBN 978-3-95889-183-8
ISBN 978-3-95889-231-6

CON
BOOK.

Von ewigen Singles, Love Hotels und dünnen Wänden

Was Sie schon immer über Japan wissen wollten, aber bisher nicht zu fragen wagten: Die Autoren des erfolgreichen Fettnäpfchenführers Japan enthüllen für ihr neues Buch alle Geheimnisse rund um die Themen Liebe und Sexualität in Japan. Sie begleiten die fiktiven Protagonisten Kenji, Yukiko und Saki durch die Abenteuer des Liebslebens.

Vom ersten Kuss über die Tücken moderner Dates und traditioneller Hochzeiten bis hin zum Kinderkriegen und ganz alltäglichen Ehewahnsinn – witzig und einfühlsam zeichnen die Autoren nach, wie die »Liebe auf Japanisch« funktioniert.

Kerstin und Andreas Fels
Liebe auf Japanisch
Von ewigen Singles, Love Hotels und dünnen Wänden

ISBN 978-3-95889-200-2
ISBN 978-3-95889-210-1

CON BOOK.

Eine Kündigung, 22 Länder und ein besonderer Reisebegleiter

An ihrem ersten Tag nach der Elternzeit bekommt Gabriela die Kündigung auf den Tisch. Auf einmal ist sie fast 40, Mutter, ohne Job – und sämtliche Bewerbungen laufen ins Leere. Erst als sie mit ihrem kleinen Sohn aus dem Alltag ausbricht und auf Reisen geht, spürt Gabriela wieder so etwas wie Ruhe und Leichtigkeit.

Immer wieder verschlägt es die beiden an die ungewöhnlichsten Orte, ob in Asien, Südamerika oder im Osten Europas. Unterwegs erkennt Gabriela, dass man manchmal im Leben mit beiden Händen loslassen muss, um wieder neu greifen zu können.

Gabriela Urban
Wie Buddha im Gegenwind
Eine Kündigung, 22 Länder und
ein besonderer Reisebegleiter

ISBN 978-3-95889-199-9
ISBN 978-3-95889-206-4

CON BOOK.